本书获中国社会科学院优势学科汉唐考古"登峰战略"资助计划（DF2023YS14）资助

为国家社会科学基金重大招标项目
"秦汉三辅地区建筑研究与复原"（18ZDA181）、
国家社会科学基金项目"秦与西汉都城研究"（22VRC077）的
阶段性成果

中国田野考古报告集

考古学专刊

丁 种 第115号

秦汉栎阳城

2012～2018年考古报告

第二卷

（一号、二号古城试掘）

上 册

中国社会科学院考古研究所
西安市文物保护考古研究院　编著

科学出版社

北 京

内 容 简 介

　　秦汉栎阳城遗址是战国时期秦献公、孝公时期都城、秦末汉初塞王司马欣、汉王刘邦都城，同时还是都长安之前汉王朝的第一座都城，2001年被国务院公布为全国重点文物保护单位。本报告是中国社会科学院考古研究所与西安市文物保护考古研究院2012年以来持续开展栎阳城考古工作所获成果的系列报告之一。在全面整理考古资料基础上，刊布为确定一号、二号古城而开展发掘的T6、T7、T9、T10、T20、T24～T26等8个探方的全部考古资料。经科学编排，提供给考古学、历史系等相关科学学者使用。

　　本书可供考古学、文献学、秦汉史方面专家学者参考阅读。

图书在版编目（CIP）数据

秦汉栎阳城. 2012～2018年考古报告. 第二卷, 一号、二号古城试掘：全三册 / 中国社会科学院考古研究所, 西安市文物保护考古研究院编著. -- 北京：科学出版社, 2024.10. -- (中国田野考古报告集). -- ISBN 978-7-03-080162-3

Ⅰ. K872.414

中国国家版本馆CIP数据核字第2024SA4904号

责任编辑：王琳玮 / 责任校对：邹慧卿

责任印制：肖　兴 / 封面设计：张　放

科 学 出 版 社 出版

北京东黄城根北街16号

邮政编码：100717

http://www.sciencep.com

北京汇瑞嘉合文化发展有限公司印刷

科学出版社发行　　各地新华书店经销

*

2024年10月第 一 版　　开本：889×1194　1/16
2024年10月第一次印刷　　印张：49 3/4　插页：194
字数：2080 000

定价：1280.00元（全三册）

《秦汉栎阳城：2012~2018年考古报告（第二卷）》编委会

顾　问　刘庆柱

主　编　刘　瑞

副主编　李毓芳　张翔宇

栎阳的原因是为了"镇抚边境，徙治栎阳，且欲东伐，复缪公之故地，修缪公之政令"。之后秦献公在栎阳开始了一系列重要的改革，当然最重要的当属秦孝公时任用商鞅而开始的商鞅变法，秦人从此走上了统一六国之路。到汉代，政治家贾谊在《过秦论》中已敏锐地将栎阳与后来的秦始皇统一联系起来，其所称的始皇"奋六世之余烈，振长策而御宇内，吞二周而亡诸侯，履至尊而制六合，执敲扑而鞭笞天下，威振四海"的"六世"起点即是栎阳。因此，栎阳当然是秦人的改革之都、复兴之都。

文献中秦人从秦襄公开始进行畤的祭祀，雍城因此有了数量众多的畤祭遗存，在近年已被陆续发现。而在秦以栎阳为都后，因"雨金，秦献公自以为得金瑞，故作畦畤栎阳而祀白帝"（《史记·封禅书》）。栎阳是雍城之外唯一有畤的秦都。

秦孝公十二年（前350年）"作为咸阳，筑冀阙，秦徙都之"，栎阳前后作为秦都的时间约34年。

秦末楚汉相争之际，因"项梁尝有栎阳逮，乃请蕲狱掾曹咎书抵栎阳狱掾司马欣，以故事得已"，故"长史欣者，故为栎阳狱掾，尝有德于项梁"（《史记·项羽本纪》），在项羽三分关中时，即以栎阳为都封于司马欣为塞王，"王咸阳以东至河，都栎阳"（《史记·项羽本纪》），后世所言的"三秦"，此为其一。

刘邦被项羽封为汉王都汉中后不久，明修栈道暗度陈仓，率军进占关中，"还定三秦"，于公元前206年8月司马欣投降，"汉王还归，都栎阳"（《汉书·高帝纪》）。之后刘邦以栎阳为汉王都城，整顿队伍，向东挺进。其间曾"西入关，至栎阳，存问父老，置酒，枭故塞王欣头栎阳市。留四日，复如军，军广武。关中兵益出"，"令太子守栎阳，诸侯子在关中者皆集栎阳为卫"（《史记·高祖本纪》），逐渐完成统一全国大业。

从时间看，栎阳为塞王司马欣之都的前后6月（前206年2月至8月），之后至汉五年（前202年）刘邦定陶称帝之前，栎阳为汉王刘邦的都城有5年。

据文献记载，汉王二年"九月，属汉为渭南、河上郡"（《史记·秦楚之际月表》），"雍地定，八十余县，置河上、渭南、中地、陇西、上郡"（《汉书·高帝纪》）。栎阳不仅是汉王的首都，同时也是汉王首郡的所在。

从"汉二年，汉王与诸侯击楚，何守关中，侍太子，治栎阳。为法令约束，立宗庙社稷宫室县邑，辄奏上，可，许以从事；即不及奏上，辄以便宜施行，上来以闻"（《史记·萧相国世家》）的记载看，栎阳在为汉王之都的期间，建设过一系列的"宗庙社稷宫室"。

汉五年"正月，杀项籍，天下平"，"二月，王更号，即皇帝位于定陶"（《史记·秦楚之际月表》）。刘邦本欲都于洛阳，经娄敬、张良献策，"入关"定都关中。其回归关中后，初都栎阳，并开始了长安城的建设。汉王七年（前200年）"二月，长乐宫成，丞相已下徙治长安（《史记·高祖本纪》），"长乐宫成，自栎阳徙长安"（《汉书·高帝纪》《史记·汉兴以来将相名臣年表》），栎阳是汉帝国的第一个都城，为汉帝国的都城有2年。

刘邦将都城徙至长安后，汉太上皇留居栎阳，"太上皇终不得制事，居于栎阳"（《史记·韩长孺列传》），而刘邦"五日一朝太公"（《汉书·高帝纪》）。高帝十年"七月，太上皇崩栎阳宫"（《史记·高祖本纪》），"葬万年"（《汉书·高帝纪》）。太上皇葬栎阳后，设万年邑以奉陵寝。《三辅黄图》言，"高祖初都栎阳，太上皇崩，葬栎阳北原陵，号万年，仍分置万年县，在今栎阳东北"。栎阳不仅是汉朝第一个都城，也是汉朝第一个帝陵、陵邑的所在。

司马迁对栎阳的地位有明确阐述，谓"献（孝）公徙栎邑，栎邑北却戎翟，东通三晋，亦多大贾"（《史记·货殖列传）。

据《汉书·地理志》，西汉栎阳属三辅之一的左冯翊管辖。东汉初有栎阳侯，"景丹字孙卿，冯翊栎阳人也"，"建武二年，定封丹栎阳侯。帝谓丹曰：今关东故王国，虽数县，不过栎阳万户邑。夫'富贵不归故乡，如衣绣夜行'，故以封卿耳。丹顿首谢"（《后汉书·朱景王杜马刘傅坚马列传》）。从文献看，直至东汉初时的栎阳规模依然较大，是"万户邑"，远较关东地区"故王国"为甚。但后来设置被省而并入万年，属左冯翊（《续汉书·郡国志》）。这大体表明，在东汉王朝将首都从长安东迁洛阳后，与长安一样，栎阳逐渐衰败。

据《长安志》，"后汉，省栎阳入万年。后魏，孝文太和二十二年析万年置郡县。宣武景明元年，又析置广阳县，属冯翊郡。周明帝二年，省万年入广阳、高陵二县，更于长安城中别置万年县，广阳仍隶冯翊郡。隋开皇三年，罢郡，以广阳隶雍州。唐武德元年，改为栎阳。二年，析置粟邑县。贞观八年，废粟邑入焉。天授二年，隶鸿州。大足元年，还雍州"。即"武德元年，改为雍州。改大兴为万年，万年为栎阳，分栎阳置平陵"（《旧唐书·地理志》）。这大体就是西汉之后到唐代时栎阳的兴替沿革。

二、栎 阳 考 古

1. 20世纪30年代的栎阳调查

对文献记载栎阳城开展考古调查，始于20世纪30年代。

1932年1月28日，日军侵略上海。3月，国民党中常会决定以洛阳为行都，而"陪都之设定，在历史地理及国家将来需要上，终以长安为宜，请定名为'西京'，并由中央特派专员担任筹备"[①]。随着西京筹备组织结构的陆续搭建，陪都建设的各项筹备工作日益展开。

在西京筹备委员会开展工作前，既有刘姓委员提出"保存陕西古物"[②]，而在《西京筹备委员会工作大纲》所列的二十一项工作内容中，第二十项为"调查名胜古迹"[③]。与此相应，在西京筹备委员会的组织机构中，秘书处下设有文物组，"主管保护发扬文物古迹文物等文化事业"，科员"分别担任撰拟、调查该管工作之推进"[④]。西京筹备委员会开展的古迹调查，有着明确的调查目的，"名胜古迹之保存于表扬，民族谒陵之规定，大之所以振发民族精神，小之所以号召后之来

① 《国民党中常会提议以洛阳为行都、以长安为陪都案》（民国21年3月），西安市档案局、西安市档案馆，《筹建西京陪都档案史料选辑》，西北大学出版社，1994年，第3页。

② 《西京筹备委员会第一次谈话会记录》（民国21年3月），西安市档案局、西安市档案馆，《筹建西京陪都档案史料选辑》，西北大学出版社，1994年，第151～153页。

③ 《西京筹备委员会第一次谈话会记录》（民国21年3月），西安市档案局、西安市档案馆，《筹建西京陪都档案史料选辑》，西北大学出版社，1994年，第151～153页。

④ 《修正西京筹备委员会秘书处办事规则》（民国32年8月），西安市档案局、西安市档案馆，《筹建西京陪都档案史料选辑》，西北大学出版社，1994年，第19～24页。

者，而亦所以增益西京历史文化的价值"①，"文化为民族精神之表现，其兴衰动关国家之兴亡，故特别重于此项工作"②，"文化关系国本"③。而正因于此，在西京筹备委员会的相关工作事项中，明确提出"凡遇与文物有关之事，不论何物，皆宜注意"④。其目的，一与前述国民政府选定西安为陪都的依据直接相关——"至于陪都之设定，在历史地理及国家将来需要上，终以长安为宜"，因此通过调查发扬西京的历史地理地位就名正言顺；一与日军侵华，国难日重，急需从各方面阐扬文化增加民族凝聚力有关⑤。

在这个过程中，西京筹备委员会负责古迹调查的陈子怡先生，整理出版《西京访古丛稿》。该书的第三篇文章为《汉栎阳考》。在该文中陈子怡先生鉴于"栎阳为秦汉名都，其形势伟大，固非一般城池所得而比。降及后世，虽夷为县，而其地势之雄壮，犹如故也。以如许大之胜迹，至于今日，在志乘上竟云不知其处，斯则未免可异"的情况，对栎阳城进行了文献的梳理和调查，判断"秦汉栎阳，在今栎阳东北二十五里，今武家屯（即广阳镇）。……今武家屯北约四五里，又有古城屯，即所云又有古城在县北也。今城已无迹，人已不知为古城屯，而呼曰古尔屯，惟公文上尚曰古城屯也。秦汉旧都，当即此城。古城屯是其北边，广阳镇是其南边耳。"⑥

不过，虽然西京筹备委员会的古迹调查在时间上虽与西京筹备委员会的存在相始终，但其开展的最主要的古迹调查集中于全面抗战发生之前，后因"七·七事变爆发，我对倭寇全面抗战，因此中央减缩经费。本会经费自是年九月起一度紧缩为七成，自二十七年三月起，再度紧缩为五成，而犹大部分未能领到"，因此西京筹备委员会的"工作多为维持已往之建设，使不至于因时局影响而有废坠；一方面在人员疏散及物价高涨之情况下，仍努力于有关国防之建设"⑦，故而在从1937年7月至1939年12月的两年半时间里，就再未开展古迹调查。直到1940年在"经请拨昔所结余经费，或由其他机关补助，以从事新的工作"的情况下，古迹调查才重新开始，不过规模已大不如前⑧。

从迄今为止的栎阳城考古工作看，栎阳城的调查工作虽在20世纪30年代即已开始，但目前所见资料，西京筹备委员会陈子怡先生关于栎阳城位置的判断，主要是基于文献记载和有限的实地

---

① 《西京筹备委员会成立周年报告》（节录），西安市档案局、西安市档案馆，《筹建西京陪都档案史料选辑》，西北大学出版社，1994年，第154～163页。

② 《西京筹备委员会工作概况（民国29年6月）》，西安市档案局、西安市档案馆，《筹建西京陪都档案史料选辑》，西北大学出版社，1994年，第196～209页。

③ 《西京筹备委员会工作报告（民国24年11月至27年3月）》，西安市档案局、西安市档案馆，《筹建西京陪都档案史料选辑》，西北大学出版社，1994年，第183～188页。

④ 《西京筹备委员会各工作事项（民国30年）》，西安市档案局、西安市档案馆，《筹建西京陪都档案史料选辑》，西北大学出版社，1994年，第223～226页。

⑤ 刘瑞：《西京筹备委会的古迹调查——附谈〈西京附近各县名胜古迹略图〉》，《长安学研究》（第一辑），中华书局，2016年，第338～351页。

⑥ 陈子怡：《汉栎阳考》，《西京访古丛稿》，西京筹备委员会，1935年。

⑦ 《西京筹备委员会工作概况（民国29年6月）》，西安市档案局、西安市档案馆，《筹建西京陪都档案史料选辑》，西北大学出版社，1994年，第196～209页。

⑧ 刘瑞：《西京筹备委会的古迹调查——附谈〈西京附近各县名胜古迹略图〉》，《长安学研究》（第一辑），中华书局，2016年，第338～351页。

踏查，其未能如史语所在安阳殷墟、北平研究院在宝鸡斗鸡台等地开展的相关工作一样，对栎阳城遗址进行系统的考古调查、勘探和发掘，因此其所得的认识，虽后来被考古工作基本证实，但影响有限且长期不为人知。

2. 1963～1964 年栎阳考古

真正意义上的栎阳城考古，始于 20 世纪 60 年代。

1963 年 1 月 15 日，陕西省临潼县武屯公社关庄生产队村民李海峰、韩忠敏在管庄东村东南 100 米左右的地方掘土时，在地下 1 米处发现铜釜 1 口，口部用瓦片封堵，内置金饼 8 枚，并在附近发现秦代云纹瓦当。之后陕西省文物管理委员会派人进行了现场调查，根据周围瓦片的堆积及附近地区的其他现象，判断此地可能即是秦国都城之一的栎阳遗址。据其介绍，在当地农民家中尚可见到陶坛、水道、铁铲等战国晚期秦国器物（《文物》1964 年 7 期）。

1964 年 7 月，陕西省文物管理委员会根据前述金饼发现后调查所获线索，专门派田醒农、雒忠如等先生，对 1963 年铜釜、金饼发现地点进行了为期 15 天的考古调查，确认栎阳城"在今咸铜阎良车站东南约 10 千米处，西南距今栎阳镇约 12.5 千米，南距渭水约 7.5 千米，东北距今富平县约 10 千米，东南距今相城镇约 5 千米，北与康桥镇仅隔一石川河，相距约 2.5 千米之遥。遗址西边距今武屯镇 350 米，地处石川河东流折向南的转弯处，今之泾惠四支渠，横贯其中，地势平坦，古今渠道纵横，其范围包括今关庄、新义、东西党家、南丁、华刘、汤家等七个自然村落，东西宽 1801 米，南北长 2232 米。在此地区内，到处分布着秦至汉初的瓦片，有的地方堆积层厚达 2 米"，指出"这次调查，因时间短促，对发现的各类现象，仅作了一般性的初步介绍，许多问题，需要作进一步的了解后，方可得出确切的结论。因此我们计划重新组织调查组，对此遗址进行一次全面的调查，以期获得更多的标本进行研究"（《文物》1966 年 1 期）。

1964 年，陕西省文物管理委员会开展的栎阳城考古，是 1963 年出土金饼后所调查工作的自然延续。这次工作中，首先系统开展了相关区域的大面积调查，并对栎阳城遗址进行了第一次真正意义上的考古勘探，绘制出第一张栎阳城遗址平面复原图。调查者完成工作后，迅速整理编写了栎阳城遗址的第一份考古简报，报道了栎阳城遗址的夯土、道路、遗址、渠道、墓葬等各类遗存。但遗憾的是，由于当时的工作时间仅有短短的 15 天，如调查者所言，当时所获认识仅是一些初步判断。而调查者计划此后"重新组织调查组，对此遗址进行一次全面的调查"的想法，也因各种原因未能实施。

从 1980～1981 年考古工作收获看，虽 1964 年调查发现的城墙判断并不确切，但当时发现的部分道路和遗址点被新的考古工作所证实。从今天看来，当时之所以在城墙判断上致误的原因，乃是栎阳夯土的特殊性所致，"这里的夯土，地势平坦，各处断面很少，又因原来夯打的工具——石夯头底部不磨光，致使其不同于自秦统一后我们常见的各时代夯土那样坚实明显，而是松软无层次。而且多是不挖基槽而直接从地面筑起的，因此，保存下来的夯土很少，偶有保存，也很难辨识，仅能从它的颜色和密度与自然土、扰土等相比较而确定"。一方面考古工作时间短，另一方面对在"很难辨识"情况下遗存未开展发掘验证，应是出现城墙认识有误的主要原因。

3. 1980～1981 年栎阳考古

1980 年 4 月至 1981 年 12 月，由刘庆柱、李毓芳先生组成的中国社会科学院考古研究所栎阳发

东的长距离勘探，从石川河北岸开始的向北勘探，最长一列探孔长约1650米，从石川河东岸向东开始的向东勘探，最长一排探孔长约2650米。

在进行长距离勘探的过程中，2014年4月在二号古城西墙北段向西约1500米处发现连续的夯土遗存，与2013年底零星发现的地下遗存连片分布，正式将该处编号为"三号古城"。

经2014～2015年连续两年的大范围勘探，基本确定栎阳城遗址东侧跨过石川河，距二号古城东南角约1700米；遗址南侧边缘大体位于武屯街道的任家村、王北村、任赵村、三合村、耿东村、耿西村一带，南距一号古城南墙约1500米。西侧边缘大体位于武屯街道耿西村、新兴街道槐树村、仁和村、屈家村、张大夫村、官路村一带，向北至石川河，西距一号古城西墙约2600米。北侧边缘大体位于康桥镇的槐园、菩萨坡一带，北距二号古城北墙约1000米。受石川河分割，栎阳城遗址可分为石川河西、石川河东、石川河北三区，面积合计约36.51平方千米，一号、二号、三号古城均位于该范围之内（图0.2）。

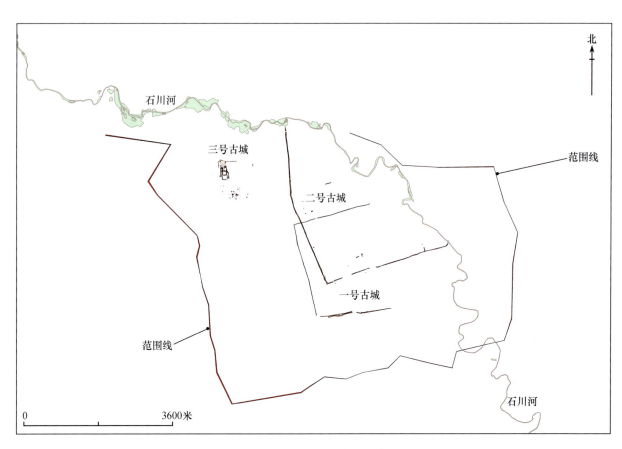

图0.2 秦汉栎阳城遗址一、二、三号古城分布图（2013～2018）

在三号古城发现夯土遗存后，考古队随即对相关遗存开展考古发掘。从发掘情况看，在地层和遗迹中出土花纹砖、葵纹瓦当、动物纹瓦当、云纹瓦当、素面瓦当等建筑材料，并出土槽型板瓦残块。后经确定，发掘的夯土之下仍叠压有早期夯土遗存，在该遗存下尚有东西向沟渠，其内出土动物纹半瓦当等遗物。根据地层堆积及出土遗物判断，该处建筑遗存的时代上限不早于战国中期，至迟到西汉早期建筑已破坏成废墟。

以此为线索，考古队在发现夯土遗存的周围展开了进一步勘探，在东北发现一座东西105、南北约100米左右的近方形院落。该院落东、北、西侧为宽10米左右廊房遗迹，北侧廊房中间有宽约5.6米门道，南侧中间门道宽约7.3米，两侧为边长14米左右的近方形夯土台基，向外通过宽约2米左右围墙分别与东西廊房连接。院内尚未发现建筑遗存。在院落北门向北260米内发现四座夯土建筑基址。

通过2013～2014年度的考古勘探与试掘，基本确定了栎阳城遗址的四至范围。三号古城内遗存的发掘显示，建筑的上限不早于战国中期，西汉早期已破坏无存，其时间范围与文献所载的秦建都栎阳时间基本相合，三号古城大体应为战国秦栎阳城的所在，也应是汉初栎阳城的所在。

在前述大范围的考古勘探中，发现了丰富的古代河道、淤土等水相沉积，推测在栎阳城遗址范围内之所以分布多座古城的原因，应与不同时期石川河的泛滥改道不断冲毁而重建新城有关。

2014年，为寻找与栎阳城遗址同时期的大型墓葬，考古队根据20世纪80年代的文物调查资料，在栎阳城遗址东北关山镇东南相传有两座大墓的位置开展考古勘探。据介绍，该处早期曾有高大封土，后逐渐破坏无存。后经勘探确定，在今地面下封土大体为南北长方形，南北残长约80米，东西残宽约44米，之下分布南北两座墓葬。北侧墓葬编号M1，南侧墓葬编号M2，均墓西有一条墓道。其中M1墓道长约23、宽约6.3～7.2米，墓室东西约16.7、南北约14.8米。M2墓道长约33.7、宽4.4～5.7米，墓室北缘位于M1墓室南缘向南约27米，墓室东西约9.7、南北约7.6米。由于周围农作物影响，尚未确定墓葬附近是否有陪葬坑、陪葬墓、墓园等相关设施。该墓被盗后盗洞中发现牛骨，2014年北京大学碳十四实验室对牛骨进行测年，为西汉晚期。

在勘探寻找关山镇东南大墓周围遗存的过程中，于其北侧勘探发现东西向大型沟渠。勘探确定，该沟渠大体呈西南—东北向，勘探长约9.93千米，口宽约15～20米，深约4～6米，向东钻探至渭南市临渭区境后继续向东延伸，向西在关山镇叶家村西南一带被石川河故道冲毁。为确定沟渠的时代与性质，择点对其进行了考古发掘，探沟内沟渠口部残宽17.06～17.9米，底部宽9.1～9.5米，深4.26～4.36米。其内堆积显示，沟渠的使用至少经历四个时期，底部出土汉代绳纹筒瓦瓦片、砖块等，沟渠上部淤积中出土外素面内布纹筒瓦瓦片、瓷片。结合文献记载，初步判断该沟渠西汉中期开凿，到唐代继续使用，推测其应为文献中记载的汉唐白渠遗存。

白渠作为古代中国最强盛汉唐时代于首都地区兴建的最重要国家水利工程之一，对后代关中引泾水利工程有着直接影响。栎阳城北白渠地勘探与试掘，是中国古代大型水利工程考古的重要发现，具有重要的学术价值。后在陕西省文物局的大力支持下，启动了对郑国渠、白渠的考古勘探，获得了有关郑国渠、白渠渠线、位置关系的新认识。相信随着今后该项工作的持续开展，相关认识将不断加深。

考古队根据勘探线索，在勘探所基本确定的栎阳城遗址的外围布设探方，基本确定了地下遗存的分布情况。

同时考古队继续对勘探发现的二号古城城墙和相关遗存开展考古发掘，本卷即是2014年开展的一号、二号古城城墙和相关遗存考古资料的整理与完整公布（图0.3）。

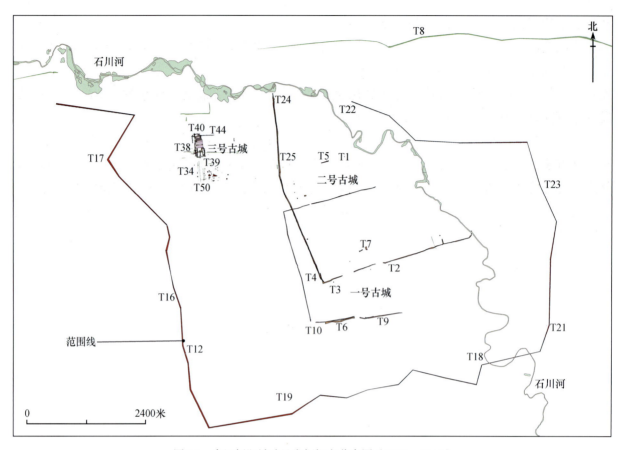

图0.3 秦汉栎阳城遗址发掘探方分布图（2013~2018）

7. 2016~2018年考古勘探与发掘

在确定三号古城时代后，考古队的工作遂集中于三号古城，在2017年勘探发现前后两期的三号古城的北墙和西墙，其中前期北墙已探出东西长440、西墙南北长180米，后期北墙已探出东西长105、西墙南北长200米。但受三号古城区域蔬菜大棚等的严重影响，目前南墙和东墙尚未发现。

在三号古城北墙以南、西墙以东勘探的区域内，已发现由南向北编号为一号至四号建筑的四个大型夯土建筑台基。其中一号建筑位于南侧，规模最大，勘探东西长约67.5；一号建筑向北约18米为二号建筑，其勘探东西长41，东部有通过廊道等建筑与一号建筑连接；经发掘确定，一号建筑南北宽22.3、二号建筑南北宽11、残高0.5~0.8米，台基外立面局部保留白灰墙皮。二号建筑向北约18米为三号建筑，其勘探东西长约56.6米，向南通过廊道与二号建筑连接；三号建筑向北30.5米为四号建筑，其勘探东西长约34.5、南北宽约10米。在四号建筑西侧4.7米发现五号建筑，勘探东西长约23.5、南北宽约13.5米。

在一号建筑台基向南约67米，即为之前勘探发现的东西105、南北约100米的近方形院落。

在勘探寻找三号古城南部范围的过程中，在前述大型院落向南170米左右，在东西约520、南北约410米范围内勘探发现较连续的红烧土和瓦砾分布区。进一步勘探显示，在该区中部存在四条南北向的东西宽约3~4、南北最长约406米的大型沟渠，将该区域做出一定的区域划分。经

2016、2017年试掘，初步确定该区域为手工业生产区。

为确定勘探遗存的时代、形制、性质和保存情况，考古队陆续对相关遗存进行了小规模发掘（图0.4）。发掘中，在三号建筑夯土台基内清理出半地下建筑，在四号建筑中发现浴室、壁炉遗迹，在五号建筑发现浴室及与浴室地漏相连的管道、渗井等排水设施。从发掘情况看，之前勘探发现遗存同时建设，废弃时间也基本同时。

在三号古城发掘中，出土了大量内面饰麻点外面饰细绳纹、中粗绳纹的筒瓦、弧形板瓦、槽型板瓦和素面瓦当、动物纹瓦当、云纹瓦当等建筑材料。并出土了长73、径63厘米的巨型筒瓦，是迄今为止中国考古发现的最大筒瓦，同时发现多个与辽宁碣石宫遗址B型大半圆瓦当纹饰相近的瓦当残片。从出土建筑材料看，三号古城应上承雍城，延续到西汉前期。从三号古城试掘清理的半地下室建筑、空心砖踏步、巨型筒瓦、瓦当、浴室、壁炉等遗迹遗物看，相关建筑遗存当为秦高等级宫殿建筑。

三号古城的考古勘探与发掘，不仅发现了集中分布的高等级夯土建筑，而且还出土之前未见的动物纹瓦当、槽型板瓦等向来认为是雍城遗址特色的建筑材料，将雍城遗址与栎阳城遗址的时代进行了有效衔接，显示出三号古城时代的上可自战国中期。进一步的发掘和整理显示，三号古城遗址废弃在西汉早期。据文献记载，这段时间，正与文献记载的秦献公、秦孝公为都的栎阳、塞王司马欣栎阳、汉王刘邦栎阳、汉初高祖刘邦栎阳的时代吻合，因此结合各种线索判断，三号古城目前看来应该是战国中期至西汉前期的栎阳城所在。

即，三号古城上限不早于战国中期，与文献所载秦献公、孝公建都栎阳时间吻合，为战国秦都栎阳。从城址延续到西汉前期判断，其亦当为塞王司马欣之都，为汉初刘邦所都栎阳。

从栎阳考古发现看，不仅三号古城发现的半地下建筑、浴室、壁炉等设施，空心砖踏步、巨型筒瓦、瓦当等遗物是目前为止在秦考古发掘中的最早发现，而且相当多的秦汉建筑制度也均应始于栎阳城。

2018年4月，栎阳城遗址入选2017年"全国十大考古新发现"。

三、资料整理与报告编写

1.资料整理

2018年7月，阎良区政府将三号古城核心区95亩土地从农户手中征收回来，以备该区域考古工作的进一步开展。此后，栎阳城遗址三号古城核心区的考古工作正式启动，从之前根据遗迹分布和土地情况的探沟式发掘，转入全面布方整体揭露较大体量古代遗存的新阶段。

在这种情况下，为更好更快的推进下一步田野考古工作，考古队商定以2018年为期，对之前1980～1981、2012～2018年所获的全部考古资料开展集中整理，出版阶段性的考古工作报告。

在基本完成考古资料整理的文字和实物资料准备后，考古队商定体例和整理要求，展开绘图、照相、拓片等整理工作。先完成1980～1981年考古资料整理和报告整理，随后展开2012～2018年考古资料的整理和报告编写。

考虑到报告体量、整理时间和经费等原因，商定2012～2018年栎阳城遗址考古报告采取分卷出版形式，顺序公布相关资料。大体拟定：

第一卷，为确定新发现二号古城开展发掘的5个探方考古资料。

第二卷，为确定一号、二号古城开展发掘的8个探方考古资料。

第三卷，为确定栎阳城遗址四至范围开展发掘的8个探方考古资料。

第四卷，为确定三号古城遗存时代性质开展发掘的8个探方考古资料。

第五卷，为确定三号古城遗存范围而开展发掘的10个探方考古资料。

第六卷，为确定三号古城南侧遗存（手工业区）开展发掘的4个探方考古资料。

第七卷，在栎阳城遗址北侧开展郑国渠、白渠勘探及考古发掘的4个探方考古资料。

第八卷，在栎阳城遗址西南配合西安移动能源产业园项目发掘资料。

第九卷，多学科合作研究资料。

第十卷，综合研究卷。

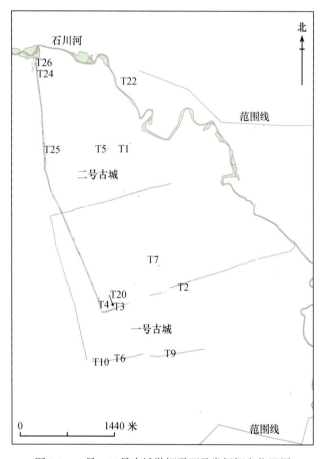

图0.4　一号、二号古城勘探平面及发掘探方位置图

2. 报告编写

如前所述，2013年通过勘探发现二号古城后，考古队在2013～2014年对勘探发现的疑似一号、二号古城城墙的地下遗存开展小面积布方发掘，以确定相关遗存的时代和性质（图0.4）。

在完成2013年发掘遗存的整理和报告编写后[①]，考古队据考古工作进展和工作内容的差异，将对一号、二号古城勘探遗存开展的8个探方资料进行系统整理。编写中，根据探方所在区域的差异，将本卷报告分为上下两编。其中上编内容是对一号古城疑似城墙而布设发掘的4个探方，前3个探方为确定疑似南墙，后1个探方在城内择点开展；下编内容是对二号古城南墙、西墙布设发掘的4个探方，第1个探方在紧邻南墙的城内布设，后3个探方针对西墙而布设。

与多数遗址发掘资料整理和出版报告多采用挑选典型标本刊布的情况不同，从2018年《秦汉上林苑：2002～2011年考古报告》开始[②]，为让学界全面了解相关遗址情况，考古队一直致力于将工作所获所有资料完整公布。栎阳城遗址资料整理之初，全面、多角度、完整整理与公布考古资料，就成为整理和报告编写的"第

---

　　① 中国社会科学院考古研究所、西安市文物保护考古研究院：《秦汉栎阳城：2012～2018年考古报告》（第一卷），科学出版社，2022年。

　　② 中国社会科学院考古研究所、西安市文物保护考古研究院：《秦汉上林苑：2002～2012年考古报告》，文物出版社，2018年。

一"原则。在统一整理基础上，针对2012～2018年开展的发掘均是以确定遗址范围为目的（而非对地下遗存），所出现各布设探方均相距甚远的实际情况，确定以探方为单位，逐一刊布全部发掘所得。

2013～2018年的资料整理，由刘瑞负责，李毓芳、张翔宇、高博、陈怡江等共同商定和开展资料整理与报告编写。考古队韩海鸥、路向东、梁美超、张聪聪、龚波、耿东、闫松林、张朋祥等技师参加了考古资料的整理和拓片、照相、绘图等有关工作，中国社会科学院考古研究所科技中心张亚斌、张鹿野进行了部分的器物照相，西安天穹勘测信息有限公司在完成器物三维建模后，在中国社会科学院考古研究所李淼、刘芳、刘瑞、李毓芳指导下完成器物图绘制。

报告介绍地层、遗迹、遗物等的文字描述，据考古惯例，对出土遗物进行统一的类型学分析，其中砖瓦、瓦当等建筑材料延续《秦汉上林苑：2002～2014年考古报告》的分型标准，与遗迹、遗物有关的测量数据，在最后一项注明单位。

为叙述方便，除少数情况外，省略遗迹遗物前的出土年份和遗址编号中的地名简称，发掘时按探沟"TG"编号，整理时改为探方编号"T"。

若本报告公布资料与之前发表资料有不同之处，以本报告为准。

目录

上编 一号古城

下编　二号古城

插图
目录

插表目录

彩版
目录

图版
目录

上编

一号古城

第一章 T6

T6位于陕西省西安市阎良区武屯镇关庄南部，西距T10约506米，东距T9约776米。据勘探资料，此处疑似存在一号城南墙，为验证勘探信息及地下可能存在遗存的性质与时代布设本探方。探方南北向，南北长30、东西宽1.5米。发掘工作从2013年11月14日开始，至2013年12月2日发掘结束（图1.1、图1.2）。

图1.2 T6全景照（北—南）

图1.1 T6
总平面图

清理遗迹五种13个（灰坑9、沟渠1、灶1、井1、墓葬1）（表1.1）。出土各类小件、标本135件，分陶器、玉器、石器、铁器、铜器、钱币、骨角器八类（表1.2）。此外还出土各类遗物残片1019块（表1.3）。

表1.1　T6遗迹登记表

编号	形制	开口	打破关系	备注
H11	半圆形	第8a层下	打破第9b层	斜壁凹底
H15	近半圆形	第8c层下	打破第9a、10层，打破H21	斜壁平底
H16	不规则形	第9b层下	打破第9c、10～12层和H27	斜壁坡底
H18	长方形	第9a层下	打破第9c、10、11层	斜壁底近平
H19	长条形	第9b层下	打破第9c、10层	斜壁凹底
H21	圆角长方形	第9b层下	打破第10、11层，被H15打破	斜壁底近平
H26	不规则形	第9b层下	打破第10～12层和H27，被G5打破	斜壁坡底
H27	梯形	第9b层下	打破第10、11层，被G5、H26、H16打破	斜壁底近平
H29	不规则形	第8c层下	打破第9a、10～12层	斜壁底近平
M4	近半圆形	第8a层下	打破第9b层	竖穴土坑
G5	梯形	第8a层下	打破第9b、10层和H26、H27	斜壁凹底
Z1	圆角长方形	第8b层下	打破第8c层	残存底部烧土
J1	近圆形	第9a层下	打破第10～12层	上斜壁、下袋状，底近平

表1.2　T6出土小件、标本登记表

编号	名称	材质	保存情况	重量/千克	分型	规格/厘米		
						长	宽/径	厚
④：1	板瓦	陶	残	0.07	Ba1	7.5	4.5	1.2
④：2	板瓦	陶	残	0.13	Ca3	10.9	5～6.4	1.5
④：3	筒瓦	陶	残	0.07	Ac2	7.3	7	1.3～1.4
⑦：1	板瓦	陶	残	0.32	Ca1	17.3	10.9	1.1～1.4
⑦：2	板瓦	陶	残	0.1	Cb9	7.2	9.4	1.2
⑦：3	板瓦	陶	残	0.25	Ba2	14.7	8.2～9.1	0.8～1.4
⑦：4	筒瓦	陶	残	0.14	Ab2	残长8.1、残径7.7、厚1.3～1.6		
⑦：5	筒瓦	陶	残	0.3	Ab4	19.4	8.9	0.7～1.2
⑦：6	拱形砖	陶	残	0.27	/	9.5	7.2	3.4
⑦：7	拱形砖	陶	残	0.65	/	20.7	8.5	3.8
⑦：8	陶釜	陶	残	0.1	/	复原口径18.3、沿宽0.4、残长10、残宽4.8、残高8.9、厚0.7		
⑦：9	陶盆	陶	残	0.08	/	复原口径19.6、沿宽1.2、残长11.5、残宽5.2、残高6.1、厚0.7		
⑦：10	陶釜	陶	残	0.08	/	复原口径34.5、沿宽3.1、残长10.3、残宽5.2、残高5.7、厚0.8		
⑦：11	陶缸	陶	残	0.55	/	复原口径64.4、沿宽4.2、残长17.7、残宽6.6、残高6.5、厚2.5		
⑧a：1	朵云纹瓦当	陶	残	0.5	/	当径16、当心径6、边轮宽0.9、边轮厚1.9、当厚1.5、缘深0.6		
⑧a：2	半两	铜	完整	3.9g	/	径2.4、穿宽0.8、厚0.15		
⑧a：3	半两	铜	残	2.5g	/	残径2.3、厚0.15		
⑧a：4	骨块	骨	完整	0.005	/	2.48	1.3	0.8

编号	名称	材质	保存情况	重量/千克	分型	规格/厘米		
						长	宽/径	厚
⑧a：5	陶饼	陶	完整	0.03	/	径4.4、厚1.2		
⑧a：6	半两	铜	残	1.7g	/	残径2.4、穿残宽0.8、厚0.15		
⑧a：7	铁块	铁	残	9g	/	残长3、宽3、径0.5		
⑧a：8	石砧	石	残	0.02	/	径3.4、厚1.2、孔径1.4、孔深0.4		
⑧a：9	石珠	石	完整	0.01	/	直径2		
⑧a：10	朵云纹瓦当	陶	残	0.33	/	当复原径15.3、当心径5.7、边轮宽0.6、当厚1.5、缘深0.5		
⑧a：11	朵云纹瓦当	陶	残	0.17	/	当复原径15.1、边轮宽0.4、当厚1.6、缘深0.4厘米，所带筒残长4.5、残径8、厚1.5、弦高5.7		
⑧a：12	铜镞	铜	残	6.9g	/	残通长3.2、镞首长2、尾柱残长1、直径1		
⑧a：13	肋骨	骨	残	11.2		长9		
⑧a：14	牙	骨	残	1.9	/	2.3	2.3	/
⑧a：15	铁块	铁	残	0.074	/	残长4.8、宽3.8、径2		
⑧a：16	葵纹瓦当	陶	残	0.11	/	当复原径15.2、边轮宽0.7、边轮厚1.8、当厚1.5、缘深0.6		
⑧a：17	下颌骨	骨	残	16.5		10	/	/
⑧a：18	板瓦	陶	残	0.32	Bb1	14	15.7	1.1
⑧a：19	板瓦	陶	残	0.21	Ca3	8.1	10.6~13	1.3~1.8
⑧a：20	板瓦	陶	残	0.38	Ba1	16	12.5	1.4
⑧a：21	板瓦	陶	残	0.27	Ba1	10.5	13	1.5
⑧a：22	板瓦	陶	残	0.27	Ba4	10.7	12.3	1.2~1.7
⑧a：23	板瓦	陶	残	0.27	Ba1	13.5	14	1.2
⑧a：24	板瓦	陶	残	0.21	Ba4	15.3	11	1.3
⑧a：25	板瓦	陶	残	0.11	Ca4	6.8	7.2	1.4~1.6
⑧a：26	筒瓦	陶	残	0.77	Ba4	残长28.3、残径12.1、厚1.1~1.3厘米，唇长1.6、厚0.6~1		
⑧a：27	筒瓦	陶	残	0.23	Aa4	14.2	9.9	1~1.2
⑧a：28	筒瓦	陶	残	0.15	Ac2	10.5	7.6	1.2~1.4
⑧a：29	筒瓦	陶	残	0.13	Cc4	11.2	6.7	1~1.2
⑧a：30	筒瓦	陶	残	0.12	Ca4	9.8	9.9	1~1.4
⑧a：31	筒瓦	陶	残	0.33	Aa2	16.8	10	1~1.2
⑧a：32	朵云纹瓦当	陶	残	0.1	/	当复原径14.9、边轮宽0.4、边轮厚1.5、当厚1.3、缘深0.4		
⑧a：33	篮纹砖	陶	残	0.22	/	10.2	7.6	2.5
⑧a：34	几何纹砖	陶	残	0.19	/	10	7.5	1.9~2.4
⑧a：35	空心砖	陶	残	0.37	/	残长18.9、宽14.5、残高3.9、厚0.6~1.9		
⑧a：36	空心砖	陶	残	0.19	/	残长8、残宽12.1、残高5.5、厚0.9~1.6		
⑧a：37	井圈	陶	残	0.24	/	11.3	11.8	1.1~2.1
⑧a：38	井圈	陶	残	0.34	/	10	15.3	1.2~2
⑧a：39	井圈	陶	残	0.45	/	12.9	16.8	1.5~2.3
⑧a：40	陶盆	陶	残	0.1	/	复原口径47.9、沿宽1.6、残长11.1、残宽2.5、残高9.5、厚0.9		
⑧a：41	陶盆	陶	残	0.19	/	复原口径43.7、沿宽1.9、残长17.3、残宽4、残高8.4、厚1.2		
⑧a：42	陶盆	陶	残	0.12	/	复原口径50.7、沿宽1.5、残长12.8、残宽2.4、残高7.5、厚0.9		
⑧a：43	陶盆	陶	残	0.18	/	复原口径53.8、沿宽2.1、残长12.6、残宽3、残高7.4、厚1.2		

续表

编号	名称	材质	保存情况	重量/千克	分型	规格/厘米		
						长	宽/径	厚
⑧a：44	陶盆	陶	残	0.11	/	复原口径24.6、沿宽1.8、残长10.7、残宽2.4、残高8.9、厚0.9		
⑧a：45	陶瓮	陶	残	0.47	/	复原口径38.3、沿宽3.3、残长21.2、残宽5.5、残高11.7、厚1.3		
⑧a：46	陶甑	陶	残	0.09	/	残长9.5、宽8、残高1.9、厚0.8～1.2、箅孔径1～1.1		
⑧b：1	板瓦	陶	残	1.05	Bb2	27.6	21	1～1.5
⑧b：2	板瓦	陶	残	0.46	Bb3	20.6	15.6	0.9～1.1
⑧b：3	筒瓦	陶	残	0.08	Bb4	9.2	5.1	0.9～1.3
⑧b：4	筒瓦	陶	残	0.12	Ba2	9.9	8.5	0.7～1.4
⑧b：5	陶罐	陶	残	0.25	/	残长19、残宽7.2、残高12.2、厚0.9		
⑨b：1	铜饰	铜	残	5.9g	/	长2.4		
⑨a：1	板瓦	陶	残	0.19	Ca3	9	15.6	1～1.5
⑨a：2	井圈	陶	残	0.27	/	8.8	14.9	1.6～2.6
⑨a：3	陶盆	陶	残	0.05	/	残高3.7、宽8.5、厚0.8～1		
⑩：1	铜镞	铜	完整	0.012	/	通长5.7、镞首长3.7、柱长2、直径0.7		
⑩：2	板瓦	陶	残	0.21	Aa1	14.4	12.5	1.2～1.5
⑩：3	板瓦	陶	残	0.11	Ba3	11.6	7.2	1～1.2
⑩：4	陶釜	陶	残	0.23	/	复原口径30.9、沿宽1、残长16.4、残宽7.7、残高6、厚1.3		
⑩：5	陶盆	陶	残	0.25	/	复原口径44.3、沿宽1.6、残长14、残宽3.2、残高13.8、厚1.2		
⑩：6	陶盆	陶	残	0.11	/	复原口径28、沿宽2.1、残长11.6、残宽5.3、残高8.1、厚0.7		
⑪：1	陶饼	陶	残	0.06	/	径5.4、厚1.9		
H16：1	陶饼	陶	残	0.02	/	径4.5、厚0.8		
H16：2	板瓦	陶	残	0.26	Cb3	11.8	15.5	0.8～1.3
H16：3	板瓦	陶	残	0.25	Bb3	14.2	12.5	1.3～1.5
H16：4	板瓦	陶	残	0.1	Aa3	7.6	9.2	1～1.2
H16：5	筒瓦	陶	残	0.1	Ac1	7.2	7	1.1～1.6
H16：6	陶饼	陶	残	0.04	/	径5.1、厚1.2		
H16：7	陶饼	陶	残	0.02	/	径4.3、厚0.9		
H16：8	陶饼	陶	残	0.03	/	径4.3、厚1.1		
H16：9	砺石	石	残	0.78	/	12.7	9.4	3.4～4.1
H16：10	陶盆	陶	残	0.56	/	复原底径31.8、残长19.2、残宽12.8、残高11.3、厚0.9、底厚1.2		
H16：11	陶盆	陶	残	0.29	/	复原口径49.6、沿宽2.2、残长19.6、残宽6.6、残高11.6、厚0.9		
H16：12	陶盆	陶	残	0.17	/	复原口径56.3、沿宽2.3、残长11.5、残宽3.3、残高9.5、厚1.2		
H16：13	陶鬲	陶	残	0.2	/	复原口径28.9、沿宽1.5、残长12.6、残宽7.1、残高6.1、厚0.9		
H16：14	陶盒	陶	复原	0.24	/	口径19.5、沿宽1.1、高9.4、壁厚1.1、底径9.9		
H18：1	板瓦	陶	残	0.13	Ba1	10.5	7.7	1.1
H18：2	板瓦	陶	残	0.1	Cc1	8.3	9	1.6
H18：3	筒瓦	陶	残	0.4	Ba4	17.6	9.5	1～1.5
H18：4	筒瓦	陶	残	0.25	Ac2	17	9.4	1～1.5
H18：5	空心砖	陶	残	0.7	/	长6.6、宽5.2、厚1、拐角厚1.5		
H18：6	井圈	陶	残	0.13	/	8.8	7.4	1.1～2.4

编号	名称	材质	保存情况	重量/千克	分型	规格/厘米		
						长	宽/径	厚
H18：7	陶盆	陶	残	0.25	/	复原口径50.8、沿宽2.5、残长13.8、残宽5.3、残高13.8、厚1		
H18：8	陶瓮	陶	残	0.23	/	复原口径42.3、沿宽3.3、残长12.9、残宽5.2、残高10.2、厚1.3		
H19：1	陶盆	陶	可复原	1.5	/	口径23.5、沿宽1.8、高9.4、壁厚1.3、底径6.9、腹径22.6		
G5：1	朵云纹瓦当	陶	残	0.3	/	当复原径16.3、边轮宽0.9、边轮厚1.9、当厚1.1、缘深0.6		
G5：2	蘑菇纹瓦当	陶	残	0.15	/	当复原径14、边轮宽0.8、边轮厚1.7、当厚1、缘深0.6		
G5：3	半两	铜	完整	2.8g	/	径2.3、穿宽0.8、厚0.15		
G5：4	半两	铜	完整	2.1g	/			
G5：5	半两	铜	完整	2.7g	/			
G5：6	板瓦	陶	残	0.88	Ca3	25.4	22.1	1.1～1.4
G5：7	板瓦	陶	残	0.4	Ba1	16	13	1.5
G5：8	板瓦	陶	残	0.41	Cb3	15.2	15.4	0.6～1.6
G5：9	板瓦	陶	残	0.14	Ba4	10.3	9	1.3
G5：10	板瓦	陶	残	0.68	Cb4	29.3	11	1.7
G5：11	筒瓦	陶	残	0.34	Cc4	残长17、残径8.8～10、厚1.3～1.6、唇长2.5、唇厚0.3～0.8		
G5：12	筒瓦	陶	残	0.43	Ba4	残长21、残径12、厚1.3、唇长1.6、唇厚0.7～1		
G5：13	筒瓦	陶	残	0.45	Bb4	残长18、残径11.8、厚1.3、唇长2、唇厚0.7		
G5：14	筒瓦	陶	残	0.29	Aa4	残长18、残径8、厚1.2～1.3、唇长2.2、唇厚0.5～0.7		
G5：15	筒瓦	陶	残	0.77	Aa4	长17.3、径16、厚1.2～1.6		
G5：16	井圈	陶	残	0.7	/	12.7	26.8	1.6～3
G5：17	井圈	陶	残	0.4	/	14.4	15.1	1.6～2.6
G5：18	空心砖	陶	残	0.32	/	残长15.1、残宽13.9、残高7.3、厚1.1～1.3		
G5：19	石块	石	残	0.5	/	12.4	10.3	3.3
G5：20	陶盆	陶	残	0.43	/	复原口径62.8、沿宽3、残长19.7、残宽4.6、残高12.4、厚1.5		
G5：21	陶盆	陶	残	1.05	/	复原口径106.8、沿宽5.3、残长23.4、残宽6.5、残高19.5、厚2		
J1：1	璧形玉	玉	完整	0.02	/	径4、厚0.4、孔径0.35		
J1：2	葵纹瓦当	陶	残	0.15	/	当复原径14.9、边轮宽0.9、边轮厚1.8、当厚1.3、缘深0.6		
J1：3	板瓦	陶	残	0.51	Cb2	18	16.9	1～1.3
J1：4	板瓦	陶	残	0.27	Bc3	14.9	16.6	1～1.6
J1：5	筒瓦	陶	残	0.15	Bc2	残长10.7、残径9.6、复原径16、厚1～1.5		
J1：6	筒瓦	陶	残	0.34	Ba4	14.3	12	1.2～1.5
J1：7	葵纹瓦当	陶	残	0.08	/	当复原径14.5、边轮宽0.8、当厚1、缘深0.5		
J1：8	陶饼	陶	残	0.05	/	径5.4、厚1.3		
J1：9	陶盆	陶	残	0.06	/	复原口径36.5、沿宽1.3、残长10.1、残宽2.8、残高5.4、厚0.8		
J1：10	陶罐	陶	残	0.31	/	口径11.4、沿宽0.8、残长18.4、残宽15.9、残高7.6、厚0.7		
J1：11	陶盆	陶	残	0.11	/	复原口径29.7、沿宽1.9、残长13.4、残宽4.1、残高8、厚1		
M4：1	陶盆	陶	可复原	3.33	/	口径42.5、沿宽2.2、高18.4、壁厚0.8、腹径40.7、底径22.6厘米		
M4：2	陶盆	陶	残	2.6	/	口径42.5、残高14.6		
M4：3	器底	陶	残	0.4	/	残高1、底部复原径21、厚0.6～0.9		
M4：4	器底	陶	残	0.9	/	残高8、腹厚0.8、底径19、厚1		

表1.3 T6出土遗物数量统计表

名称	型	③/件 灰	④/件 灰	⑦/件 灰	⑧a/件 灰	⑧a/件 红褐	⑧b/件 灰	⑨a/件 灰	⑩/件 灰	J1/件 灰	G5/件 灰	H16/件 灰	H18/件 灰	合计/件	百分比/%	总百分比/%
板瓦	Ab1	/	/	/	/	/	/	/	2	/	/	3	/	5	0.49	61.24
	Aa1	/	/	/	/	/	/	/	2	/	/	3	/	5	0.49	
	Bb1	/	/	/	4	/	3	/	/	2	30	2	/	41	4.02	
	Ba1	/	3	/	3	/	/	/	/	/	11	/	/	17	1.67	
	Cb1	/	10	28	160	18	6	1	/	18	210	1	6	458	44.95	
	Ca1	/	/	5	30	/	/	/	/	/	45	/	1	81	7.95	
	Bb4	/	/	/	2	/	/	/	/	/	/	/	/	2	0.20	
	Ba4	/	/	/	8	/	/	/	/	/	1	/	/	9	0.88	
	Cb4	/	/	/	2	/	/	/	/	/	3	/	/	5	0.49	
	Cb9	/	/	1	/	/	/	/	/	/	/	/	/	1	0.10	
筒瓦	Ac2	/	/	/	1	/	/	/	/	/	/	/	1	2	0.20	11.99
	Ab2	/	/	/	1	/	/	/	/	/	/	/	/	1	0.10	
	Bc2	/	/	/	/	/	/	/	1	/	/	/	/	1	0.10	
	Bb2	/	/	4	/	/	2	/	/	/	/	/	/	6	0.59	
	Ba2	/	/	/	/	/	/	/	/	/	1	/	/	1	0.10	
	Bc4	/	/	5	/	/	/	/	/	/	/	/	1	6	0.59	
	Bb4	/	/	/	32	/	2	/	/	4	35	/	/	73	7.16	
	Ba4	/	/	/	6	/	/	/	/	/	18	/	/	24	2.36	
	Cc4	/	/	/	4	/	/	/	/	/	4	/	/	8	0.79	
砖	素面砖	2	/	3	3	/	/	/	/	/	/	/	/	8	0.79	2.75
	空心砖	/	/	/	11	/	/	/	/	/	8	/	1	20	1.96	
瓦当	云纹	/	/	/	1	/	/	/	/	/	1	1	/	3	0.29	0.29
井圈	/	/	/	/	7	/	/	1	/	/	4	/	1	13	1.28	1.28
陶饼	/	/	/	/	/	/	/	/	/	1	/	3	/	4	0.39	0.39
砺石	/	/	/	/	/	/	/	/	/	/	1	1	/	2	0.20	0.20
陶片	素面	/	/	15	39	/	10	1	14	/	31	27	2	139	13.64	21.89
	印纹	/	/	/	7	/	/	/	/	2	4	/	/	13	1.28	
	印纹+凹弦纹	/	/	/	12	/	/	/	/	/	11	/	2	25	2.45	
	绳纹	/	/	/	6	/	/	/	5	/	2	4	/	17	1.67	
	凹弦纹	/	/	/	1	/	/	/	2	/	3	7	2	13	1.28	
	绳纹+凹弦纹	/	/	/	5	/	/	/	/	/	/	10	/	15	1.47	
	凸弦纹	/	/	/	/	/	/	/	1	/	/	/	/	1	0.10	
合计	/	2	13	61	345	18	23	3	26	27	423	61	17	1019		
百分比/%	/	0.20	1.28	5.99	33.86	1.77	2.26	0.29	2.55	2.65	41.51	5.99	1.67	100.00		100.00
总百分比/%	/	0.20	1.28	5.99	35.63		2.26	0.29	2.55	2.65	41.51	5.99	1.67			

第一节　地　　层

根据土质、土色及包含物的不同，T6内地层堆积分为12层，地层堆积按四壁介绍，出土遗物以东壁统计介绍。

一、地 层 堆 积

（一）北壁

第1层：浅灰褐色土。厚0.29～0.33米，分布全方，堆积近平。土质软，结构疏松。内含少量的植物根系。

第2层：浅褐色土。深0.29～0.33、厚0.34～0.4米。分布全方，堆积近平。土质软，结构疏松。无包含物。

第3层：黄褐色土。深0.73～0.76、厚0.06～0.09米。分布全方，堆积近平。土质软，结构较疏松。内含少量砖。

第4层：浅黄褐色土。深0.74～0.88、厚0.22～0.24米。分布全方，堆积近平。土质较软，结构较疏松。内含少量瓦片。

第5层：浅黄色土。深0.96～1、厚0.02～0.08米。分布近全探方，堆积近平。土质较软，结构较疏松。无包含物。

第6层：浅黄色土。深0.98～1.11、厚0.15～0.17米。分布全方，堆积近平。土质较软，结构较疏松。无包含物。

第7层：浅黄色土。深1.22～1.36、厚0.04～0.15米。分布近全探方，堆积近平。土质较软，结构较疏松。包含较多瓦片、陶片、砖。

第8a层：浅黄褐色土。深1.48～1.55、厚0.19～0.26米，分布全方，堆积近平。土质较软，结构较疏松。包含红烧土块、炭渣，出土陶片、瓦当、石珠、陶饼、石器、骨器、半两、砖、铜镞、铁块。H11、G5、M4开口于此层下。

第8b层：浅灰褐色土。深1.48～2.1、厚0.55～0.58米。分布探方北部，堆积近平。土质较硬，结构较致密。出土陶片、瓦片。Z1开口于此层下。

第8c层：浅黄灰色土。深2.25～2.3、厚0.2～0.24米。分布探方北部，堆积呈西南高东北低的坡状。土质较硬，结构较致密。无包含物。H15、H29开口于此层下。

第9a层：浅灰褐色土。深2.3～3.02、厚0.46～0.54米。分布于探方的北部，堆积近平。土质疏松，结构疏松。包含少量红烧土粒、瓦片、陶片。H18、J1开口于此层下。

第11层：灰褐色土。深2.78～3.18、厚0.26～0.36米。分布全方，堆积近平。土质硬，结构较致密。无包含物。

第12层：深褐色土。深3.04～3.56、厚0.33～0.39米。分布全方，堆积近平。土质硬，结构较致密。无包含物（图1.3、图1.4）。

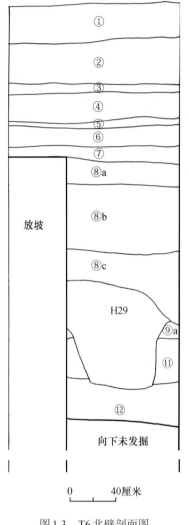

图 1.3　T6北壁剖面图

图 1.4　T6北壁剖面照（南—北）

（二）东壁

第1层：浅灰褐色土。厚0.22～0.36米。分布全方，堆积近平。土质软，结构疏松，内含少量的植物根系。

第2层：浅褐色土。深0.22～0.36、厚0.28～0.62米。分布全方，堆积近平。土质疏松，结构疏松。无包含物。

第3层：浅黄色土。深0.66～0.9、厚0～0.18米。分布全方，堆积近平。土质软，结构较疏松。内含少量砖块。出土遗物残片占探方出土遗物总数的0.2%（不含标本，下同），在本层中出土砖2件，占100%（表1.4）。

表1.4　T6第3层出土遗物数量统计表

名称	型	灰陶/件	百分比/%
砖	素面	2	
合计	/	2	100.00
百分比/%	/	100.00	

第4层：浅黄褐色土。深0.76~1.1、厚0.1~0.29米。分布全方，堆积近平。土质较软，结构较疏松。包含少量瓦片。出土遗物残片占探方出土遗物总数1.28%。在本层中出土均为板瓦，其中Cb1型占76.92%、Ba1型占23.08%（表1.5）。

表1.5 T6第4层出土遗物数量统计表

名称	型	灰陶/件	百分比/%	总百分比/%
板瓦	Cb1	10	76.92	
	Ba1	3	23.08	100.00
合计	/	13	100.00	
百分比/%	/	100.00		

第5层：浅黄色土。深0.96~1.32、厚0~0.18米。分布近全探方，堆积近平。土质较软，结构较疏松。无包含物。

第6层：浅黄色土。深1~1.5、厚0.06~0.26米。分布全方，堆积近平。土质软，结构较疏松。无包含物。

第7层：浅黄色土。深1.12~1.48、厚0~0.16米。分布近全探方，堆积近平。土质较软，结构疏松。包含较多瓦片、陶片、砖。出土遗物残片占探方出土遗物总数5.99%。据本层出土遗物残片统计，板瓦占55.74%，其中Cb1型占45.9%，Ca1型占8.2%，Cb9型占1.64%。筒瓦占14.76%，其中Bc4型占8.2%，Bb2型占6.56%。陶片占24.59%，均为素面。砖块占4.92%，均为素面（表1.6）。

表1.6 T6第7层出土遗物数量统计表

名称	型	灰陶/件	百分比/%	总百分比/%
板瓦	Cb1	28	45.90	
	Ca1	5	8.20	55.74
	Cb9	1	1.64	
筒瓦	Bc4	5	8.20	
	Bb2	4	6.56	14.76
陶片	素面	15	24.59	24.59
砖	素面	3	4.92	4.92
合计	/	61	100.00	
百分比/%	/	100.00		100.00

第8a层：浅黄褐色土。深1.26~1.68、厚0.16~0.64米。分布全方，堆积近平。土质较软，结构较疏松。包含红烧土块、炭渣，出土陶片、瓦片、瓦当、石珠、陶饼、骨器、半两、砖、铜镞、铁块。出土遗物残片占探方出土遗物总数35.63%，其中灰陶占33.86%，红褐陶占1.77%。据本层出土遗物残片统计，板瓦占62.53%，其中Bb1型占1.1%，Ba1型占0.83%，Cb1型占49.04%，Ca1型占8.26%，Bb4型占0.55%，Ba4型占2.2%，Cb4型占0.55%。筒瓦12.13%，其中Bb4型占8.82%，Ba4型占1.65%，Cc4型占1.1%，Ab2型占0.28%，Ac2型占0.28%。陶片19.29%，其中印纹占1.93%，印纹＋凹弦纹占3.31%，凹弦纹占0.28%，绳纹占1.65%，绳纹＋凹弦纹占1.38%，素面占10.74%。砖块3.86%，其中素面条形砖占0.83%，空心砖占3.03%。井圈占1.93%。瓦当占0.28%，均为云纹瓦当（表1.7）。H11、G5、M4开口此层下。

表 1.7　T6 第 8a 层出土遗物数量统计表

| 名称 | 型 | 陶色 | | 合计 | 百分比 /% | 总百分比 /% |
		灰陶 / 件	红褐 / 件			
板瓦	Bb1	4	/	4	1.10	62.53
	Ba1	3	/	3	0.83	
	Cb1	160	18	178	49.04	
	Ca1	30	/	30	8.26	
	Bb4	2	/	2	0.55	
	Ba4	8	/	8	2.20	
	Cb4	2	/	2	0.55	
筒瓦	Bb4	32	/	32	8.82	12.13
	Ba4	6	/	6	1.65	
	Cc4	4	/	4	1.10	
	Ab2	1	/	1	0.28	
	Ac2	1	/	1	0.28	
陶片	印纹	7	/	7	1.93	19.29
	印纹 + 凹弦纹	12	/	12	3.31	
	绳纹	6	/	6	1.65	
	凹弦纹	1	/	1	0.28	
	绳纹 + 凹弦纹	5	/	5	1.38	
	素面	39	/	39	10.74	
砖	素面	3	/	3	0.83	3.86
	空心砖	11	/	11	3.03	
井圈	/	7	/	7	1.93	1.93
瓦当	云纹	1	/	1	0.28	0.28
合计	/	345	18	363	100.00	
百分比 /%	/	95.04	4.96	100.00		

　　第 8b 层：浅灰褐色土。深 1.55～2.1、厚 0～0.56 米。分布探方北部，堆积近平。土质较硬，结构较致密。出土陶片、瓦片。出土遗物残片占探方出土遗物总数 2.26%。据本层出土遗物残片统计，板瓦占 39.13%，其中 Bb1 型占 13.04%，Cb1 型占 26.09%。筒瓦占 17.4%，Bb2 型占 8.7%，Bb4 型占 8.7%。素面陶片占 43.48%（表 1.8）。Z1 开口于此层下。

表 1.8　T6 第 8b 层出土遗物数量统计表

名称	型	灰陶 / 件	百分比 /%	总百分比 /%
板瓦	Bb1	3	13.04	39.13
	Cb1	6	26.09	
筒瓦	Bb4	2	8.70	17.40
	Bb2	2	8.70	
陶片	素面	10	43.48	43.48
合计	/	23		100.00
百分比 /%	/	100.00		

第8c层：浅黄灰色土。深1.9～2.72、厚0～0.62。分布探方北部，堆积呈西南高东北低的坡状。土质较硬，结构较致密。无包含物。H15、H29开口于此层下。

第9a层：浅灰褐色土。深1.65～2.8、厚0～0.84米。分布探方北部，堆积近平。土质软，结构疏松。包含少量红烧土粒、瓦片、陶片。出土遗物残片占探方出土遗物总数0.29%。据本层出土遗物残片统计，板瓦占33.33%，均为Cb1型。陶片占33.33%，均为素面。井圈占33.33%（表1.9）。H18、J1开口于此层下。

表1.9 T6第9a层出土遗物数量统计表

名称	型	灰陶/件	百分比/%
板瓦	Cb1	1	33.33
陶片	素面	1	33.33
井圈	/	1	33.33
合计	/	3	100.00
百分比/%	/	100.00	

第9b层：浅褐色土。深1.64～2.64、厚0～0.8米。分布在探方南部，堆积近平。土质略松软，结构较疏松。包含少量的红烧土、炭粒等。H16、H19、H21、H26、H27开口于此层下。

第9c层：浅黄灰色土。深2.4～2.8、厚0～0.3米。分布全方，堆积近平。土质软，结构疏松。无包含物。

第10层：浅褐色土。深2.44～3.4、厚0～0.88米。分布全方，堆积近平。土质略松软，结构疏松。包含少量的红烧土、炭粒、瓦片、陶片。出土铜镞一件。出土遗物残片占探方出土遗物总数2.55%。据本层出土遗物残片统计，板瓦占12.38%，其中Ab1型占7.69%，Aa1型占7.69%。陶片占84.62%，其中凸弦纹占3.85%，凹弦纹占7.69%，绳纹占19.23%，素面占53.85%（表1.10）。

表1.10 T6第10层出土遗物数量统计表

名称	型	灰陶/件	百分比/%	总百分比/%
板瓦	Ab1	2	7.69	12.38
	Aa1	2	7.69	
陶片	绳纹	5	19.23	84.62
	凹弦纹	2	7.69	
	凸弦纹	1	3.85	
	素面	14	53.85	
合计	/	26		100.00
百分比/%	/	100.00		

第11层：灰褐色土。深2.75～3.64、厚0～0.74米。分布全方，堆积近平。土质硬，结构较致密，无包含物。

第12层：深褐色土。深3.32～3.9、厚0～0.52米，分布全方，堆积近平。土质硬，结构较致密，无包含物（图1.5）。

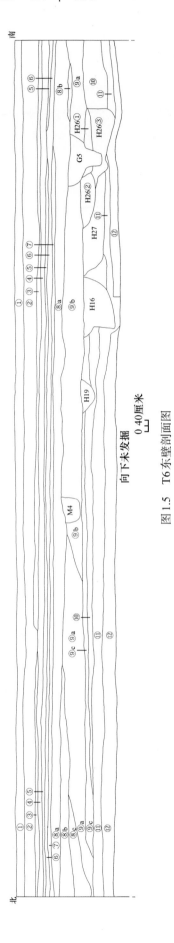

图 1.5　T6东壁剖面图

（三）南壁

第1层：浅灰褐色土。厚0.24～0.3。分布全方，堆积近平。土质软，结构疏松，内含少量的植物根系。

第2层：浅褐色土。深0.24～0.93、厚0.6～0.62米。分布全方，堆积近平。土质较软，结构疏松。无包含物。

第3层：浅黄色土。深0.87～1.1、厚0.11～0.2米。分布全方，堆积近平。土质软，结构较疏松。内含少量砖。

第4层：浅黄褐色。深0.98～1.32、厚0.22～0.24米，分布全方，堆积近平。土质较软，结构较疏松。包含少量瓦片。

第5层：浅黄色土。深1.23～1.54、厚0.15～0.22米。分布近全探方，堆积近平。土质较软，结构较疏松。无包含物。

第6层：浅黄色土。深1.3～1.68、厚0.11～0.14米。分布全方，堆积近平。土质较软，结构较疏松。无包含物。

第8a层：浅黄褐色土。深1.5～1.97、厚0.28～0.34米。分布全方，堆积近平。土质较软，结构较疏松。包含红烧土块、炭渣，出土陶片、瓦片、瓦当、石珠、陶饼、骨器、半两、砖。H11、G5、M4开口于此层下。

第9b层：浅褐色土。深1.84～2.6、厚0.65～0.66米。分布探方南部，堆积近平。土质较软，结构较疏松。包含少量的红烧土、炭粒等。H16、H19、H21、H26、H27开口于此层下。

第10层：浅褐色土。深2.5～3.16、厚0.54～0.6米。分布全方，堆积近平。土质略松，结构疏松。包含少量的红烧土、炭粒、瓦片、陶片。出土铜镞一件。

第11层：灰褐色土。深3.1～3.44、厚0.24～0.3米。分布全方，堆积近平。土质硬，结构较致密，无包含物。

第12层：深褐色土。深3.4～3.63、厚0.16～0.2米。分布全方，堆积近平。土质硬，结构较致密，无包含物（图1.6）。

（四）西壁

第1层：浅灰褐色土。厚0.16～0.36米。分布全方，堆积近平。土质软，结构疏松。包含少量的植物根系。

第2层：浅褐色土。深0.16～0.36、厚0.2～0.66米。分布全方，堆积近平。土质较软，结构疏松。无包含物。

第3层：浅黄色土。深0.65～1.1、厚0～0.32米。分布全方，

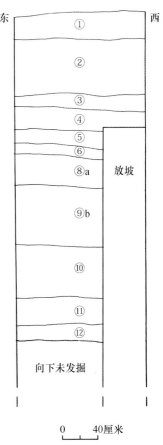

图1.6　T6南壁剖面图

堆积近平。土质软，结构较疏松。内含少量砖。

第4层：浅黄褐色土。深0.84～1.34、厚0～0.34米。分布全方，堆积近平。土质较软，结构较疏松。包含少量瓦片。

第5层：浅黄色土。深0.97～1.56、厚0.04～0.32米。分布近全探方，堆积近平。土质较软，结构较疏松。无包含物。

第6层：浅黄色土。深0.98～1.67、厚0～0.19米。分布全方，堆积近平。土质较软，结构较疏松。无包含物。

第7层：浅黄色土。深1.02～1.56、厚0～0.26米。分布近全探方，堆积近平。土质较软，结构疏松。包含较多瓦片、陶片、砖块。

第8a层：浅黄褐色土。深1.22～1.61、厚0.22～0.54米。分布全方，堆积近平。土质较软，结构较疏松。包含红烧土块、炭渣，出土陶片、瓦片、瓦当、石珠、陶饼、骨器、半两、砖。H11、G5、M4开口于此层下。

第8b层：浅灰褐色土。深1.47～2.06、厚0～0.58米。分布探方北部，堆积近平。土质较硬，结构较致密。出土陶片、瓦片。Z1开口于此层下。

第8c层：浅黄灰色土。深1.86～2.3、厚0～0.24米。分布探方北部，堆积呈西南高东北低的坡状。土质较硬，结构较致密。无包含物。H15、H29开口于此层下。

第9a层：浅灰褐色土。深1.66～2.78、厚0～0.62米。分布探方北部，堆积近平。土质软，结构疏松。包含少量的红烧土粒。H18、H21、J1开口于此层下。

第9b层：浅褐色土。深1.7～2.45、厚0～0.64米。分布在探方南部，堆积近平。土质略松软，包含少量的红烧土、炭粒，出土少量瓦片。H16、H19、H26、H27开口于此层下。

第9c层：浅黄灰色土。深2.12～2.52、厚0.11～0.66米。分布全方，堆积近平。土质软，结构疏松。无包含物。

第10层：浅褐色土。深2.48～3.17、厚0.09～0.54米。分布全方，堆积近平。土质软，结构疏松。包含少量的红烧土、炭粒、瓦片、陶片。出土铜镞一件。

第11层：灰褐色土。深2.62～3.44、厚0.2～0.46米。分布全方，堆积近平。土质硬，结构较致密。无包含物。

第12层：深褐色土。深3.27～3.7、厚0.16～0.54米。分布全方，堆积近平。土质硬，结构较致密。无包含物（图1.7）。

第12层下未发掘，2013年12月21日对以下的堆积层进行钻探了解，距地表3.6米以下向下钻探6米未到底，以探孔内地层为例介绍如下：

第1层：深0～1米，黄色细沙，淤土。

第2层：深1～3.5米，浅黄色粉沙土，较致密。

第3层：深3.5～4.1米，浅褐色淤土，较疏松。

第4层：深4.1～5米，浅黄色粉沙。

第5层：深5～5.5米，浅褐色淤土，较疏松。

第6层：深4.7～6米，浅黄色粉沙，较疏松，未继续向下钻探。

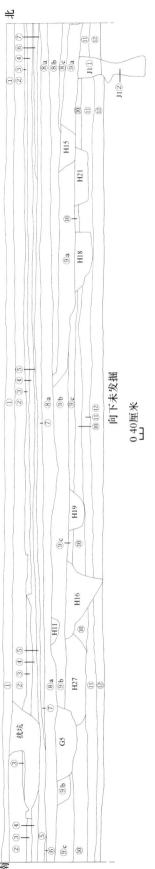

图 1.7　T6 西壁剖面图

二、出土遗物

出土小件、标本76件，分建筑材料、陶器、石器、铁器、铜器、铜钱、骨器七类，此外还有骨、牙标本多枚（表1.2）。分别介绍如下。

（一）建筑材料

根据用途，有砖、板瓦、筒瓦、瓦当、井圈五种。分别介绍如下。

1.砖

6件。据形制不同，分三种。

（1）拱形砖

2件。据表面纹饰不同，分两种。

菱格纹拱形砖　1件。⑦：6，残。呈灰色。一面饰菱格纹，另一面素面。上有3道凹弦纹，砖残长9.5、残宽7.2、厚3.4厘米（图1.8、图1.9；彩版1；图版1）。

图1.8　拱形砖（⑦：6）正、背、侧面照片

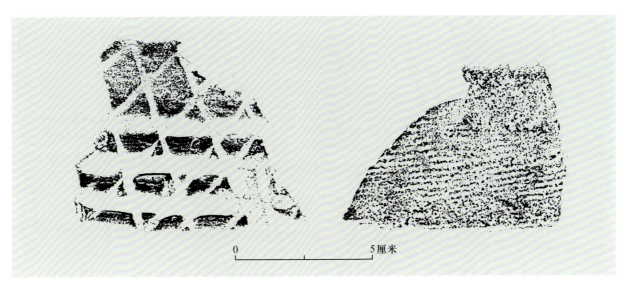

图1.9　拱形砖（⑦：6）正、背面拓片

　　绳纹拱形砖　1件。⑦：7，残。呈灰褐色。一面饰细绳纹，另一面素面。残长20.7、残宽8.5、厚3.8（图1.10、图1.11；彩版2；图版2）。

图1.10　拱形砖（⑦：7）正、背、侧面照片

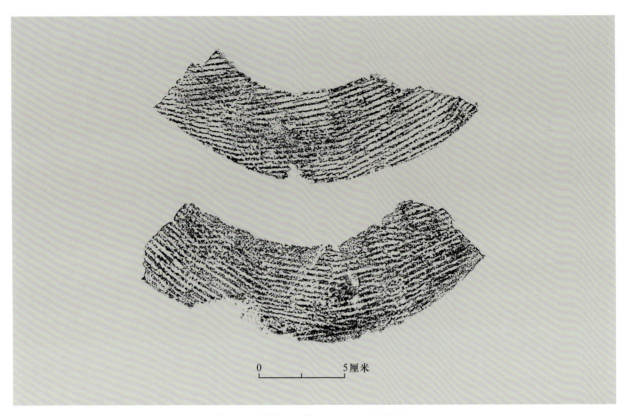

图1.11　拱形砖（⑦：7）正、背面拓片

（2）空心砖

2件。

⑧a：35，残。呈灰黑色。表面饰细直绳纹，内面饰布纹。残长18.9、宽14.5、残高3.9、厚0.6～1.9厘米（图1.16、图1.17）。

⑧a：36，残。呈灰色。表面饰细斜绳纹，内面饰布纹。残长8、残宽12.1、残高5.5、厚0.9～1.6厘米（图1.18、图1.19；彩版3；图版3）。

（3）形制不可辨

2件。据表面纹饰不同，分两种。

篮纹砖　1件。⑧a：33，残。呈灰色。一面饰粗绳纹，另一面饰篮纹。残长10.2、残宽7.6、厚2.5厘米（图1.12、图1.13；彩版4；图版4）。

几何纹砖　1件。⑧a：34，残。呈灰色。一面饰回纹，另一面饰篮纹。残长10、残宽7.5、厚1.9～2.4厘米（图1.14、图1.15）。

2. 板瓦

18件。均为弧形板瓦。据表面绳纹粗细，分属A、B、C三型。分别介绍如下。

A型　1件。属Aa1型。⑩：2，黄褐色陶。表面饰细交错绳纹，内面素面。长14.4、宽12.5、厚1.2～1.5厘米（图1.20、图1.21）。

图1.12 篮纹砖（⑧a：33）正、背、侧面照片

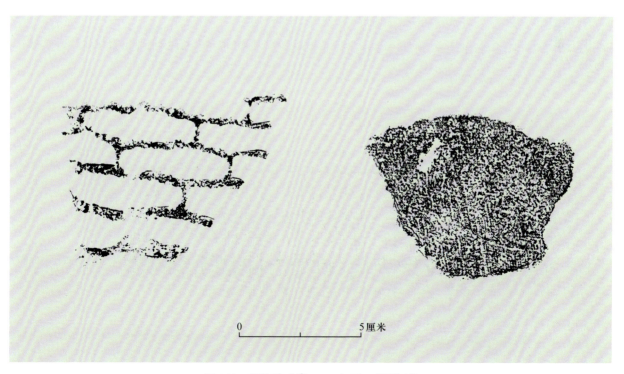

0 5厘米

图1.13 篮纹砖（⑧a：33）正、背面拓片

图1.14　几何纹砖（⑧a：34）正、背、侧面照片

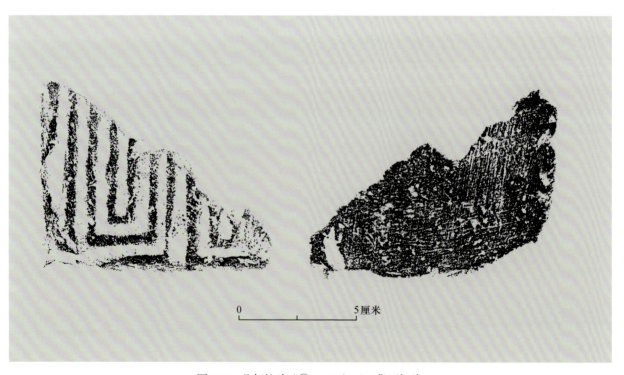

图1.15　几何纹砖（⑧a：34）正、背面拓片

图1.16 空心砖（⑧a∶35）外、内、侧面照片

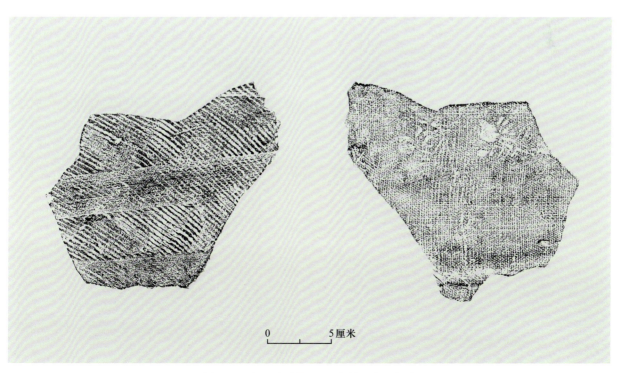

0   5厘米

图1.17 空心砖（⑧a∶35）外、内面拓片

图 1.18　空心砖（⑧a：36）外、内、侧面照片

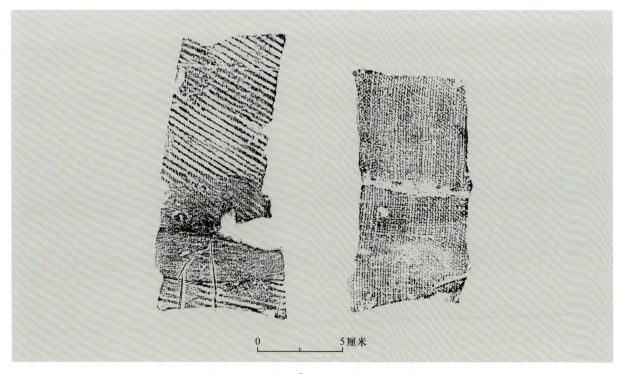

0　　　　5厘米

图 1.19　空心砖（⑧a：36）外、内面拓片

图1.20 Aa1型板瓦（⑩：2）表、内面照片

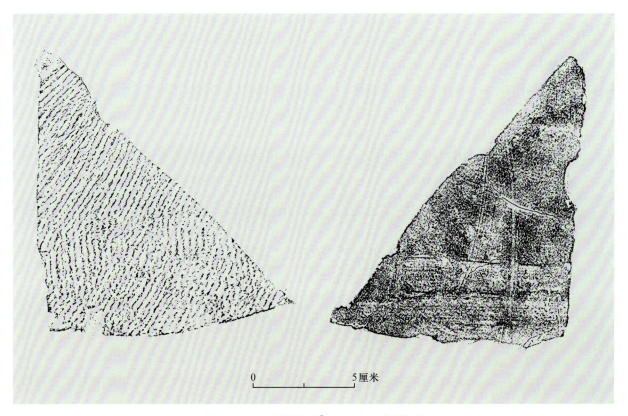

图1.21 Aa1型板瓦（⑩：2）表、内面拓片

B型　11件。分七亚型。

Ba1型　4件。表面饰中粗交错绳纹，内面素面。

⑧a：20，残。灰陶。残长16、残宽12.5、厚1.4厘米（图1.22、图1.23）。

图1.22　Ba1型板瓦（⑧a：20）表、内面照片

0　　　　　5厘米

图1.23　Ba1型板瓦（⑧a：20）表、内面拓片

⑧a：21，残。灰陶。残长10.5、残宽13、厚1.5厘米（图1.24、图1.25）。

图1.24　Ba1型板瓦（⑧a：21）表、内面照片

图1.25　Ba1型板瓦（⑧a：21）表、内面拓片

⑧a：23，残。灰陶。残长13.5、残宽14、厚1.2厘米（图1.26、图1.27）。

图1.26　Ba1型板瓦（⑧a：23）表、内面照片

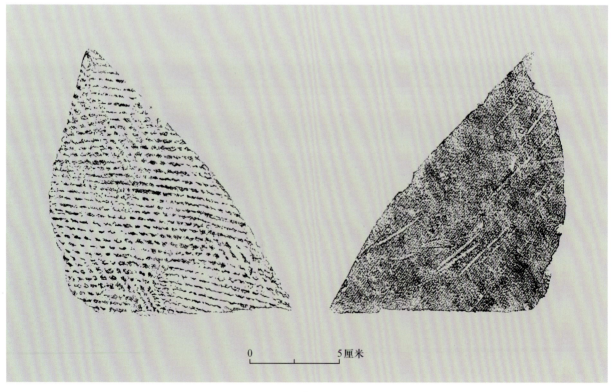

图1.27　Ba1型板瓦（⑧a：23）表、内面拓片

④：1，残。灰陶。残长7.5、残宽4.5、厚1.2厘米（图1.28、图1.29）。

图1.28 Ba1型板瓦（④：1）表、内面照片

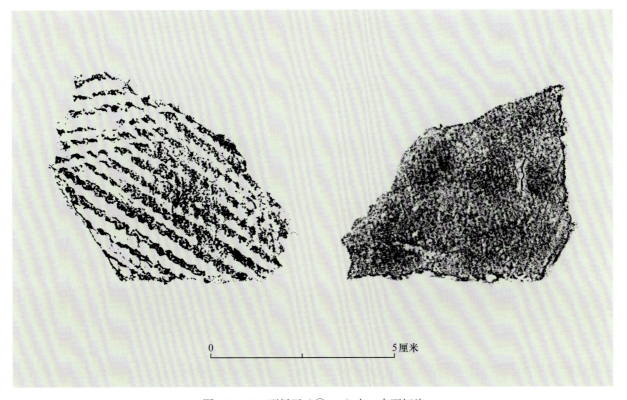

0　　　　　　　　5厘米

图1.29 Ba1型板瓦（④：1）表、内面拓片

Ba2型　1件。⑦：3，残。灰陶。表面饰中粗交错绳纹，内面饰麻点纹。残长14.7、残宽8.2～9.1、厚0.8～1.4厘米（图1.30、图1.31）。

图1.30　Ba2型板瓦（⑦：3）表、内面照片

图1.31　Ba2型板瓦（⑦：3）表、内面拓片

　　Ba3型　1件。⑩：3，残。灰陶。表面饰中粗交错绳纹，内面饰箅纹。残长11.6、残宽7.2、厚1～1.2厘米（图1.32、图1.33）。

图1.32　Ba3型板瓦（⑩：3）表、内面照片

图1.33　Ba3型板瓦（⑩：3）表、内面拓片

Ba4型　2件。表面饰中粗交错绳纹，内面饰布纹。

⑧a：22，残。灰陶。残长10.7、残宽12.3、厚1.2～1.7厘米（图1.34、图1.35）。

图1.34　Ba4型板瓦（⑧a：22）表、内面照片

0　　　　　　5厘米

图1.35　Ba4型板瓦（⑧a：22）表、内面拓片

⑧a：24，残。灰褐陶。残长15.3、残宽11、厚1.3厘米（图1.36、图1.37）。

图1.36 Ba4型板瓦（⑧a：24）表、内面照片

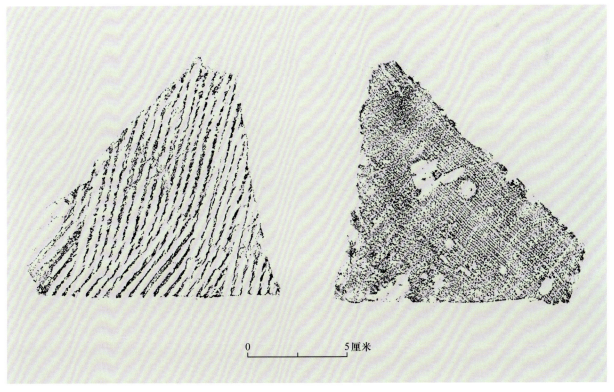

0   5厘米

图1.37 Ba4型板瓦（⑧a：24）表、内面拓片

Bb1型　1件。⑧a：18，残。灰陶。表面饰中粗斜绳纹，内面素面，一端抹平部分宽5.3厘米，瓦表面有三道浅凹弦纹。残长14、残宽15.7、厚1.1厘米（图1.38、图1.39）。

图1.38　Bb1型板瓦（⑧a：18）表、内面照片

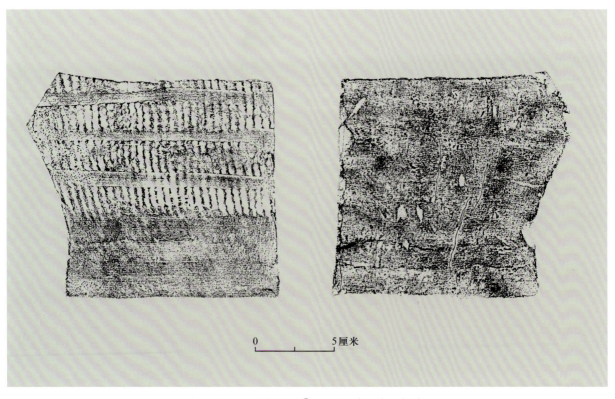

图1.39　Bb1型板瓦（⑧a：18）表、内面拓片

Bb2型　1件。⑧b：1，残。灰陶。表面饰中粗斜绳纹，内面饰麻点纹，一端有宽3.3厘米抹平，距瓦头26厘米处有一道凹弦纹，内面有少量部分饰麻点纹。残长27.6、残宽21、厚1～1.5厘米（图1.40、图1.41）。

图1.40　Bb2型板瓦（⑧b：1）表、内面照片

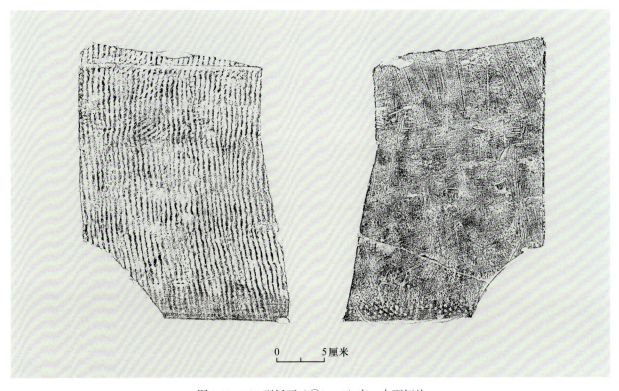

0　　　5厘米

图1.41　Bb2型板瓦（⑧b：1）表、内面拓片

　　Bb3型　1件。⑧b：2，残。灰陶。表面饰中粗斜绳纹，内面饰篦纹，一端有宽2.4厘米抹平绳纹，下有两道宽0.6厘米的凹弦纹。残长20.6、残宽15.6、厚0.9～1.1厘米（图1.42、图1.43）。

图1.42　Bb3型板瓦（⑧b：2）表、内面照片

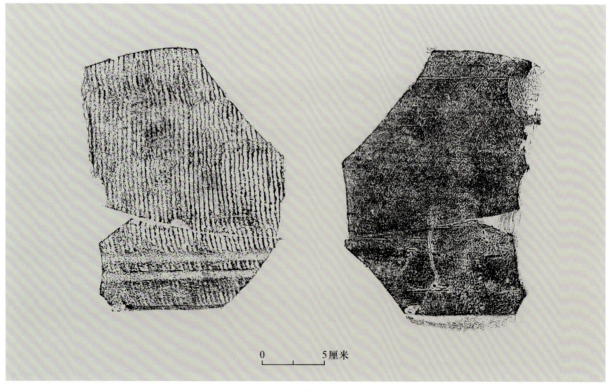

0　　　　5厘米

图1.43　Bb3型板瓦（⑧b：2）表、内面拓片

C型 6件。分四亚型。

Ca1型 1件。⑦：1，残。灰陶。表面饰粗交错绳纹，内面素面。残长17.3、残宽10.9、厚1.1～1.4厘米（图1.44、图1.45）。

图1.44 Ca1型板瓦（⑦：1）表、内面照片

0　　　　　　　5厘米

图1.45 Ca1型板瓦（⑦：1）表、内面拓片

Ca3型　3件。表面纹饰粗交错绳纹，内面饰篦纹。

⑧a：19，残。灰陶。残长8.1、残宽10.6～13、厚1.3～1.8厘米（图1.46、图1.47）。

图1.46　Ca3型板瓦（⑧a：19）表、内面照片

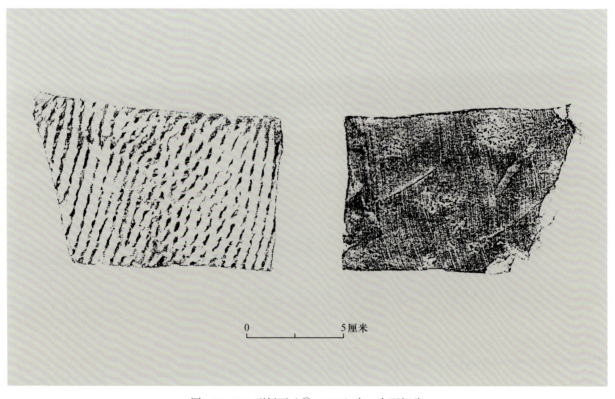

0　　　　　　5厘米

图1.47　Ca3型板瓦（⑧a：19）表、内面拓片

④：2，残。灰褐陶。残长10.9、残宽5～6.4、厚1.5厘米（图1.48、图1.49）。

⑨a：1，残。灰陶。残长9、残宽15.6、厚1～1.5厘米。

图1.48　Ca3型板瓦（④：2）表、内面照片

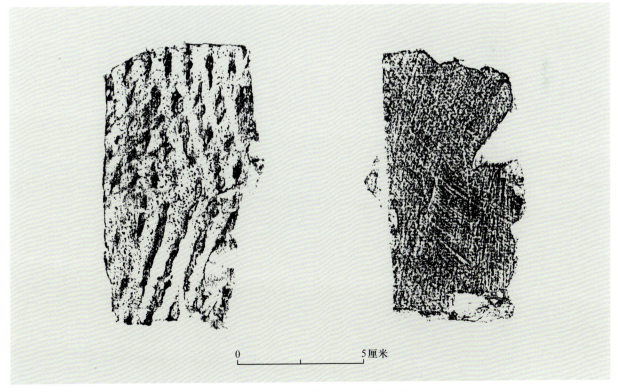

0　　　　　　　　5厘米

图1.49　Ca3型板瓦（④：2）表、内面拓片

Ca4型　1件。⑧a：25，残。灰陶。表面饰粗交错绳纹，内面饰布纹。残长6.8、残宽7.2、厚1.4～1.6厘米（图1.50、图1.51）。

图1.50　Ca4型板瓦（⑧a：25）表、内面照片

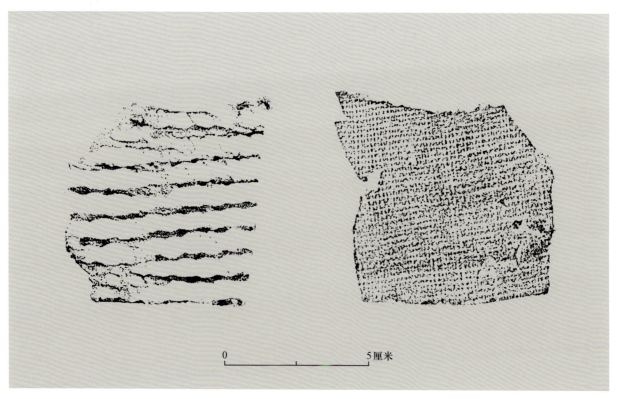

0　　　　　　　　　　　5厘米

图1.51　Ca4型板瓦（⑧a：25）表、内面拓片

Cb9型 1件。⑦：2，残。灰陶。表面饰粗斜绳纹，内面饰小菱形纹。残长7.2、残宽9.4、厚1.2厘米（图1.52、图1.53；彩版5；图版5）。

图1.52 Cb9型板瓦（⑦：2）表、内面照片

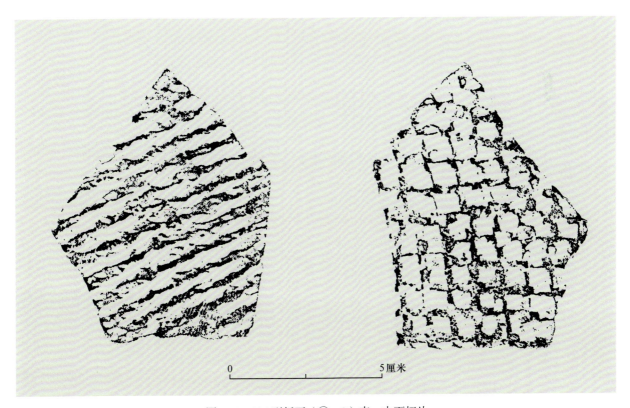

0   5厘米

图1.53 Cb9型板瓦（⑦：2）表、内面拓片

3. 筒瓦

11件。据表面绳纹粗细，分属A、B、C三型。分别介绍如下。

A型　6件。分五亚型。

Aa2型　1件。⑧a：31，残。灰陶。表面饰细交错绳纹，内面饰麻点纹。残长16.8、残径10、厚1～1.2厘米（图1.54、图1.55）。

图1.54　Aa2型筒瓦（⑧a：31）表、内面照片

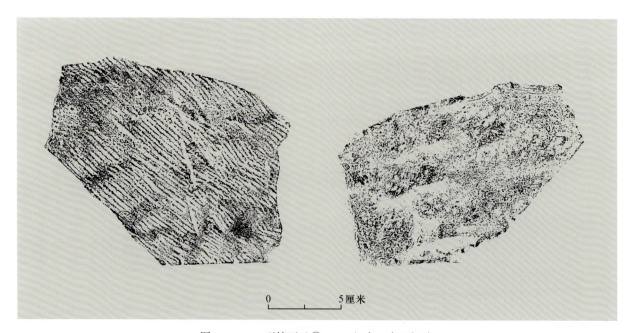

0　　　　　5厘米

图1.55　Aa2型筒瓦（⑧a：31）表、内面拓片

Aa4型 1件。⑧a：27，残。灰陶。表面饰细交错绳纹，内面饰布纹。残长14.2、残径9.9、厚1～1.2厘米（图1.56、图1.57）。

图1.56 Aa4型筒瓦（⑧a：27）表、内面照片

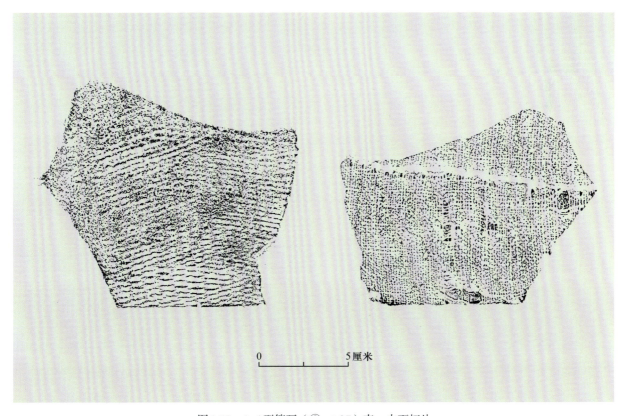

0   5厘米

图1.57 Aa4型筒瓦（⑧a：27）表、内面拓片

Ab2型　1件。⑦：4，残。灰陶。表面饰细斜绳纹，内面饰麻点纹。残长8.1、残径7.7、厚1.3～1.6厘米（图1.58、图1.59）。

图1.58　Ab2型筒瓦（⑦：4）表、内面照片

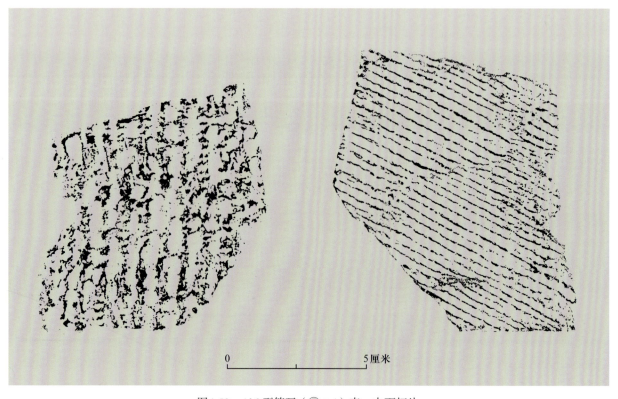

图1.59　Ab2型筒瓦（⑦：4）表、内面拓片

Ab4型 1件。⑦：5，残。灰陶。表面饰细斜绳纹，内面饰布纹。残长19.4、残径8.9、厚0.7～1.2、瓦唇长1.6厘米（图1.60、图1.61）。

图1.60 Ab4型筒瓦（⑦：5）表、内面照片

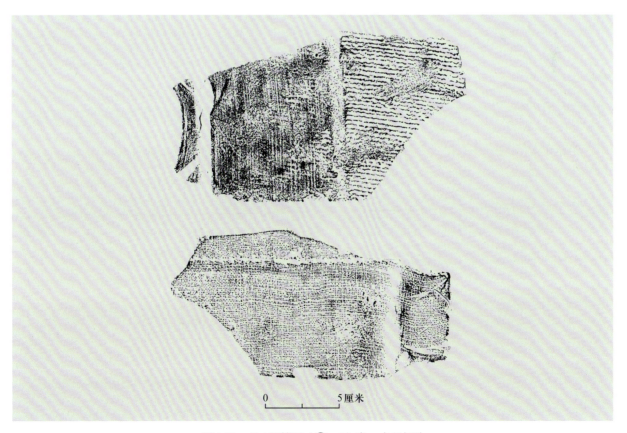

图1.61 Ab4型筒瓦（⑦：5）表、内面拓片

Ac2型　2件。表面饰细直绳纹，内面饰麻点纹。

④：3，残。灰陶。一端有宽0.8～2厘米抹平绳纹。残长7.3、残径7、厚1.3～1.4厘米（图1.62、图1.63）。

图1.62　Ac2型筒瓦（④：3）表、内面照片

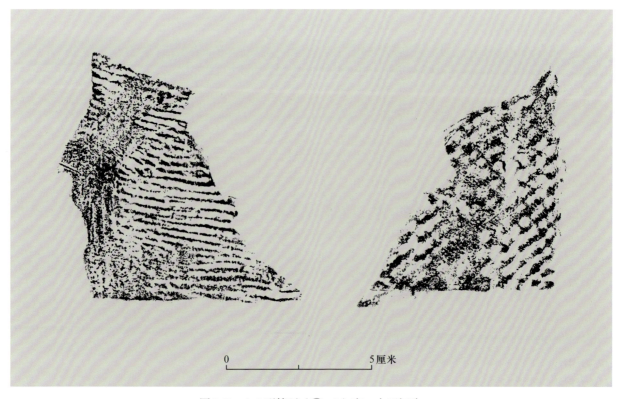

0　　　　　　　　　5厘米

图1.63　Ac2型筒瓦（④：3）表、内面拓片

⑧a：28，残。灰陶。一端有抹平绳纹宽0.9～1.6厘米。残长10.5、残径7.6、厚1.2～1.4厘米（图1.64、图1.65）。

图1.64　Ac2型筒瓦（⑧a：28）表、内面照片

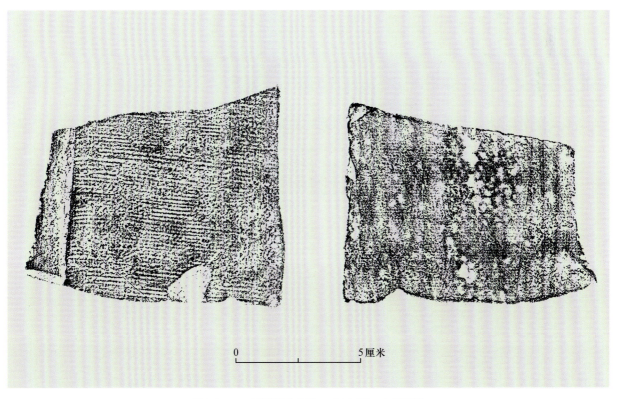

0　　　　　　　　5厘米

图1.65　Ac2型筒瓦（⑧a：28）表、内面拓片

B型 3件。分三亚型。

Ba2型 1件。⑧b：4，残。灰陶。表面饰中粗交错绳纹，内面饰麻点纹。残长9.9、残径8.5、厚0.7～1.4厘米（图1.66、图1.67）。

图1.66 Ba2型筒瓦（⑧b：4）表、内面照片

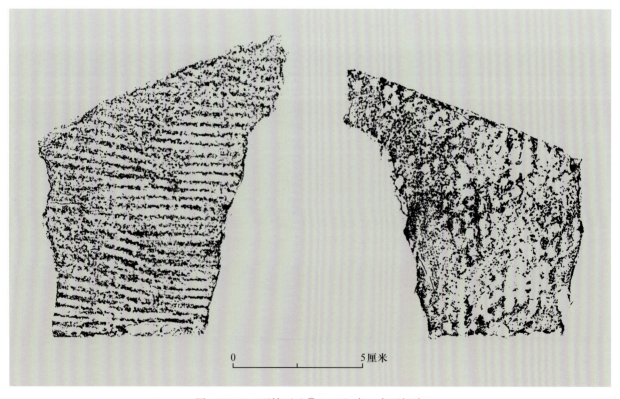

图1.67 Ba2型筒瓦（⑧b：4）表、内面拓片

Ba4型 1件。⑧a：26，残。灰陶。表面饰中粗交错绳纹，内面饰布纹，瓦唇向下有宽9.2厘米抹平。残长28.3、残径12.1、厚1.1～1.3厘米，瓦唇长1.6、唇厚0.6～1厘米（图1.68、图1.69）。

图1.68 Ba4型筒瓦（⑧a：26）表、内面照片

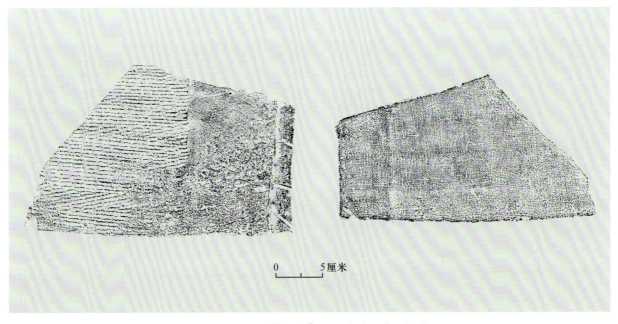

0 5厘米

图1.69 Ba4型筒瓦（⑧a：26）表、内面拓片

Bb4型　1件。⑧b：3，残。灰陶。表面饰中粗斜绳纹，内面饰布纹。残长9.2、残径5.1、厚0.9～1.3厘米（图1.70、图1.71）。

图1.70　Bb4型筒瓦（⑧b：3）表、内面照片

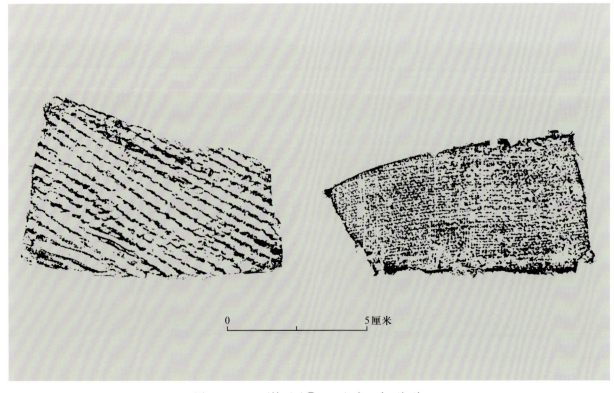

图1.71　Bb4型筒瓦（⑧b：3）表、内面拓片

C型 2件。分两亚型。

Ca4型 1件。⑧a∶30，残。灰陶。表面饰粗交错绳纹，内面饰布纹，一端有宽1.8厘米抹平绳纹。残长9.8、残径9.8、厚1～1.4厘米（图1.72、图1.73）。

图1.72 Ca4型筒瓦（⑧a∶30）表、内面照片

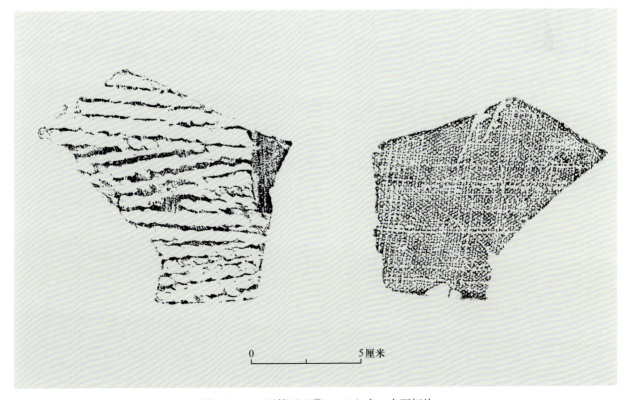

0　　　　　　　　5厘米

图1.73 Ca4型筒瓦（⑧a∶30）表、内面拓片

Cc4型 1件。⑧a：29，残。灰陶。表面饰粗直绳纹，内面饰布纹。残长11.2、残径6.7、厚1～1.2厘米（图1.74、图1.75）。

图1.74 Cc4型筒瓦（⑧a：29）表、内面照片

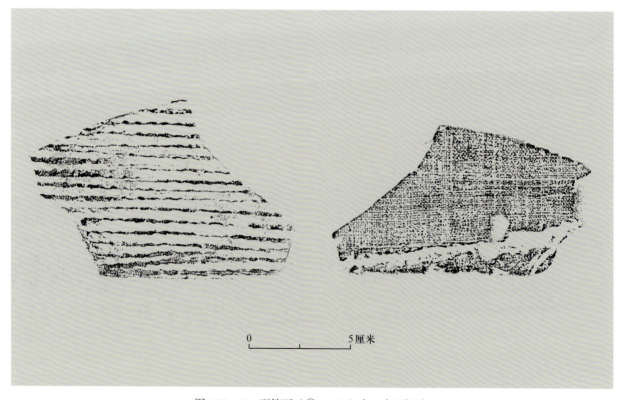

图1.75 Cc4型筒瓦（⑧a：29）表、内面拓片

4. 瓦当

5件。据当面纹饰不同，分两种。分别介绍如下。

朵云纹瓦当 4件。

⑧a：1，残。灰色。当面边轮内有一周凸弦纹。双界格线回分当面不穿当心。当心饰小方格纹、外一圆。当面每扇格内一朵双卷云纹。当背面较规整。当径16、当心径6、边轮宽0.9、边轮厚1.9、当厚1.5、缘深0.6厘米（图1.76、图1.77；彩版6；图版6）。

图1.76 朵云纹瓦当（⑧a：1）正、背面照片

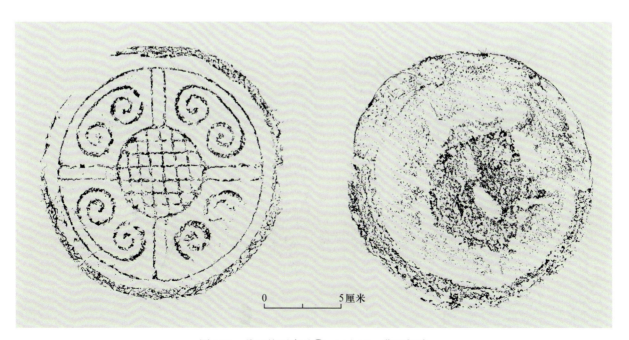

0 5厘米

图1.77 朵云纹瓦当（⑧a：1）正、背面拓片

⑧a：10，残。灰色。当边轮内有一周凸弦纹。当面双界格线回分当面不穿当心。当心饰小方格纹、外一圆。当面每扇格内饰一朵双卷云纹，现存三朵云纹。当背面制作痕迹规整。当复原径15.3、当心径5.7、边轮宽0.6、当厚1.5、缘深0.5厘米（图1.78、图1.79；彩版7；图版7）。

图1.78　朵云纹瓦当（⑧a：10）正、背面照片

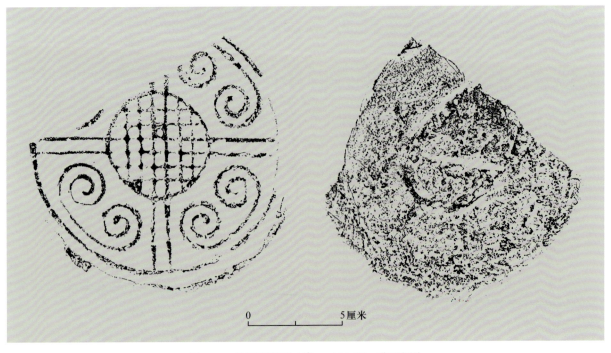

图1.79　朵云纹瓦当（⑧a：10）正、背面拓片

⑧a：11，残。灰色。瓦当残块边轮内有凸弦纹。当面存一双界格线不穿当心。当心饰方格纹、残留局部外圆。当面界格线左侧存一朵双卷云纹。当背面制作痕迹较规整。当复原径15.1、边轮宽0.4、当厚1.6、缘深0.4厘米，所连筒残长4.5、残径8、厚1.5、弦高5.7厘米（图1.80、图1.81；彩版8；图版8）。

图1.80　朵云纹瓦当（⑧a：11）正、背面照片

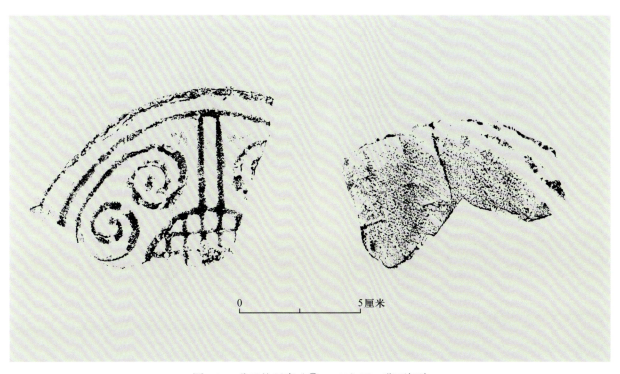

图1.81　朵云纹瓦当（⑧a：11）正、背面拓片

⑧a：32，残。灰色。瓦当残块边轮内有凸弦纹。当面存一双界格线不穿当心。当心饰小方格纹、残留局部外圆。界格线右侧存一双卷云纹。当背面凹凸不平。当复原径14.9、边轮宽0.4、边轮厚1.5、当厚1.3、缘深0.4厘米（图1.82、图1.83；彩版9；图版9）。

图1.82 朵云纹瓦当（⑧a：32）正、背面照片

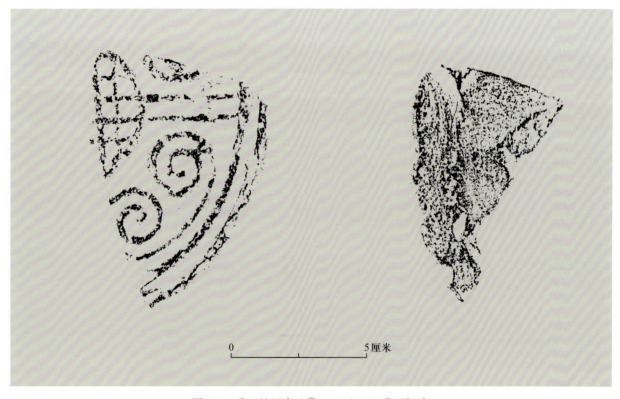

图1.83 朵云纹瓦当（⑧a：32）正、背面拓片

葵纹瓦当 1件。⑧a：16，残。灰色。瓦当残块心中央饰一小孔，周围绕涡纹，外一圆。当面饰自当心圆伸出左向涡纹组成的葵花瓣纹。现仅存一朵。当背面凹凸不平，有绳切痕迹。当复原径15.2、边轮宽0.7、边轮厚1.8、当厚1.5、缘深0.6厘米（图1.84、图1.85；彩版10；图版10）。

图1.84 葵纹瓦当（⑧a：16）正、背面照片

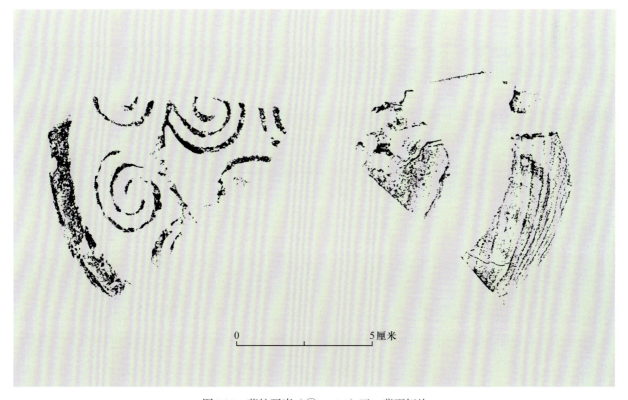

0　　　　　　　　5厘米

图1.85 葵纹瓦当（⑧a：16）正、背面拓片

5. 井圈

4件。均为残片。

⑧a：37，残。灰陶。表面饰粗斜绳纹，内面饰小菱形纹。残长11.3、残宽11.8、厚1.1～2.1厘米（图1.86、图1.87；彩版11；图版11）。

图1.86　井圈（⑧a：37）表、内面照片

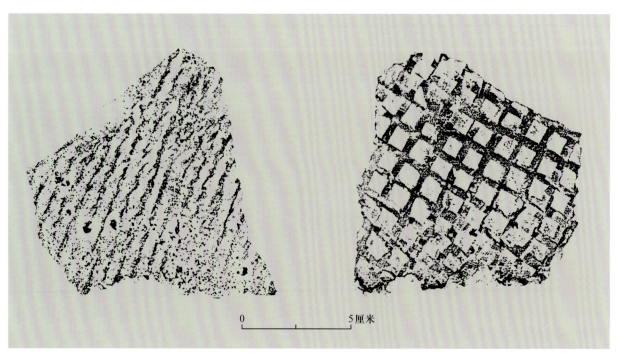

图1.87　井圈（⑧a：37）表、内面拓片

⑧a：38，残。灰陶。表面饰中斜绳纹，内面饰小菱形纹。残长10、残宽15.3、厚1.2～2厘米（图1.88、图1.89；彩版12；图版12）。

图1.88　井圈（⑧a：38）表、内、侧面照片

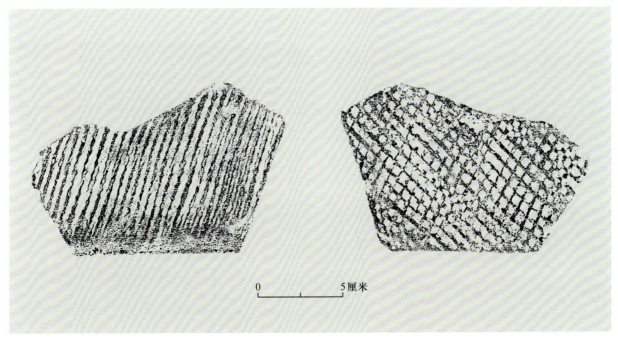

图1.89　井圈（⑧a：38）表、内面拓片

⑧a：39，残。灰陶。表面饰中斜绳纹，内面饰菱形回纹。残长12.9、残宽16.8、厚1.5～2.3厘米（图1.90、图1.91；彩版13；图版13）。

图1.90　井圈（⑧a：39）表、内、侧面照片

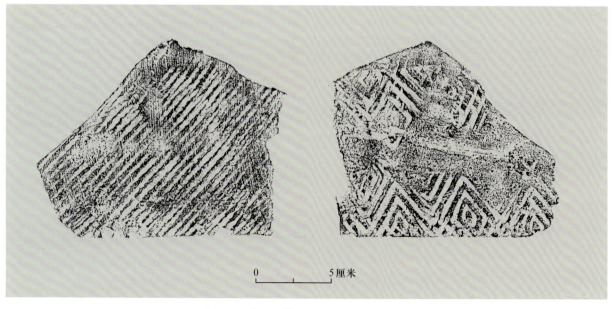

图1.91　井圈（⑧a：39）表、内面拓片

⑨a：2，残。灰陶。表面饰粗斜绳纹，内面饰麻点纹。残长8.8、残宽14.9、厚1.6～2.6厘米（图1.92、图1.93）。

图1.92 井圈（⑨a：2）表、内、侧面照片

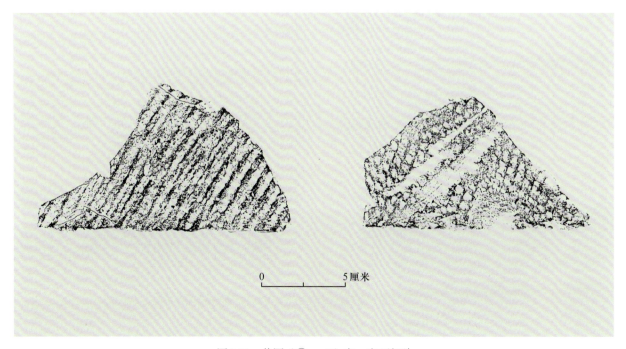

0 5厘米

图1.93 井圈（⑨a：2）表、内面拓片

（二）陶器

根据用途，有盆、罐、缸、瓮、甑、釜、陶饼七种。分别介绍如下。

1. 盆

9件。

⑦：9，残。泥质灰陶。敛口，外折沿，方唇，斜弧腹，内外均素面，内外轮制痕迹明显。复原口径19.6、沿宽1.2、残长11.5、残宽5.2、残高6.1、厚0.7厘米（图1.94、图1.95；彩版14；图版14）。

图1.94　陶盆（⑦：9）外、内、侧面照片

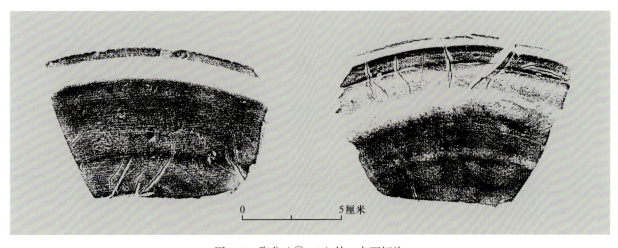

图1.95　陶盆（⑦：9）外、内面拓片

⑧a：40，残。泥质灰陶。敛口，外折沿，斜方唇，斜弧腹，上腹部饰两周凹弦纹，下腹部饰细斜绳纹，内面轮制痕迹明显。复原口径47.9、沿宽1.6、残长11.1、残宽2.5、残高9.5、厚0.9厘米（图1.96、图1.97；彩版15；图版15）。

图1.96　陶盆（⑧a：40）外、内、侧面照片

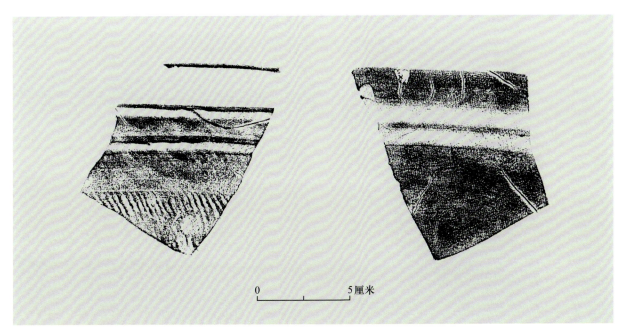

0　　　　　　5厘米

图1.97　陶盆（⑧a：40）外、内面拓片

⑧a：41，残。泥质灰陶。敛口，斜弧腹，外面饰3周凹弦纹。复原口径43.7、沿宽1.9、残长17.3、残宽4、残高8.4、厚1.2厘米（图1.98、图1.99；彩版16；图版16）。

图1.98　陶盆（⑧a：41）外、内、侧面照片

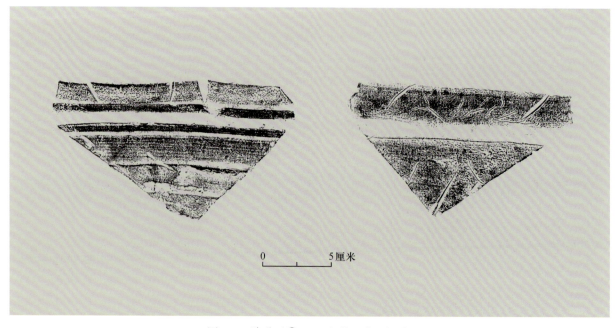

图1.99　陶盆（⑧a：41）外、内面拓片

⑧a：42，残。泥质灰陶。侈口，斜方唇，斜弧腹，外面饰两周凹弦纹，凹弦纹间饰一周柳叶状虫蛹纹。复原口径50.7、沿宽1.5、残长12.8、残宽2.4、残高7.5、厚0.9厘米（图1.100、图1.101；彩版17；图版17）。

图1.100　陶盆（⑧a：42）外、内、侧面照片

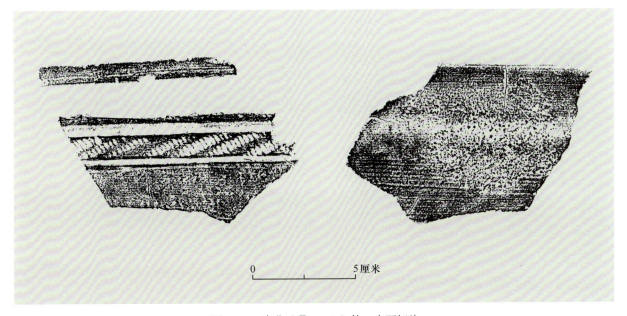

图1.101　陶盆（⑧a：42）外、内面拓片

⑧a：43，残。泥质灰陶。敛口，圆唇，斜弧腹，外面饰一周柳叶状虫蛹纹，其下饰一周凹弦纹，内面素面，轮制痕迹明显。复原口径53.8、沿宽2.1、残长12.6、残宽3、残高7.4、厚1.2厘米（图1.102、图1.103；彩版18；图版18）。

图1.102　陶盆（⑧a：43）外、内、侧面照片

图1.103　陶盆（⑧a：43）外、内面拓片

⑧a：44，残。泥质灰陶。敛口，外折沿，方唇，斜弧腹，上腹部饰两周凹弦纹，凹弦纹间饰一周柳叶状虫蛹纹，内面素面，轮制痕迹明显。复原口径24.6、沿宽1.8、残长10.7、残宽2.4、残高8.9、厚0.9厘米（图1.104、图1.105；彩版19；图版19）。

图1.104　陶盆（⑧a：44）外、内、侧面照片

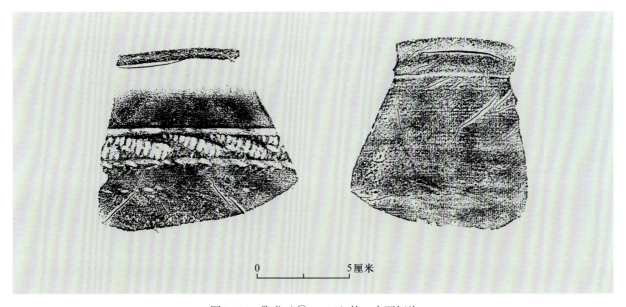

图1.105　陶盆（⑧a：44）外、内面拓片

⑨a：3，残。泥质灰陶。敛口，外折沿，方唇，内外均素面，内面轮制痕迹明显。残高3.7、宽8.5、厚0.8～1厘米（图1.106、图1.107）。

图1.106　陶盆（⑨a：3）外、内、侧面照片

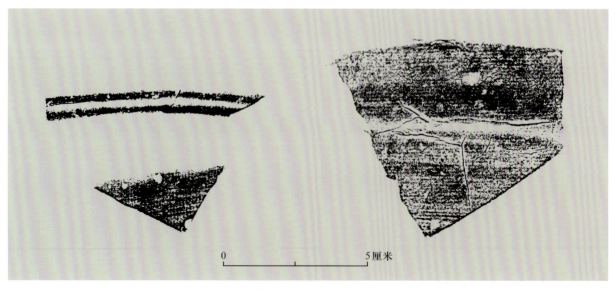

图1.107　陶盆（⑨a：3）外、内面拓片

⑩∶5，残。泥质灰陶。敛口，外折沿，尖唇，斜弧腹，腹部饰细交错绳纹，下腹部局部绳纹被抹平，内面素面，轮制痕迹明显。复原口径44.3、沿宽1.6、残长14、残宽3.2、残高13.8、厚1.2厘米（图1.108、图1.109；彩版20；图版20）。

图1.108　陶盆（⑩∶5）外、内、侧面照片

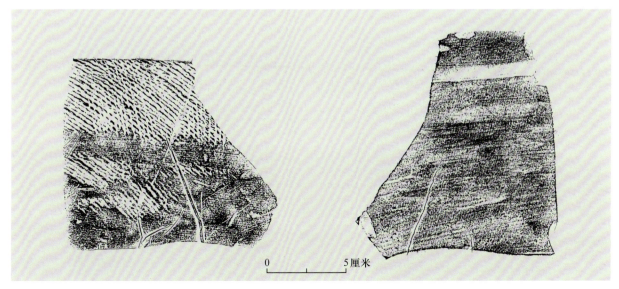

图1.109　陶盆（⑩∶5）外、内面拓片

⑩：6，残。泥质灰陶。侈口，外折沿，方唇，折弧腹，内外均素面，内面有明显的轮制痕迹。复原口径28、沿宽2.1、残长11.6、残宽5.3、残高8.1、厚0.7厘米（图1.110、图1.111；彩版21；图版21）。

图1.110　陶盆（⑩：6）外、内、侧面照片

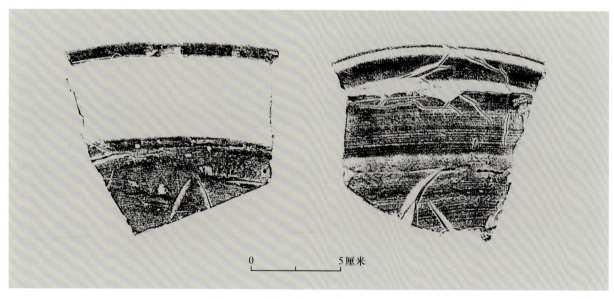

图1.111　陶盆（⑩：6）外、内面拓片

2. 罐

1件。⑧b：5，残。泥质灰陶。仅存肩腹部。肩部饰三周凹弦纹，上腹部饰两周凹弦纹，内面素面，轮制痕迹明显。残长19、残宽7.2、残高12.2、厚0.9厘米（图1.112、图1.113；彩版22；图版22）。

图1.112 陶罐（⑧b：5）外、内面照片

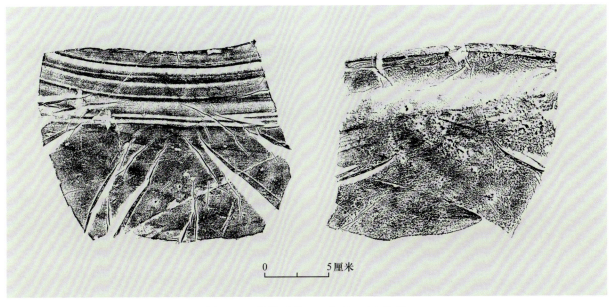

0　　　　5厘米

图1.113 陶罐（⑧b：5）外、内面拓片

3. 缸

1件。⑦：11，残。夹砂灰陶。敛口，方唇，内折沿，上腹部饰两周凹弦纹，凹弦纹间饰一周柳叶状虫蛹纹，内面素面，有明显轮制痕迹。复原口径64.4、沿宽4.2、残长17.7、残宽6.6、残高6.5、厚2.5厘米（图1.114、图1.115；彩版23；图版23）。

图1.114　陶缸（⑦：11）外、内、侧面照片

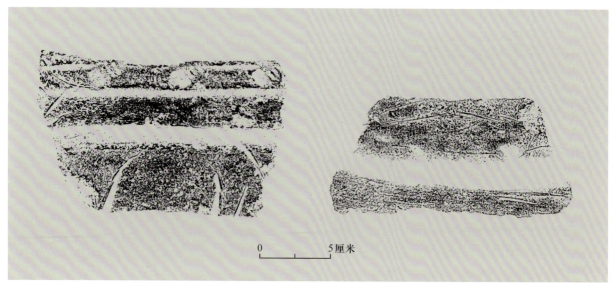

图1.115　陶缸（⑦：11）外、内面拓片

4. 瓮

1件。⑧a：45，残。泥质灰陶。敛口，内折沿，斜直腹，上腹部饰两周凹弦纹，凹弦纹下饰中粗斜绳纹，内面素面，轮制痕迹明显。复原口径38.3、沿宽3.3、残长21.2、残宽5.5、残高11.7、厚1.3厘米（图1.116、图1.117；彩版24；图版24）。

图1.116 陶瓮（⑧a：45）外、内、侧面照片

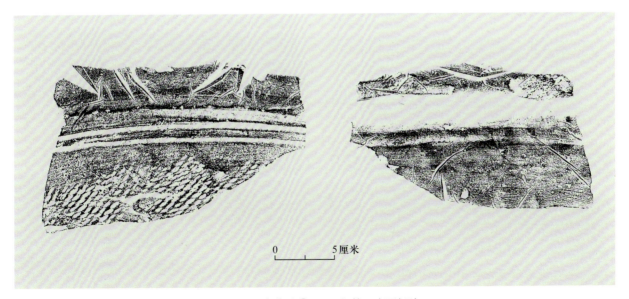

图1.117 陶瓮（⑧a：45）外、内面拓片

5. 甑

1件。⑧a：46，残。泥质灰陶。仅存器底局部。内面有明显轮制痕迹，内外素面。残长9.5、宽8、残高1.9、厚0.8～1.2厘米；底部残存箅孔5个，孔径为1～1.1厘米（图1.118、图1.119）。

图1.118　陶甑（⑧a：46）外、内面照片

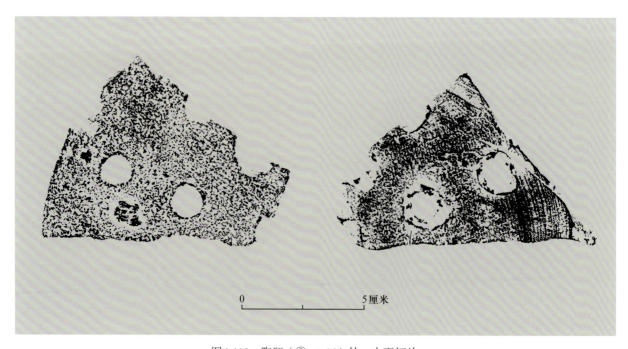

0　　　　　　　　5厘米

图1.119　陶甑（⑧a：46）外、内面拓片

6. 釜

3件。

⑦：10，残。夹砂灰陶。子母口，方唇，斜弧腹，外面饰网格纹，内面素面、轮制痕迹明显。复原口径34.5、沿宽3.1、残长10.3、残宽5.2、残高5.7、厚0.8厘米（图1.120、图1.121；彩版25；图版25）。

图1.120 陶釜（⑦：10）外、内、侧面照片

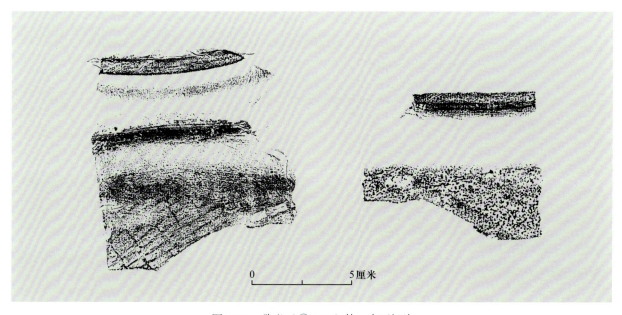

图1.121 陶釜（⑦：10）外、内面拓片

⑦：8，残。夹砂灰陶。侈口，窄平沿，短束颈，斜肩，弧腹，肩腹部饰细交错绳纹，内面素面，轮制痕迹明显。复原口径18.3、沿宽0.4、残长10、残宽4.8、残高8.9、厚0.7厘米（图1.122、图1.123；彩版26；图版26）。

图1.122　陶釜（⑦：8）外、内、侧面照片

图1.123　陶釜（⑦：8）外、内面拓片

⑩：4，残。夹砂灰陶。敛口，窄平沿，方唇，短束颈，斜肩，肩腹部饰细斜绳纹，内面素面，有明显轮制痕迹。复原口径30.9、沿宽1、残长16.4、残宽7.7、残高6、厚1.3厘米（图1.124、图1.125；彩版27；图版27）。

图1.124 陶釜（⑩：4）外、内、侧面照片

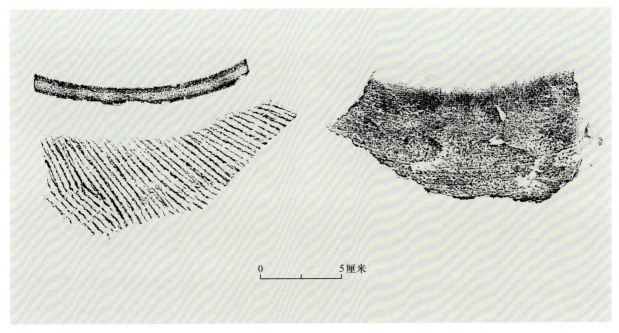

图1.125 陶釜（⑩：4）外、内面拓片

7. 陶饼

2件。用瓦片残块加工而成，边缘打磨较粗糙。

⑧a：5，泥质灰陶。圆形。外轮边缘打磨较粗糙，一面饰细交错绳纹，另一面素面。径4.4、厚1.2厘米（图1.126、图1.127；彩版28；图版28）。

图1.126　陶饼（⑧a：5）正、背面照片

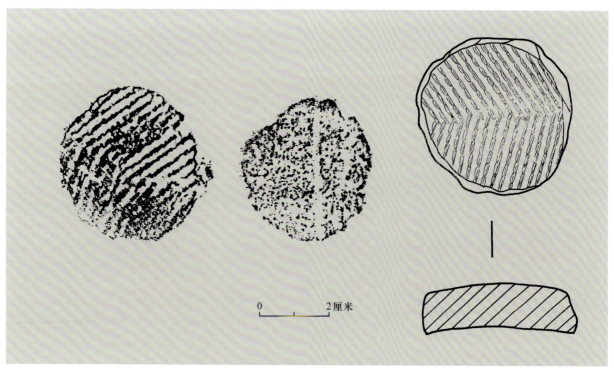

图1.127　陶饼（⑧a：5）正、背面拓片、线图

⑪：1，残。夹砂红陶。圆形。一面饰细斜绳纹，另一面素面。径5.4、厚1.9厘米（图1.128、图1.129；彩版29；图版29）。

图1.128 陶饼（⑪：1）正、背、侧面照片

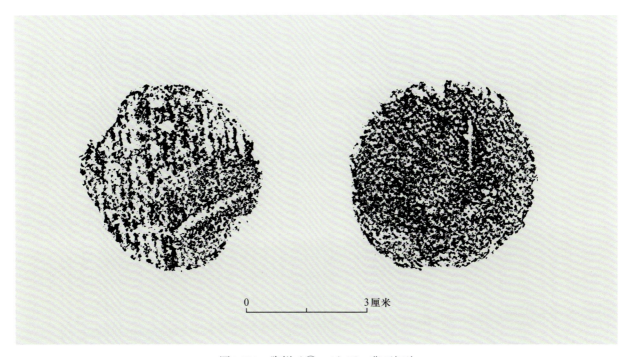

图1.129 陶饼（⑪：1）正、背面拓片

（三）石器

2件。分两种。分别介绍如下。

石砧　1件。⑧a：8，残。青灰色。一面中部有锥形孔，未钻通。径3.4、厚1.2、孔径1.4、孔深0.4厘米（图1.130、图1.131；彩版30；图版30）。

图1.130　石砧（⑧a：8）正、背、侧面照片

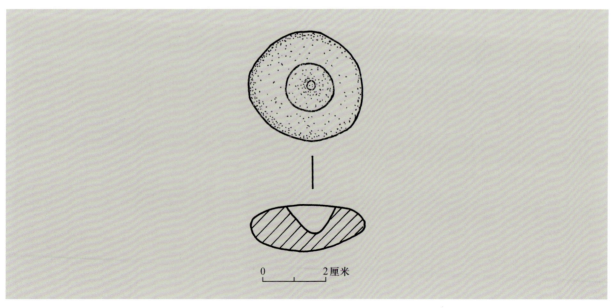

图1.131　石砧（⑧a：8）线图

石珠　1件。⑧a：9，圆球体表面光滑。直径2厘米（图1.132、图1.133）。

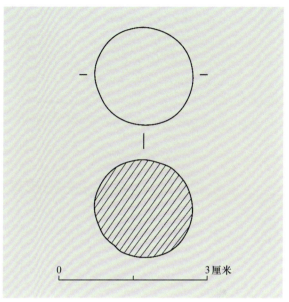

图1.132　石珠（⑧a：9）正面照片　　　　　　图1.133　石珠（⑧a：9）线图

（四）铁器

2件。分两种。

⑧a：15，残。锈蚀严重。残长4.8、宽3.8、径2厘米（图1.134、图1.135）。

⑧a：7，残。锈蚀严重。残长3、宽3、径0.5厘米（图1.136、图1.137）。

（五）铜器

3件。分两种。

铜饰　1件。残。⑨b：1，不规则状。长2.4厘米（图1.138、图1.139）。

铜镞　2件。三角状翼镞，柱状中脊直达前锋，中柱两侧有槽。

⑩：1，通长5.7厘米，镞首三角状，长3.7厘米，尾柱呈圆柱形，柱长2、直径约0.7厘米（图1.140、图1.141）。

⑧a：12，残长3.2厘米。镞首三角状，长2厘米。尾柱呈圆柱形，柱残长1、直径约1厘米（图1.142、图1.143）。

（六）铜钱

3枚。为半两。残。圆形，方穿，光背无郭。

图1.134　铁器（⑧a：15）正、背、侧面照片

图1.135　铁器（⑧a：15）线图

图1.136 铁器（⑧a：7）正、侧面照片

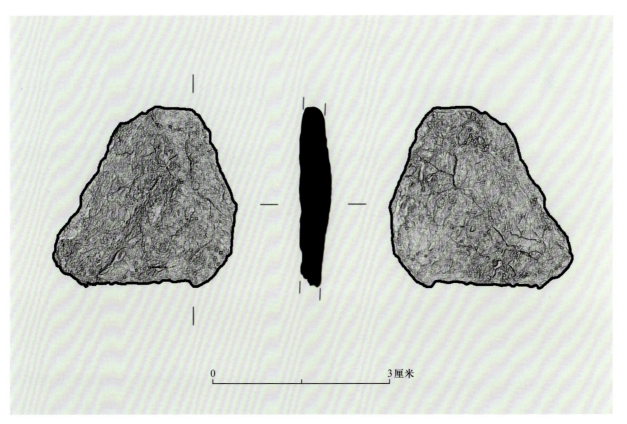

0　　　　　　　　3厘米

图1.137 铁器（⑧a：7）线图

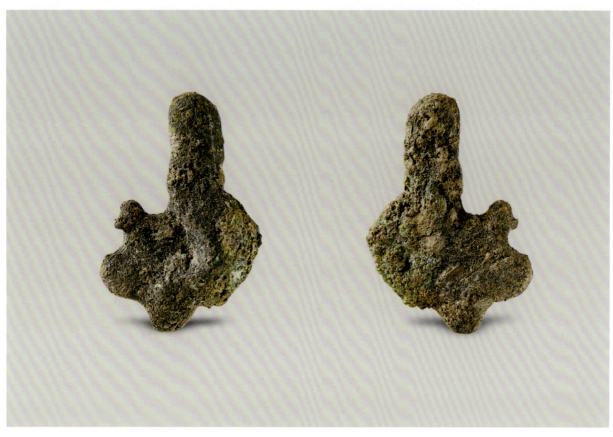

图1.138　铜饰（⑨b：1）正、背面照片

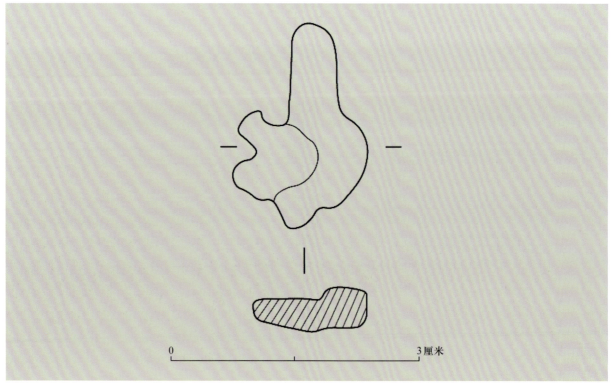

图1.139　铜饰（⑨b：1）线图

图1.140 铜镞（⑩∶1）照片

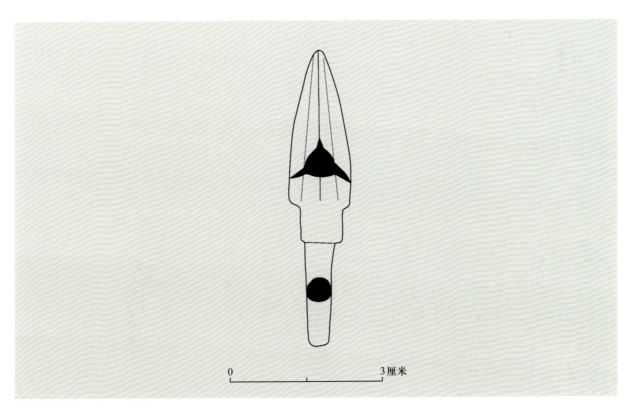

0   3厘米

图1.141 铜镞（⑩∶1）线图

图1.142　铜镞（⑧a：12）照片

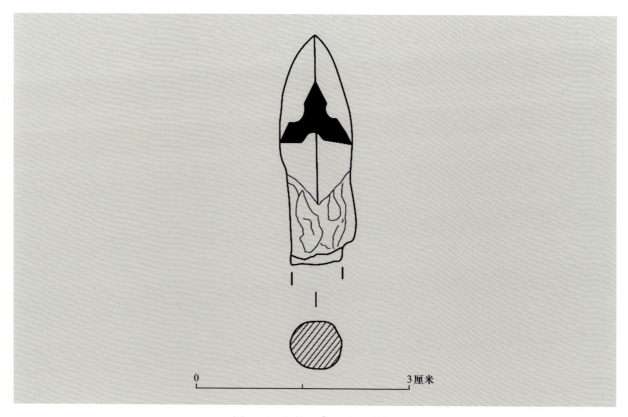

图1.143　铜镞（⑧a：12）线图

⑧a：3，残径2.3、厚0.15厘米（图1.144、图1.145）。

⑧a：2，径2.4、穿宽0.8、厚0.15厘米，字迹模糊（图1.146、图1.147）。

⑧a：6，残径2.4、穿残宽0.8、厚0.15厘米，字迹模糊（图1.148、图1.149）。

图1.144　半两（⑧a：3）正、背面照片

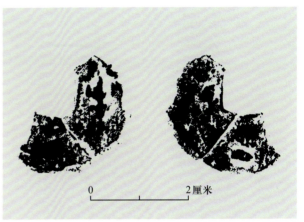

图1.145　半两（⑧a：3）正、背面拓片

图1.146　半两（⑧a：2）正、背面照片

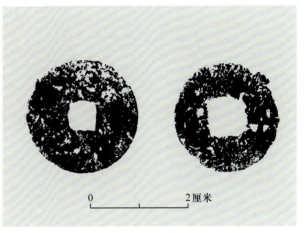

图1.147　半两（⑧a：2）正、背面拓片

图1.148　半两（⑧a：6）正、背面照片

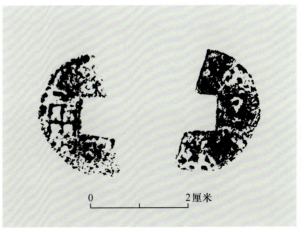

图1.149　半两（⑧a：6）正、背面拓片

（七）骨器

1件。为骨块。⑧a：4，长方形。长2.48、宽1.3、厚0.8厘米（图1.150、图1.151）。

图1.150　骨块（⑧a：4）正、背、侧面照片

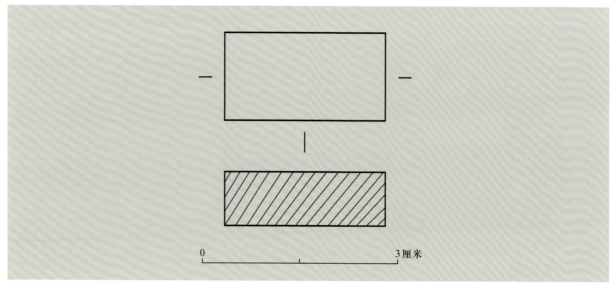

图1.151　骨块（⑧a：4）线图

（八）骨、牙标本

3件。分三种。

肋骨　1件。⑧a：13，残。长约9厘米（图1.152）。

下颌骨　1件。⑧a：17，残，尚存4枚牙齿。长约10厘米（图1.153）。

牙　1件。⑧a：14，长2.3、宽2.3厘米（图1.154）。

图1.152　肋骨（⑧a：13）照片

图1.153　下颌骨（⑧a：17）正、侧面照片

图1.154　牙（⑧a：14）正、侧面照片

第二节 遗 迹

清理遗迹5种13个（表1.1），包括灰坑9座、沟1条、灶1座、井1口、墓葬1座。分别介绍如下（图1.155～图1.159）：

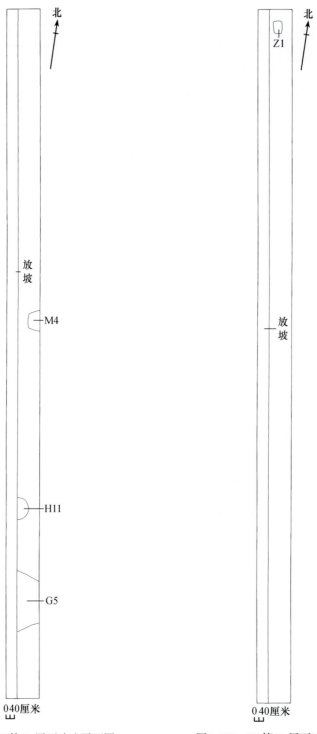

图1.155 T6第8a层下遗迹平面图　　图1.156 T6第8b层下遗迹平面图

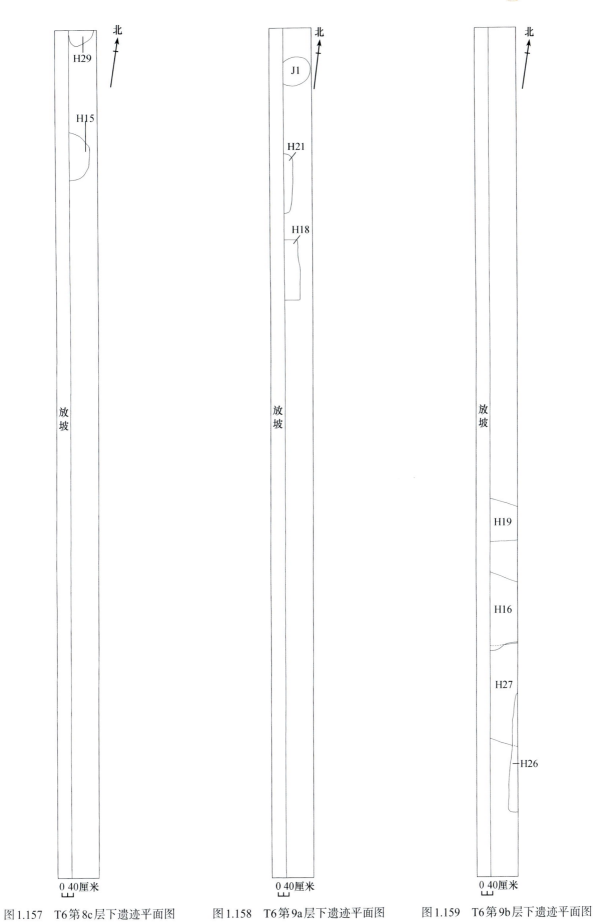

图 1.157 T6第8c层下遗迹平面图　　　　图 1.158 T6第9a层下遗迹平面图　　　　图 1.159 T6第9b层下遗迹平面图

一、灰　坑

9座，其中开口于第8a层下1座，第8c层下2座，第9a层下2座，第9b层下4座，分别介绍如下。

（一）H11

位于T6中部偏南，西部延伸到放坡下。开口于第8a层下，口距地表深1.75米，打破第9b层。平面呈半圆形，斜壁，底略呈凹状。开口南北长0.95、东西发掘宽0.52、深0.3、底南北长0.4、东西发掘宽0.16米。填土呈灰褐色，土质略硬，内含瓦片残渣，均为泥质灰陶（图1.160）。

（二）H15

位于T6北部，西部延伸到放坡下。开口于第8c层下，打破第9a、10层，打破H21，口距地表深2米。平面近半圆形，斜壁，平底。开口南北长1.7、东西发掘宽0.72、深0.56、底南北长0.88、东西发掘宽0.37米。填土呈灰褐色，结构致密，夹杂少量瓦片残渣（图1.161）。

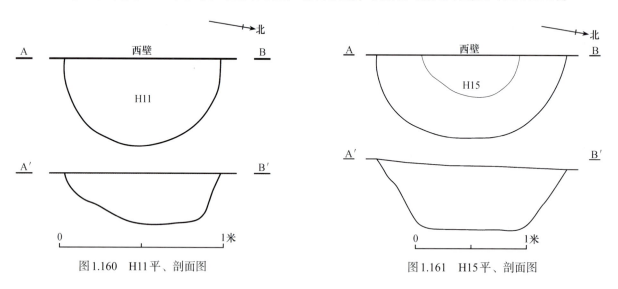

图1.160　H11平、剖面图　　　　　图1.161　H15平、剖面图

（三）H16

位于T6南部，东西两边延伸出探方东、西壁。开口于第9b层下，打破第9c、10～12层、H27。平面呈不规则形，斜壁，底部呈南高北低的坡状。开口南北长2.2～2.78、东西发掘宽1、深0.8～1.15、底南北长0.86～1.32米。填土呈深黄褐色，结构疏松，内含大量的瓦片、陶片、红烧土粒、草木灰烬（图1.162）。

出土遗物残片占探方出土遗物总数5.99%。据坑内出土器物残片统计，板瓦占14.76%，其中Bb1型占3.28%，Aa1型占4.92%，Cb1型占1.64%，Ab1型占4.92%。陶片占78.69%，其中绳纹

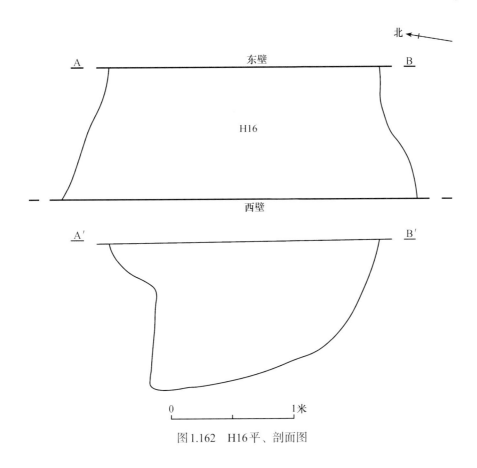

图1.162 H16平、剖面图

占6.56%，绳纹＋凹弦纹占16.39%，凹弦纹占11.48%，素面占44.26%。陶饼占4.92%。砺石占1.64%（表1.11）。

表1.11 H16出土遗物数量统计表

名称	型	灰陶/件	百分比/%	总百分比/%
板瓦	Aa1	3	4.92	14.76
	Bb1	2	3.28	
	Cb1	1	1.64	
	Ab1	3	4.92	
陶片	绳纹	4	6.56	78.69
	绳纹+凹弦纹	10	16.39	
	凹弦纹	7	11.48	
	素面	27	44.26	
陶饼	/	3	4.92	4.92
砺石	/	1	1.64	1.64
合计	/	61	100.00	
百分比/%	/	100.00		

出土标本14件，分建筑材料、陶器、石器三类。分别介绍如下。

1. 建筑材料

根据用途，有板瓦、筒瓦两种。分别介绍如下。

（1）板瓦

3件。均为弧形板瓦，据表面纹饰粗细，分属A、B、C三型。分别介绍如下。

A型　1件。属Aa3型。H16：4，残。灰陶。表面饰细交错绳纹，内面饰篦纹。残长7.6、残宽9.2、厚1～1.2厘米（图1.163、图1.164）。

图1.163　Aa3型板瓦（H16：4）表、内面照片

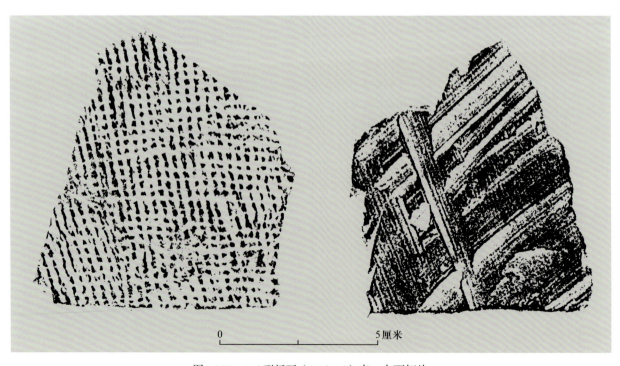

图1.164　Aa3型板瓦（H16：4）表、内面拓片

B型　1件。属Bb3型。H16：3，残。灰陶。表面饰中粗斜绳纹，内面饰箅纹。残长14.2、残宽12.5、厚1.3～1.5厘米（图1.165、图1.166）。

图1.165　Bb3型板瓦（H16：3）表、内面照片

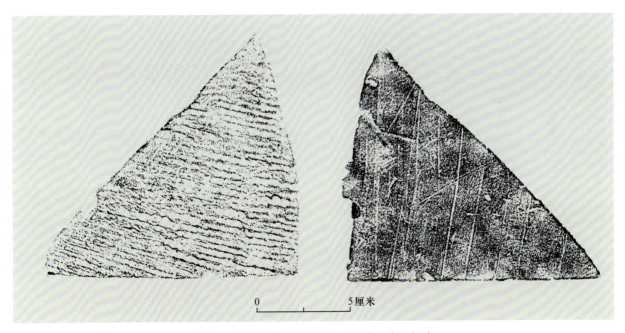

0　　　　　5厘米

图1.166　Bb3型板瓦（H16：3）表、内面拓片

C型　1件。属Cb3型。H16：2，残。灰陶。表面饰粗斜绳纹，内面饰箅纹。残长11.8、残宽15.5、厚0.8～1.3厘米（图1.167、图1.168）。

（2）筒瓦

1件。属Ac1型。H16：5，残。灰陶。表面饰细直绳纹，内面素面。残长7.2、残径7、厚1.1～1.6厘米（图1.169、图1.170）。

图1.167　Cb3型板瓦（H16∶2）表、内面照片

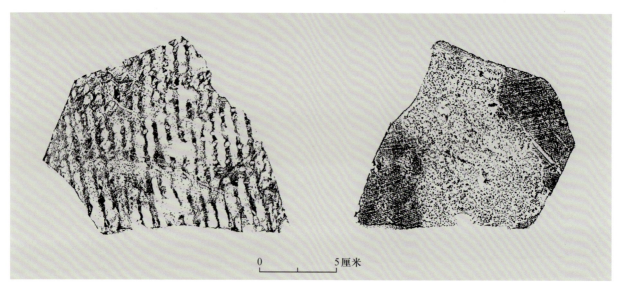

0   5厘米

图1.168　Cb3型板瓦（H16∶2）表、内面拓片

图1.169　Ac1型筒瓦（H16∶5）表、内面照片

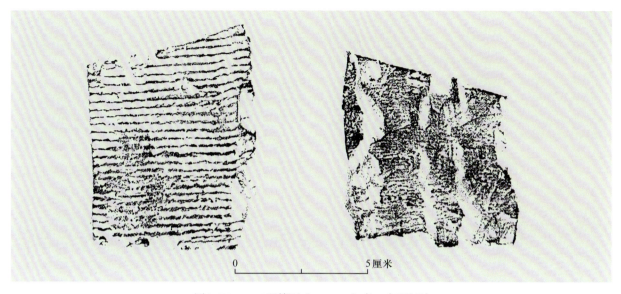

图1.170 Ac1型筒瓦（H16∶5）表、内面拓片

2. 陶器

根据用途，有盆、鬲、盒、陶饼4种。分别介绍如下。

（1）盆

3件。

H16∶10，残。泥质灰陶。侈口，外折沿，方唇，折腹，腹部饰一周凹弦纹，下腹部斜直内收，内面素面，有较规整轮制痕迹。复原底径31.8、残长19.2、残宽12.8、残高11.3、厚0.9、底厚1.2厘米（图1.171、图1.172；彩版31；图版31）。

图1.171 陶盆（H16∶10）外、内、侧面照片

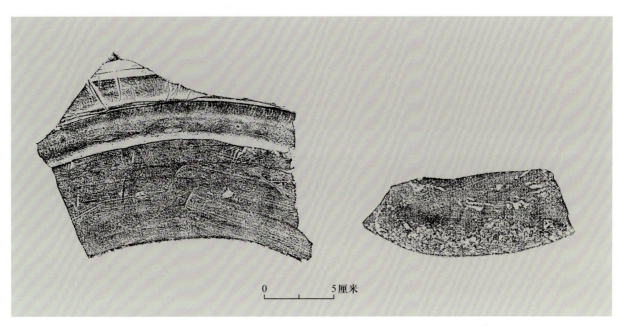

图 1.172　陶盆（H16：10）外、内面拓片

H16：11，残。泥质灰陶。侈口，平沿外折，方唇，斜弧腹，上腹部饰细斜绳纹，局部绳纹抹平，内面素面，轮制痕迹明显。复原口径 49.6、沿宽 2.2、残长 19.6、残宽 6.6、残高 11.6、厚 0.9 厘米（图 1.173、图 1.174；彩版 32；图版 32）。

图 1.173　陶盆（H16：11）外、内、侧面照片

图 1.174　陶盆（H16：11）外、内面拓片

　　H16：12，残。泥质灰陶。侈口，外折沿，方唇，斜弧腹，腹部饰两周凹弦纹及细斜绳纹，内面素面，轮制痕迹明显。复原口径56.3、沿宽2.3、残长11.5、残宽3.3、残高9.5、厚1.2厘米（图1.175、图1.176；彩版33；图版33）。

图 1.175　陶盆（H16：12）外、内、侧面照片

图1.176　陶盆（H16：12）外、内面拓片

（2）鬲

1件。H16：13，残。夹砂灰陶。敛口，窄平沿，斜方唇，广肩，肩、腹部饰细斜绳纹，内面素面，轮制痕迹明显。复原口径28.9、沿宽1.5、残长12.6、残宽7.1、残高6.1、厚0.9厘米（图1.177、图1.178；彩版34；图版34）。

图1.177　陶鬲（H16：13）外、内、侧面照片

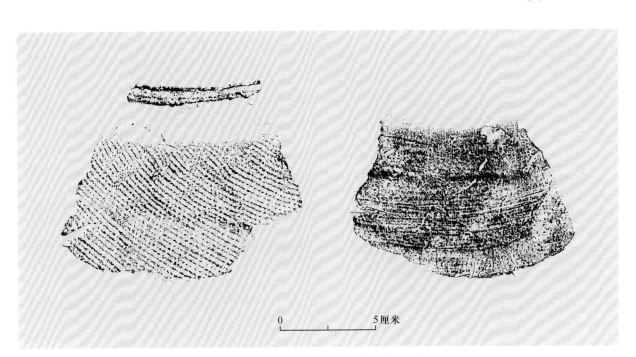

图1.178　陶鬲（H16∶13）外、内面拓片

（3）盒

1件。H16∶14，可复原。泥质灰陶。敛口，窄沿，方唇，圆鼓腹，腹下内收，圈足。腹部有四周凸弦纹，弦纹宽0.5、弦纹之间间距0.7厘米，口径19.5、沿宽1.1、高9.4、壁厚1.1、底径9.9厘米（图1.179、图1.180；彩版35；图版35）。

图1.179　陶盒（H16∶14）外面照片

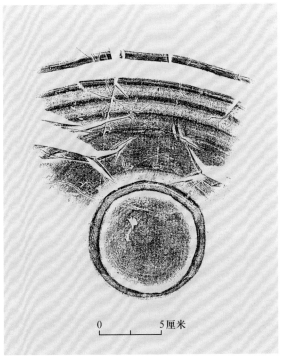

图1.180　陶盒（H16∶14）外面、底部拓片

（4）陶饼

4件。均圆形。泥质灰陶。均为利用陶器残片、瓦片加工而成，边缘打磨较粗糙。

H16：1，残。一面素面，另一面内轮制痕迹明显。径4.5、厚0.8厘米（图1.181、图1.182；彩版36；图版36）。

图1.181　陶饼（H16：1）正、背面照片

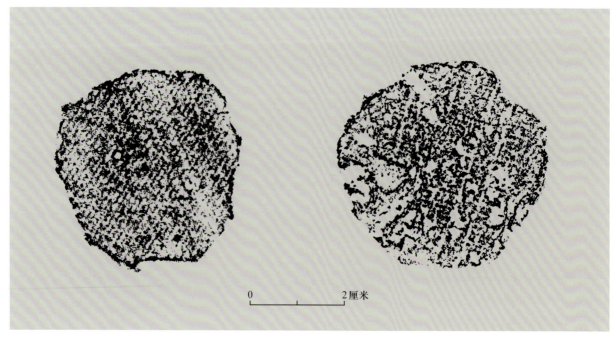

图1.182　陶饼（H16：1）正、背面拓片

　　H16：6，残。一面素面。另一面饰篦纹。径5.1、厚1.2厘米（图1.183、图1.184；彩版37；图版37）。

图1.183　陶饼（H16：6）正、背面照片

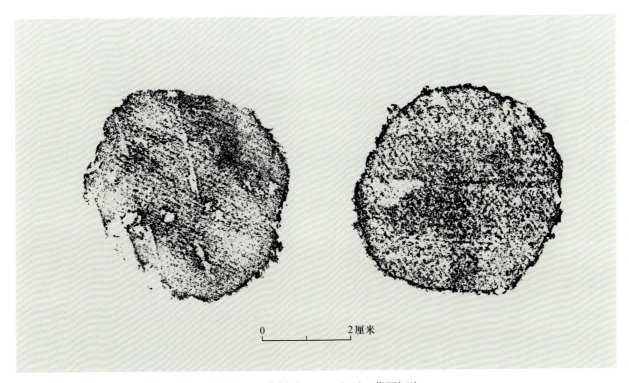

图1.184　陶饼（H16：6）正、背面拓片

H16：7，残。一面饰细交错绳纹，另一面轮制痕迹明显。径4.3、厚0.9厘米（图1.185、图1.186；彩版38；图版38）。

图1.185　陶饼（H16：7）正、背面照片

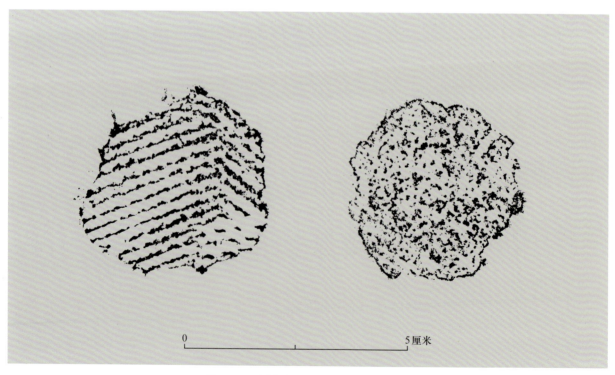

0　　　　　　　　　　　　5厘米

图1.186　陶饼（H16：7）正、背面拓片

H16：8，残。一面饰中粗交错绳纹，另一面饰布纹。径4.3、厚1.1厘米（图1.187、图1.188；彩版39；图版39）。

图1.187　陶饼（H16：8）正、背面照片

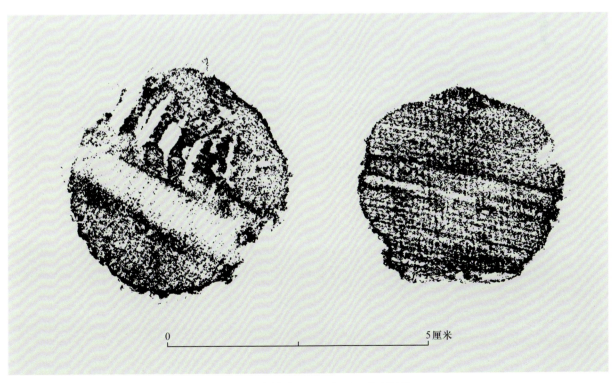

0　　　　　　　　　　　　　　　　5厘米

图1.188　陶饼（H16：8）正、背面拓片

3. 石器

1件，仅见砺石1种。H16：9，残。灰褐色。一面较平整，有明显使用痕迹。长12.7、宽9.4、厚3.4～4.1厘米（图1.189）。

图1.189　砺石（H16：9）正、背、侧面照片

（四）H18

位于T6北部，西边延伸出探方。开口于第9a层下，打破第9c、10、11层，平面呈长方形，北壁竖直、南壁斜壁，底近平，开口南北长2.14、东西发掘宽0.46～0.54、深0.3～0.62、底南北长1.78、东西发掘宽0.46～0.48米。填土呈青灰色，土质软，结构松散，呈颗粒状，内含少量的瓦片、陶片、炭粒、红烧土粒（图1.190、图1.191）。

出土遗物残片占探方出土遗物总数的1.67%。据坑内出土遗物残片统计，板瓦占41.17%，其中Cb1型占35.29%，Ca1型占5.88%。筒瓦占11.76%，其中Ac2型占5.88%，Bc4型占5.88%。陶片占35.28%，其中印纹＋凹弦纹占11.76%，凹弦纹占11.76%，素面占11.76%。井圈占5.88%。砖占5.88%（表1.12）。

图1.190 H18全景照（东—西）

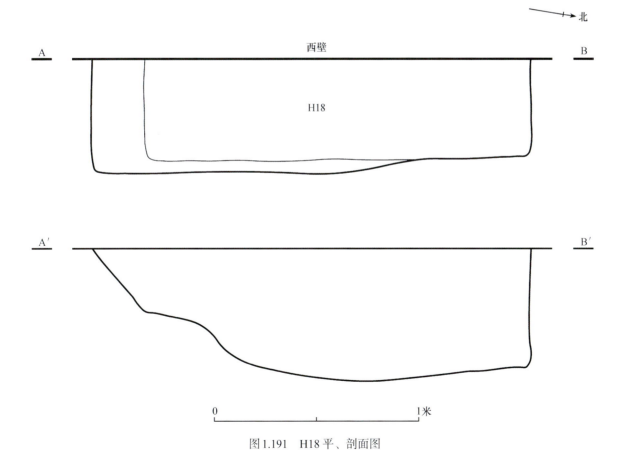

图1.191 H18平、剖面图

表1.12　H18出土遗物数量统计表

名称	型	灰陶/件	百分比/%	总百分比/%
板瓦	Cb1	6	35.29	41.17
	Ca1	1	5.88	
筒瓦	Bc4	1	5.88	11.76
	Ac2	1	5.88	
陶片	印纹+凹弦纹	2	11.76	35.28
	凹弦纹	2	11.76	
	素面	2	11.76	
砖	空心砖	1	5.88	5.88
井圈	/	1	5.88	5.88
合计	/	17		100.00
百分比/%	/	100.00		

出土标本8件，分建筑材料、陶器两类。分别介绍如下。

1. 建筑材料

根据用途，有砖、板瓦、筒瓦、井圈四种。分别介绍如下。

（1）砖

1件。为空心砖。H18：5，残。灰陶。表面饰细斜绳纹，内面饰布纹。残长6.6、残宽5.2、厚1、拐角厚1.5厘米（图1.192、图1.193）。

（2）板瓦

2件。均为弧形板瓦，据表面纹饰粗细，分属B、C两型。分别介绍如下。
B型　1件。为Ba1型。H18：1，残。灰陶。残长10.5、残宽7.7、厚1.1厘米（图1.194、图1.195）。
C型　1件。为Cc1型。H18：2，残。灰陶。残长8.3、残宽9、厚1.6厘米（图1.196、图1.197）。

（3）筒瓦

2件。据表面纹饰粗细，分属A、B两型。分别介绍如下。
A型　1件。为Ac2型。H18：4，残。灰陶。表面饰细直绳纹，内面饰麻点纹。残长17、残径9.4、厚1~1.5厘米（图1.198、图1.199）。

B型　1件。为Ba4型。H18：3，残。灰陶。表面饰中粗交错绳纹，内面饰布纹，瓦头向下宽12厘米抹平。残长17.6、残径9.5、厚1~1.5厘米（图1.200、图1.201）。

（4）井圈

1件。H18：6，残。灰陶。表面饰粗斜绳纹，内面饰小菱形纹。残长8.8、残宽7.4、厚1.1~2.4厘米（图1.202、图1.203）。

2. 陶器

根据用途，有盆、瓮两种。分别介绍如下。

图1.192　空心砖（H18∶5）外、内、侧面照片

0　　　　　　　　　　　5厘米

图1.193　空心砖（H18∶5）外、内面拓片

图1.194　Ba1型板瓦（H18：1）表、内面照片

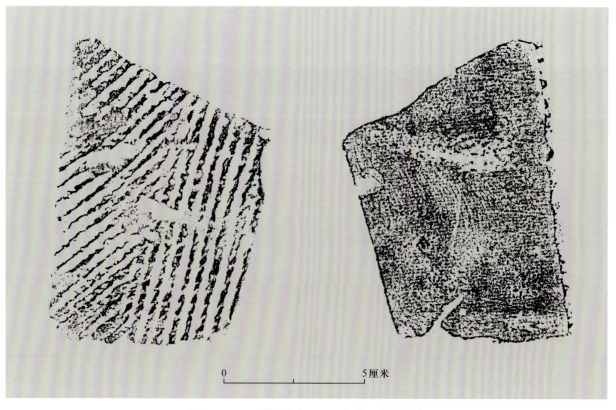

0　　　　　　　　　　5厘米

图1.195　Ba1型板瓦（H18：1）表、内面拓片

图1.196 Cc1型板瓦（H18：2）表、内面照片

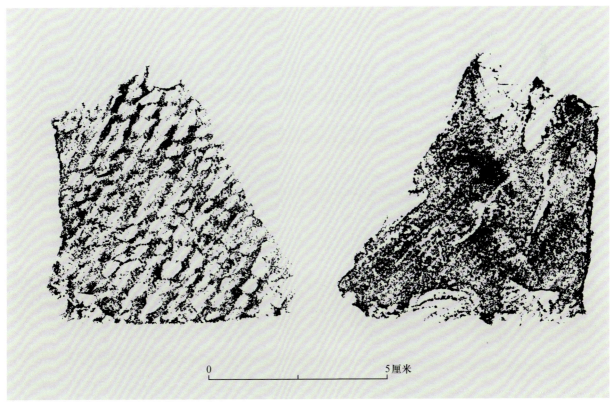

0　　　　　　　　　5厘米

图1.197 Cc1型板瓦（H18：2）表、内面拓片

图1.198　Ac2型筒瓦（H18∶4）表、内面照片

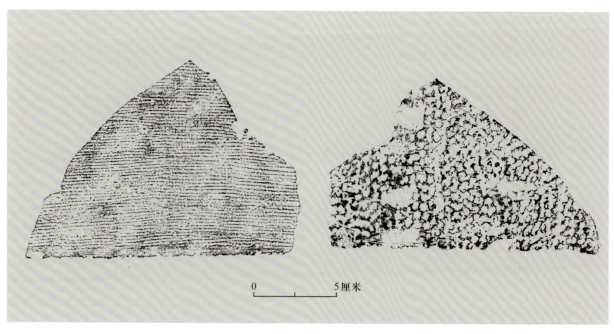

图1.199　Ac2型筒瓦（H18∶4）表、内面拓片

图1.200 Ba4型筒瓦（H18∶3）表、内面照片

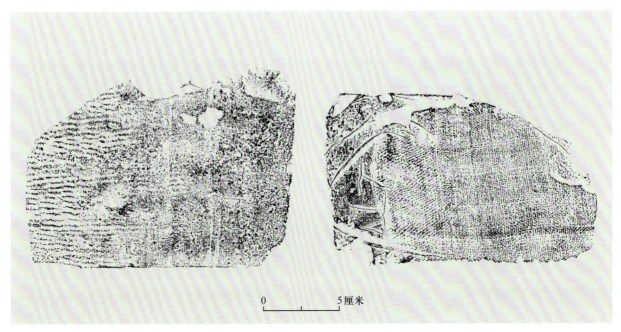

0 5厘米

图1.201 Ba4型筒瓦（H18∶3）表、内面拓片

图1.202　井圈（H18∶6）表、内、侧面照片

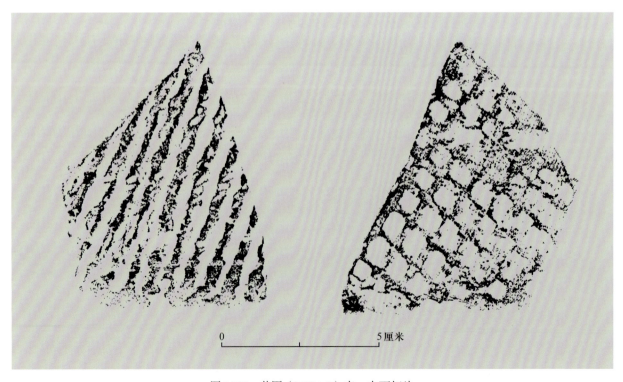

图1.203　井圈（H18∶6）表、内面拓片

（1）盆

1件。H18：7，残。泥质灰陶。敛口，外折沿，斜尖唇，斜弧腹，腹部饰三周凹弦纹，三周凹弦纹间饰两周柳叶状虫蛹纹，内面素面，有明显且轮制痕迹。复原口径50.8、沿宽2.5、残长13.8、残宽5.3、残高13.8、厚1厘米（图1.204、图1.205；彩版40；图版40）。

图1.204　陶盆（H18：7）外、内、侧面照片

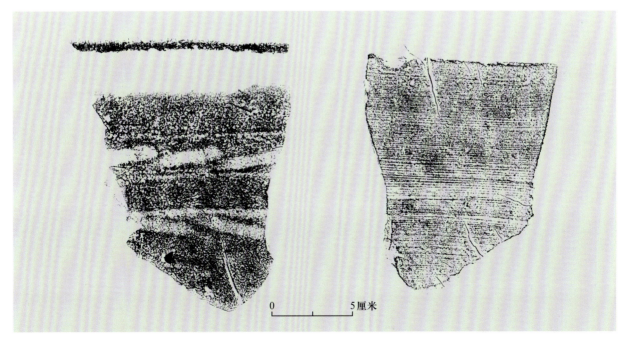

图1.205　陶盆（H18：7）外、内面拓片

（2）瓮

1件。H18：8，残。泥质灰陶。敛口，内折沿，圆唇，斜弧腹，口沿下1.3和2.6厘米各有一周凹弦纹，内外面有烧制形成的气孔。复原口径42.3、沿宽3.3、残长12.9、残宽5.2、残高10.2、厚1.3厘米（图1.206、图1.207；彩版41；图版41）。

图1.206　陶瓮（H18：8）外、内、侧面照片

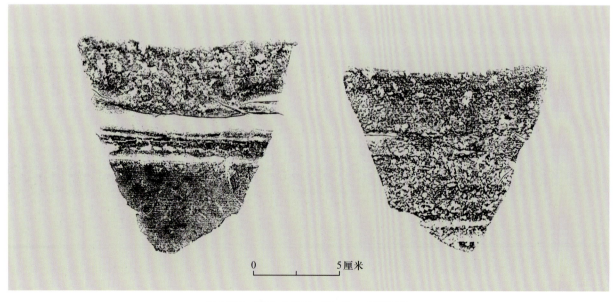

图1.207　陶瓮（H18：8）外、内面拓片

（五）H19

位于T6中南部，东西两边延伸出探方。开口于第9b层下，打破第9c、10层。平面呈长条形，斜壁，底呈凹状。开口东西发掘长1、南北宽1.18～1.5、深0.54、底南北宽为0.5～0.9米。填土呈浅灰褐色，土质疏松，内含少量炭粒、大量红烧土粒（图1.208）。

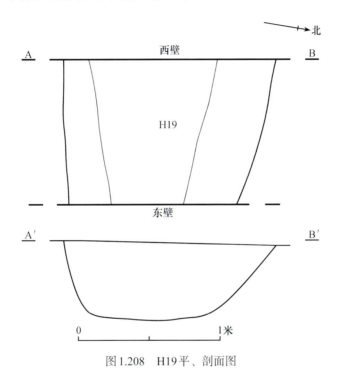

图1.208　H19平、剖面图

出土标本1件，为陶盆。

陶盆

1件。H19：1，可复原。泥质灰陶。敞口，外折沿，尖圆唇，腹部微鼓，腹下斜内收，底部微凹，腹部饰两周凸弦纹。口径23.5、沿宽1.8、高9.4、壁厚1.3、底径6.9、腹径22.6厘米（图1.209、图1.210；彩版42；图版42）。

图1.209　陶盆（H19：1）正面照片

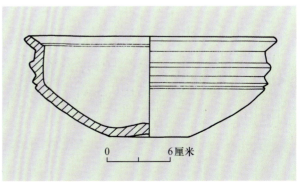

图1.210　陶盆（H19：1）线图

（六）H21

位于T6北部，西部延伸出探方。开口于第9a层下，打破第10、11层，被H15打破，开口平面为圆角长方形，斜壁，底近平。开口南北长2.1、东西发掘宽0.2～0.32、深0.44～0.5、底南北长1.65、东西发掘宽0.2～0.22米。填土呈青灰色，土质较软，结构松散，呈颗粒状，内含少量的炭粒、红烧土粒，无出土遗物（图1.211、图1.212）。

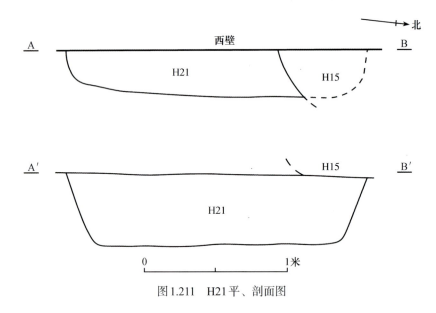

图1.211　H21平、剖面图

图1.212　H21全景照带标杆(东—西)

（七）H26

位于T6南部，东部延伸出探方。开口于第9b层下，打破第10、11、12层、H27，被G5打破。平面呈不规则形，斜壁，坡底。开口南北长4.2、东西发掘宽0.04～0.33、深0.25～1.07米。填土分三层，其中第1层厚0～0.28米，灰褐色，质地略硬，内含少量的炭粒、红烧土粒。第2层厚0.26～0.56米，灰色，质地松散，内含少量的炭粒、红烧土粒。第3层厚0～0.86米，填土呈浅灰褐色，土质略硬，内含少量的炭粒、红烧土粒（图1.213）。

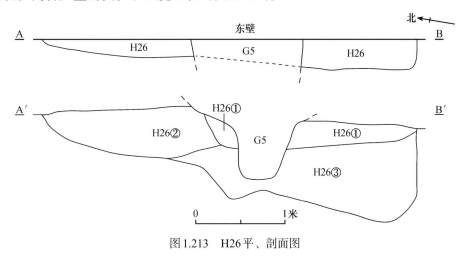

图1.213　H26平、剖面图

（八）H27

位于T6南部，东西部延伸出探方。开口于第9b层下，打破第10、11层，被G5、H26、H16打破。平面呈梯形，斜壁，底近平。开口南北长3.28～3.64、东西发掘宽1、深0.26～0.78米。填土呈浅褐色，土质稍硬，内含少量的木炭粒、红烧土粒（图1.214）。

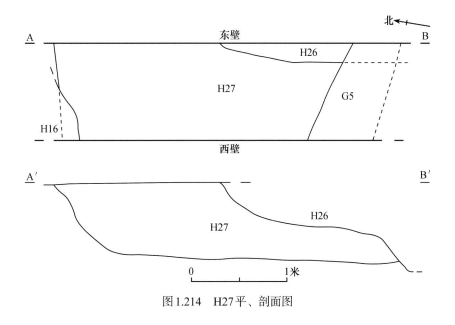

图1.214　H27平、剖面图

（九）H29

位于T6北部，北部延伸出探方。开口于第8c层下，口距地表深2.3米，打破第9a、10～12层。平面呈不规则形，斜壁，底近平。开口东西长0.9、南北发掘宽0.56、深0.98、底东西长0.66、南北发掘宽0.36米。填土呈浅灰色，土质软，结构松散，内含少量、炭粒、红烧土粒（图1.215）。

二、沟

1条，开口于第8a层下，介绍如下。

G5

位于T6南部，东西延伸出探方。东西向。开口于第8a层下，打破第9b、10层和H26、H27。口距地表深1.9～2.02米。平面呈梯形，斜壁，凹底。开口南北宽2.02～2.7、东西发掘长1、深0.8～1.18米，底南北宽0.58～2.2、东西发掘长1米。填土呈浅灰褐色，土质软，结构疏松，内含少量的炭粒、红烧土粒、石块、大量瓦片、陶片（图1.216）。

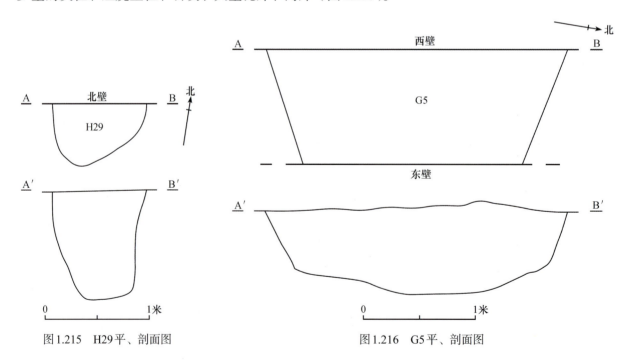

图1.215　H29平、剖面图　　　　图1.216　G5平、剖面图

出土遗物残片占探方出土遗物总数41.51%。据沟内出土遗物残片统计，板瓦占70.93%，其中Bb1型占7.09%，Ba1型占2.6%，Cb1型占49.65%，Ca1型占10.64%，Cb4型占0.71%，Ba4型占0.24%。筒瓦13.72%，其中Bb4型占8.27%，Ba4型占4.26%，Cc4型占0.95%，Ba2型占0.24%。陶片占12.06%，其中印纹占0.95%，印纹＋凹弦纹占2.6%，凹弦纹占0.71%，

绳纹占 0.47%，素面占 7.33%。井圈占 0.95%。瓦当占 0.24%，均为云纹瓦当。砖占 1.89%。砺石占 0.24%（表 1.13）。

表 1.13　G5 出土遗物数量统计表

名称	型	灰陶/件	百分比/%	总百分比/%
板瓦	Bb1	30	7.09	70.93
	Ba1	11	2.60	
	Cb1	210	49.65	
	Ca1	45	10.64	
	Cb4	3	0.71	
	Ba4	1	0.24	
筒瓦	Bb4	35	8.27	13.72
	Ba4	18	4.26	
	Cc4	4	0.95	
	Ba2	1	0.24	
陶片	印纹	4	0.95	12.06
	凹弦纹	3	0.71	
	印纹+凹弦纹	11	2.60	
	绳纹	2	0.47	
	素面	31	7.33	
瓦当	云纹	1	0.24	0.24
井圈	/	4	0.95	0.95
砖	空心砖	8	1.89	1.89
砺石	/	1	0.24	0.24
合计	/	423	100.00	100.00
百分比/%	/	100.00		

出土小件、标本 21 件，分建筑材料、陶器、石器、钱币四类。分别介绍如下。

1. 建筑材料

根据用途，有砖、板瓦、筒瓦、瓦当、井圈五种。分别介绍如下。

（1）砖

1 件。为空心砖。G5：18，残。黑灰色。表面饰中斜绳纹，内面饰布纹。残长 15.1、残宽 13.9、残高 7.3、厚 1.1～1.3 厘米（图 1.217、图 1.218；彩版 43；图版 43）。

（2）板瓦

5 件。均为弧形板瓦，据表面纹饰粗细，分属 B、C 两型。分别介绍如下。

B 型　2 件。分两亚型。

Ba1 型　1 件。G5：7，残。红褐色陶。表面饰中粗交错绳纹，内面素面。残长 16、残宽 13、厚 1.5 厘米（图 1.219、图 1.220）。

Ba4 型　1 件。G5：9，残。灰陶。表面饰中粗交错绳纹，内面饰布纹。残长 10.3、残宽 9、厚 1.3 厘米（图 1.221、图 1.222）。

图1.217 空心砖（G5∶18）外、内、侧面照片

0   5厘米

图1.218 空心砖（G5∶18）外、内面拓片

图1.219 Ba1型板瓦（G5∶7）表、内面照片

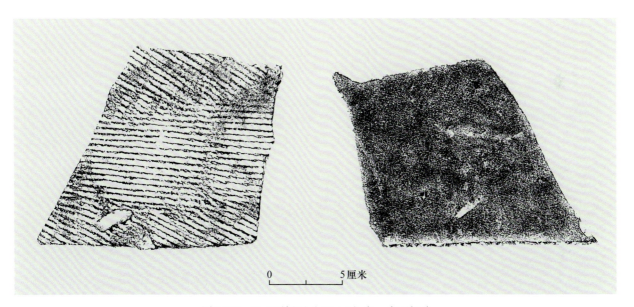

0   5厘米

图1.220 Ba1型板瓦（G5∶7）表、内面拓片

图1.221 Ba4型板瓦（G5∶9）表、内面照片

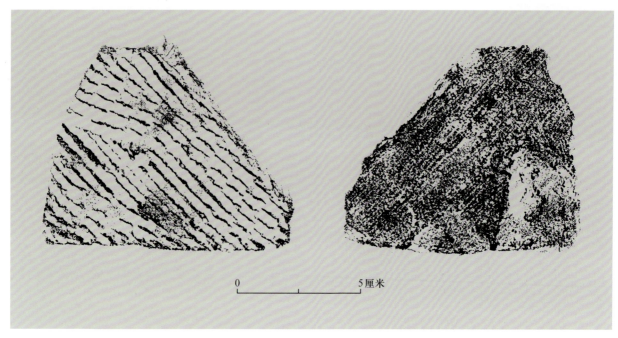

图1.222　Ba4型板瓦（G5∶9）表、内面照片

C型　3件。分三亚型。

Ca3型　1件。G5∶6，残。灰陶。表面饰粗交错绳纹，内面饰箅纹。残长25.4、残宽22.1、厚1.1～1.4厘米（图1.223、图1.224）。

图1.223　Ca3型板瓦（G5∶6）表、内面照片

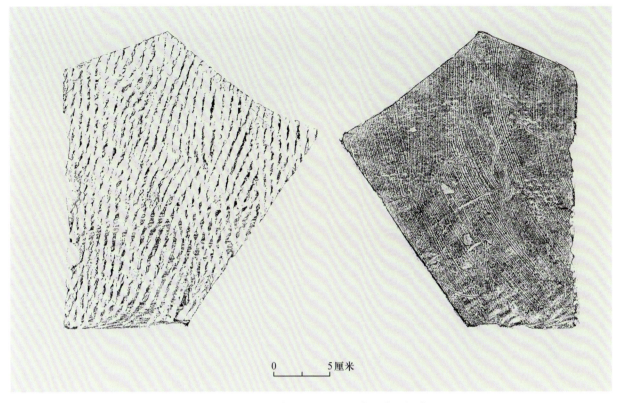

图1.224　Ca3型板瓦（G5：6）表、内面拓片

Cb3型　1件。G5：8，残。灰陶。表面饰粗斜绳纹，内面饰篦纹。残长15.2、残宽15.4、厚 0.6～1.6厘米（图1.225、图1.226）。

图1.225　Cb3型板瓦（G5：8）表、内面照片

图1.226　Cb3型板瓦（G5：8）表、内面拓片

Cb4型　1件。G5：10，残。灰陶。表面饰粗斜绳纹，内面饰布纹。瓦一头有抹平部分宽6、残长29.3、残宽11、厚1.7厘米（图1.227、图1.228）。

图1.227　Cb4型板瓦（G5：10）表、内面照片

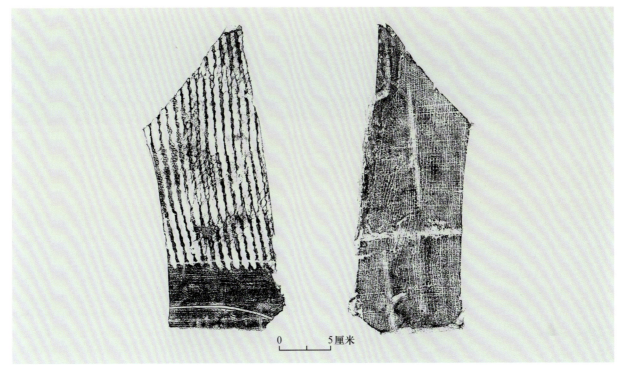

图1.228　Cb4型板瓦（G5∶10）表、内面拓片

（3）筒瓦

5件。据表面纹饰粗细，分属A、B、C三型。分别介绍如下。

A型　2件。均属Aa4型。表面饰细交错绳纹，内面饰布纹。

G5∶14，残。灰陶。瓦头有宽10.8厘米抹平，残长18、残径8、厚1.2～1.3、瓦唇长2.2、唇厚0.5～0.7厘米（图1.229、图1.230）。

图1.229　Aa4型筒瓦（G5∶14）表、内面照片

图1.230　Aa4型筒瓦（G5：14）表、内面拓片

　　G5：15，残。灰陶。瓦一端有宽9～9.5厘米抹平，残长17.3、径16、厚1.2～1.6厘米（图1.231、图1.232）。

图1.231　Aa4型筒瓦（G5：15）表、内面照片

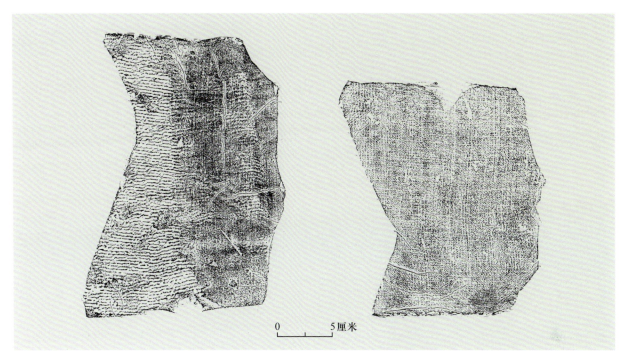

0 5厘米

图1.232 Aa4型筒瓦（G5：15）表、内面拓片

B型 2件。分两亚型。

Ba4型 1件。G5：12，残。灰陶。表面饰中粗交错绳纹，内面饰布纹。瓦唇向下有宽5.5～5.7厘米抹平绳纹，残长21、残径12、厚1.3、唇长1.6、唇厚0.7～1厘米（图1.233、图1.234）。

图1.233 Ba4型筒瓦（G5：12）表、内面照片

图 1.234　Ba4 型筒瓦（G5：12）表、内面拓片

　　Bb4 型　1件。G5：13，残。灰陶。表面饰中粗斜绳纹，内面饰布纹。瓦唇向下有宽 5.8 厘米抹平，残长 18、残径 11.8、厚 1.3、唇长 2、唇厚 0.7 厘米（图 1.235、图 1.236）。

图 1.235　Bb4 型筒瓦（G5：13）表、内面照片

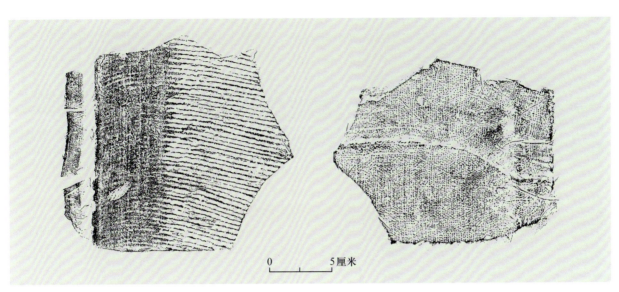

图1.236　Bb4型筒瓦（G5∶13）表、内面拓片

C型　1件。属Cc4型。G5∶11，残。灰陶。表面饰粗直绳纹，内面饰布纹。瓦唇向下有宽9.5厘米抹平绳纹，残长17、残径8.8～10、厚1.3～1.6、唇长2.5、唇厚0.3～0.8厘米（图1.237、图1.238）。

图1.237　Cc4型筒瓦（G5∶11）表、内面照片

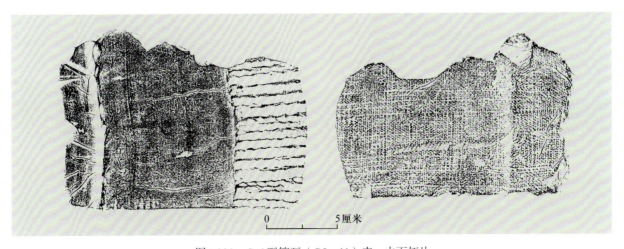

图1.238　Cc4型筒瓦（G5∶11）表、内面拓片

（4）瓦当

2件。据当面纹饰不同分两种。

朵云纹瓦当　1件。G5：1，残。灰色。当边轮内有一周凸弦纹。当面双界格线回分当面不穿当心。当心饰小方格纹、残留局部外圆。当面每扇格内饰一朵双卷云纹。当背面凹凸不平，有绳切痕迹。当复原径16.3、边轮宽0.9、边轮厚1.9、当厚1.1、缘深0.6厘米（图1.239、图1.240；彩版44；图版44）。

图1.239　朵云纹瓦当（G5：1）正、背面照片

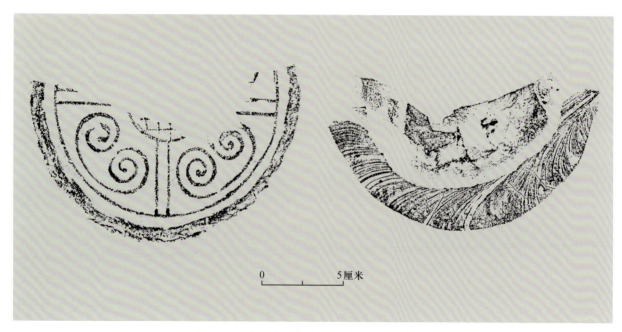

0　　　　　5厘米

图1.240　朵云纹瓦当（G5：1）正、背面拓片

蘑菇纹瓦当　1件。G5：2，残。灰色。当残块边轮内有凸弦纹。当面一双界格线不穿当心。当心饰斜方格纹，外一圆。界格线顶部有一朵双卷云纹。当背面凹凸不平，有绳切痕迹。当复原径14、边轮宽0.8、边轮厚1.7、当厚1、缘深0.6厘米（图1.241、图1.242；彩版45；图版45）。

图1.241　蘑菇纹瓦当（G5：2）正、背面照片

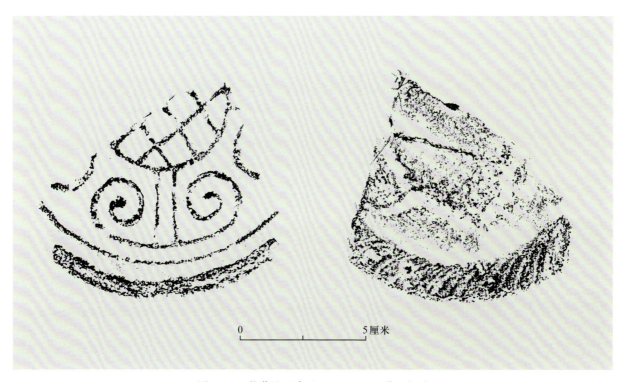

图1.242　蘑菇纹瓦当（G5：2）正、背面拓片

（5）井圈

2件。

G5：16，残。灰陶。表面饰粗斜绳纹，内面饰小菱形纹。残长12.7、残宽26.8、厚1.6～3厘米（图1.243、图1.244；彩版46；图版46）。

图1.243　井圈（G5：16）表、内、侧面照片

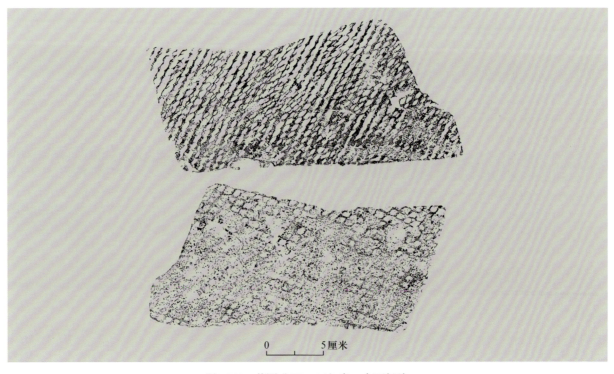

0 ____ 5厘米

图1.244　井圈（G5：16）表、内面拓片

　　G5：17，残。灰陶。表面粗斜绳纹，内面饰篦纹。残长14.4、残宽15.1、厚1.6~2.6厘米（图1.245、图1.246；彩版47；图版47）。

图1.245　井圈（G5：17）表、内、侧面照片

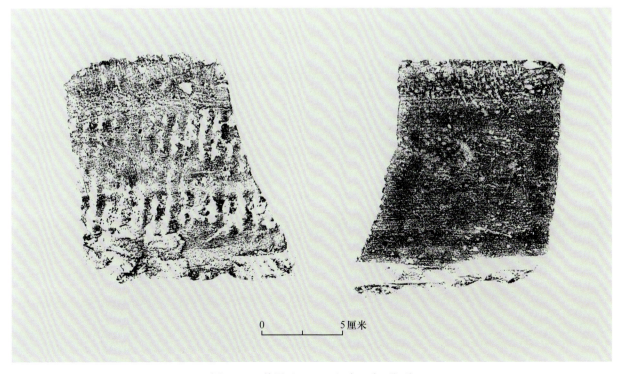

图1.246　井圈（G5：17）表、内面拓片

2. 陶器

根据用途，仅见盆1种。

盆

2件。

G5：20，残。泥质灰陶。敛口，平沿外折，方唇，斜腹微弧，腹部饰两周凹弦纹，凹弦纹间饰一周柳叶状虫蛹纹，内面素面，轮制痕迹明显。复原口径62.8、沿宽3、残长19.7、残宽4.6、残高12.4、厚1.5厘米（图1.247、图1.248；彩版48；图版48）。

图1.247　陶盆（G5：20）外、内、侧面照片

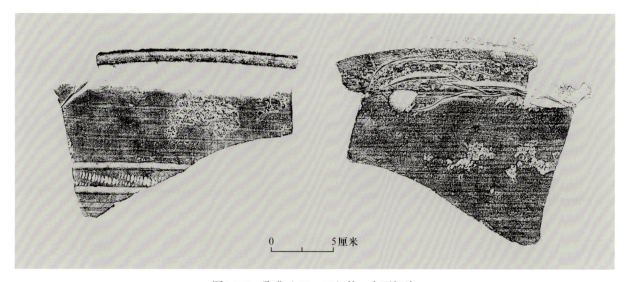

图1.248　陶盆（G5：20）外、内面拓片

G5：21，残。泥质灰陶。敛口，斜沿外折，圆唇，斜腹微弧，腹部饰两周凹弦纹，凹弦纹间饰一周压印花纹，内面素面，轮制痕迹明显。复原口径106.8、沿宽5.3、残长23.4、残宽6.5、残高19.5、厚2厘米（图1.249、图1.250；彩版49；图版49）。

图1.249 陶盆（G5：21）外、内、侧面照片

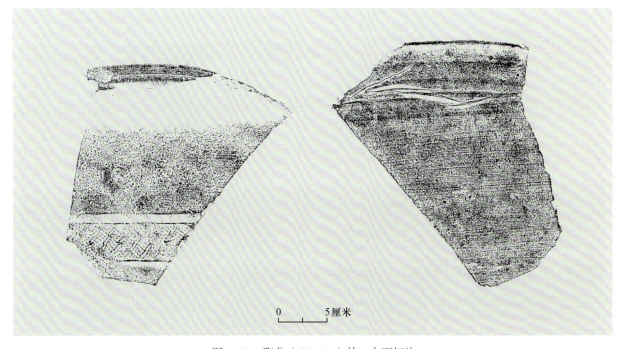

0　5厘米

图1.250 陶盆（G5：21）外、内面拓片

3. 石器

石块

1件。G5：19，残。青灰色。长12.4、宽10.3、厚3.3厘米（图1.251）。

图1.251　石块（G5：19）正、背、侧面照片

4. 钱币

半两

3枚。

G5：3，圆形。方穿，光背无郭，径2.3、穿宽0.8、厚0.15厘米（图1.252、图1.253）。

图1.252　半两（G5：3）正、背面照片

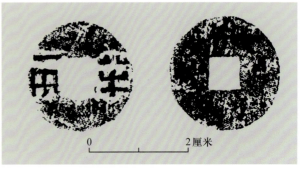

图1.253　半两（G5：3）正、背面拓片

G5：4，圆形。方穿，光背无郭，径2.3、穿宽0.8、厚0.15厘米（图1.254、图1.255）。

G5：5，圆形。方穿，光背无郭，径2.3、穿宽0.8、厚0.15厘米（图1.256、图1.257）。

图1.254　半两（G5：4）正、背面照片

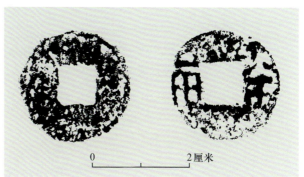

图1.255　半两（G5：4）正、背面拓片

图1.256　半两（G5：5）正、背面照片

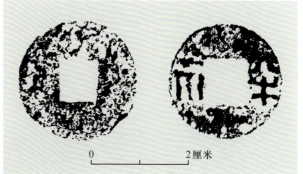

图1.257　半两（G5：5）正、背面拓片

三、灶

1座，开口于第8b层下，介绍如下。

Z1

位于T6的北部，开口于第8b层下，破坏严重，仅剩余红烧土残存，残存形状呈圆角长方形，南北长0.54、东西宽0.28～0.39、红烧土厚0.04米（图1.258）。

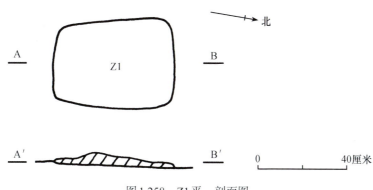

图1.258　Z1平、剖面图

四、井

1口，开口于第9a层下，介绍如下。

J1

位于T6北部，西部延伸到放坡下。开口于第9a层下，打破第10～12层。口距地表深2.6米。平面呈近圆形，开口向下2米为斜壁，以下袋状，底近平。开口南北长1.02、东西发掘宽0.96、深3.22、底南北长0.96、东西宽为0.9米。填土分两层，其中第1层厚1.1米，土质软，结构疏松，浅褐色填土，内含少量的红烧土粒、炭粒等。第2层厚2.12米，土质软，结构疏松，浅灰色填土，内含炭粒、红烧土粒、瓦片（图1.259、图1.260）。

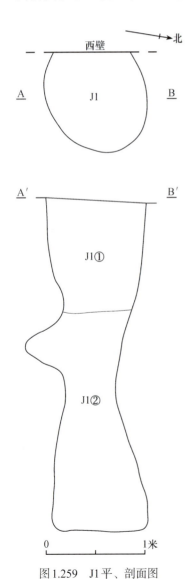

图1.259　J1平、剖面图

图1.260　J1全景照带标杆（西—东）

出土遗物残片占探方出土遗物总数的2.65%。据坑内出土遗物残片统计，板瓦占74.08%，其中Bb1型占7.41%，Cb1型占66.67%。筒瓦18.51%，其中Bc2型占3.7%，Bb4型占14.81%。陶饼占3.7%。瓦当占3.7%，为云纹瓦当（表1.14）。

表1.14 J1出土遗物数量统计表

名称	型	灰陶/件	百分比/%	总百分比/%
板瓦	Bb1	2	7.41	74.08
	Cb1	18	66.67	
筒瓦	Bc2	1	3.70	18.51
	Bb4	4	14.81	
瓦当	云纹	1	3.70	3.70
陶饼	/	1	3.70	3.70
合计	/	27		100.00
百分比/%	/	100.00		

出土小件、标本11件，分建筑材料、陶器、玉器三类。分别介绍如下。

1. 建筑材料

根据用途，有板瓦、筒瓦、瓦当3种。分别介绍如下。

（1）板瓦

2件。均为弧形板瓦，据表面纹饰粗细，分属分B、C两型。分别介绍如下。

B型 1件。属Bc3型。J1：4，残。灰陶。表面饰中粗直绳纹，内面饰篦纹。表面有一道宽1厘米抹平绳纹，残长14.9、残宽16.6、厚1～1.6厘米（图1.261、图1.262）。

图1.261 Bc3型板瓦（J1：4）表、内面照片

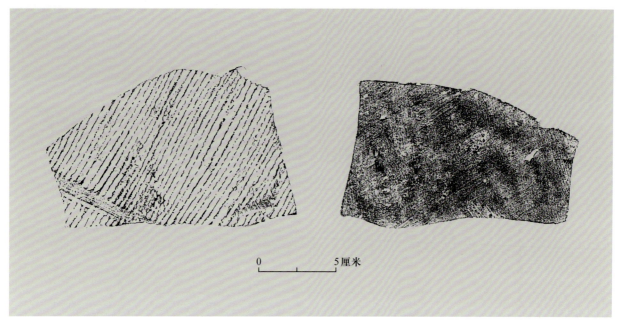

图1.262　Bc3型板瓦（J1：4）表、内面拓片

C型　1件。属Cb2型。J1：3，残。灰陶。表面饰粗斜绳纹，内面饰麻点纹。一端有宽4.2厘米抹平，残长18、残宽16.9、厚1～1.3厘米（图1.263、图1.264）。

图1.263　Cb2型板瓦（J1：3）表、内面照片

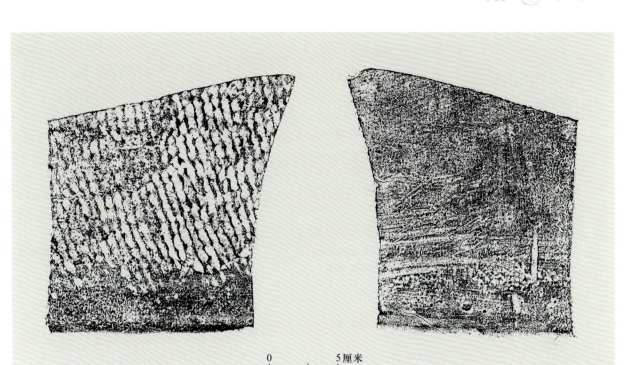

0　　　　　5厘米

图1.264　Cb2型板瓦（J1：3）表、内面拓片

（2）筒瓦

2件。据表面纹饰粗细，均为B型，分两亚型。

Ba4型　1件。J1：6，残。灰陶。表面饰中粗交错绳纹，内面饰布纹。残长14.3、残径12、厚1.2~1.5厘米（图1.265、图1.266）。

图1.265　Ba4型筒瓦（J1：6）表、内面照片

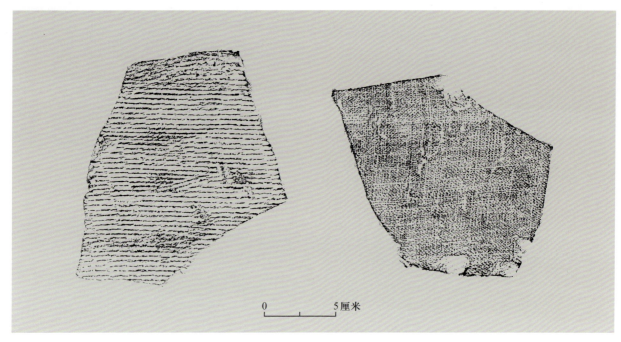

图1.266　Ba4型筒瓦（J1：6）表、内面拓片

Bc2型　1件。J1：5，残。灰陶。表面饰中粗直绳纹，内面饰麻点纹。一端有残宽2.9厘米抹平，残长10.7、残径9.6、复原径16、厚1～1.5厘米（图1.267、图1.268）。

图1.267　Bc2型筒瓦（J1：5）表、内面照片

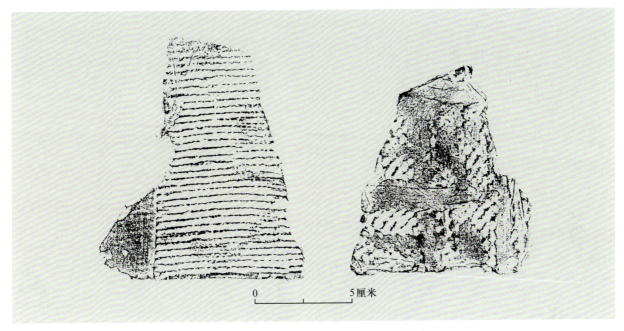

图1.268 Bc2型筒瓦（J1∶5）表、内面拓片

（3）瓦当

据当面纹饰不同，仅见葵纹瓦当1种。

葵纹瓦当 2件。

J1∶2，残。灰色。当心饰涡纹，外一圆。当面饰自当心圆伸出左向涡纹组成的葵花瓣纹。仅存三朵，有涡纹与当心圆内涡纹相通构成了"S"形纹。当背面不平整，有绳切痕迹。当复原径14.9、边轮宽0.9、边轮厚1.8、当厚1.3、缘深0.6厘米（图1.269、图1.270；彩版50；图版50）。

图1.269 葵纹瓦当（J1∶2）正、背面照片

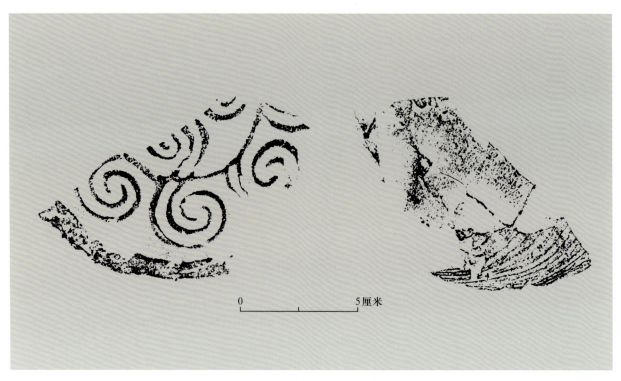

图1.270 葵纹瓦当（J1：2）正、背面拓片

J1：7，残。灰色。瓦当当心饰涡纹，外一圆。当面饰自当心圆伸出左向涡纹组成的葵花瓣纹，仅存二朵，一涡纹与当心圆内涡纹相通构成了"S"形纹。当背面凹凸不平。当复原径14.5、边轮宽0.8、当厚1、缘深0.5厘米（图1.271、图1.272；彩版51；图版51）。

图1.271 葵纹瓦当（J1：7）正、背面照片

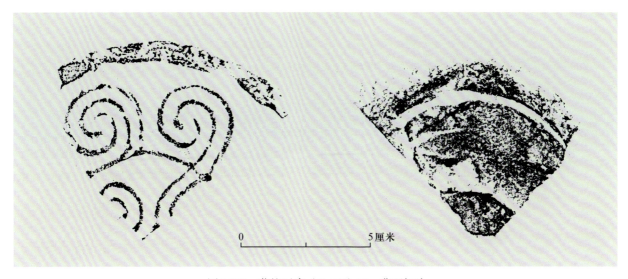

图1.272　葵纹瓦当（J1：7）正、背面拓片

2. 陶器

根据用途，有盆、罐、陶饼三种。分别介绍如下。

（1）盆

2件。

J1：9，残。泥质灰陶。敛口，外折沿，方圆唇，斜弧腹，上腹部饰一周柳叶状虫蛹纹，其下饰两周凹弦纹。内面素面，轮制痕迹明显。复原口径36.5、沿宽1.3、残长10.1、残宽2.8、残高5.4、厚0.8厘米（图1.273、图1.274；彩版52；图版52）。

图1.273　陶盆（J1：9）外、内、侧面照片

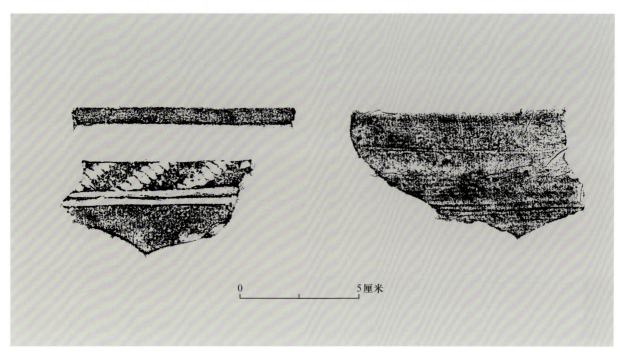

图1.274 陶盆（J1∶9）外、内拓片

J1∶11，残。泥质灰陶。侈口，外折沿，斜方唇，斜弧腹，内外均素面，内面轮制痕迹明显。复原口径29.7、沿宽1.9、残长13.4、残宽4.1、残高8、厚1厘米（图1.275、图1.276；彩版53；图版53）。

图1.275 陶盆（J1∶11）外、内、侧面照片

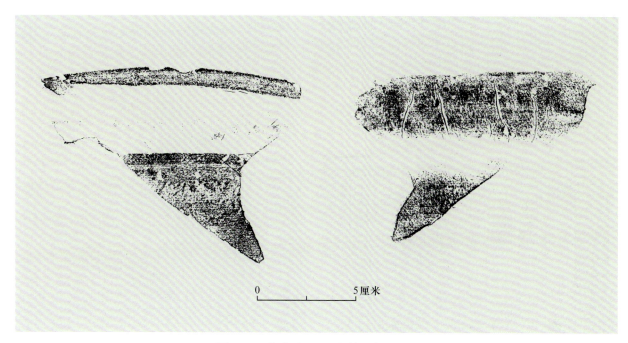

图 1.276　陶盆（J1∶11）外、内面拓片

（2）罐

1件。J1∶10，残。泥质灰陶。侈口、窄斜沿，短束颈，斜弧肩，肩部饰细斜绳纹，内面素面，轮制痕迹明显。口径11.4、沿宽0.8、残长18.4、残宽15.9、残高7.6、厚0.7厘米（图1.277、图1.278；彩版54；图版54）。

图 1.277　陶罐（J1∶10）正面照片

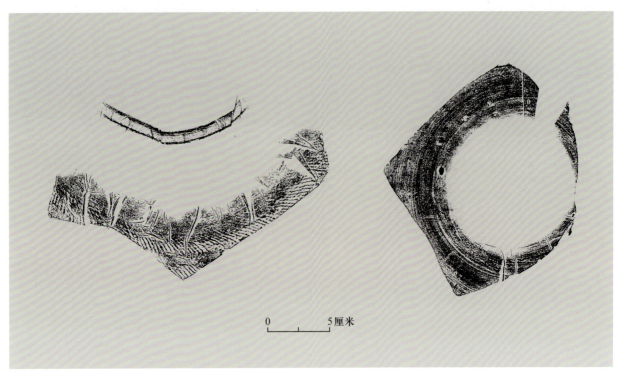

图1.278　陶罐（J1：10）外面拓片

（3）陶饼

1件。J1：8，残。泥质灰陶。一面饰中粗交错绳纹，另一面饰篦纹。为利用板瓦二次加工而成。径5.4、厚1.3厘米（图1.279、图1.280；彩版55；图版55）。

图1.279　陶饼（J1：8）正、背面照片

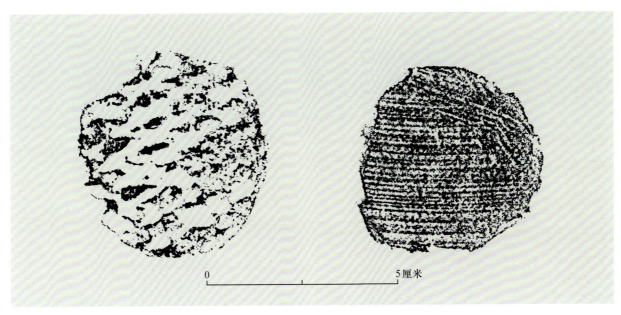

图1.280 陶饼（J1∶8）正、背面拓片

3. 玉器

壁形玉

1件。J1∶1，圆形。径4、厚0.4厘米，中部有一穿孔、孔径0.35厘米（图1.281、图1.282）。

图1.281 壁形玉（J1∶1）正、背、侧面照片

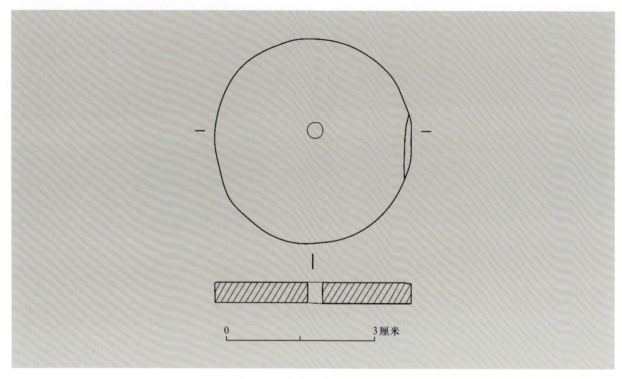

图1.282 璧形玉（J1：1）线图

图1.283 M4平、剖面图
1、2. 陶盆

五、墓　葬

1座，开口于第8a层下，介绍如下。

M4

位于T6中部偏北，方向10°，东部延伸出探方外。开口第8a层下，打破第9b层。口距地表深1.66～1.86米，平面呈近半圆形，竖穴土坑墓，斜壁。开口南北长0.9、东西宽0.55、深0.64、底南北长0.7、东西宽0.47米。葬具由两个泥质灰陶盆上下相扣组成，上面陶盆底已被破坏，残高约0.33米。填土内含少量动物骨骼、陶片。葬具内未见人骨痕迹，据陶盆规格判断，其内应埋葬1～2个月的婴儿。M4出土遗物为葬具用陶盆，此外还有2件器底（图1.283）。

出土小件4件，均为陶器。

（1）盆

2件。

M4：1，可复原。泥质灰陶。侈口，平沿外折，方唇，斜弧腹，上腹部饰两周凹弦纹，凹弦纹间饰一周柳叶状虫蛹纹，内面素面，轮制痕迹明显。口径42.5、沿宽2.2、高18.4、壁厚0.8、腹径40.7、底径22.6厘米（图1.284、图1.285；彩版56；图版56）。

图1.284　陶盆（M4：1）正面照片

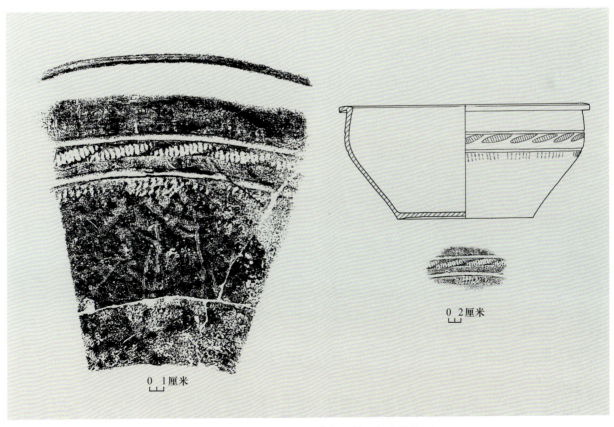

图1.285　陶盆（M4：1）肩部、外面拓片及线图

图1.290　器底（M4：4）外、内面照片

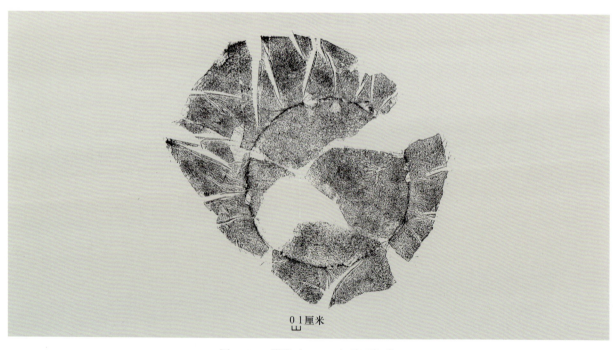

0 1厘米

图1.291　器底（M4：4）外面拓片

第三节　结　语

从发掘情况看，之前在考古勘探中初步判断为一号城南墙的遗存在发掘点未能发现和确定，相关遗存有待今后继续探寻。

第二章　T9

T9位于西安市阎良区武屯镇御宝村六组,西距T6约776米。据勘探资料,此处疑似勘探出存在一号城南墙,为验证勘探信息及地下可能存在遗存的性质与时代布设本探方。探方南北向,南北长20、东西宽1米。发掘工作从2013年11月15日开始,至2013年11月22日发掘结束(图2.1、图2.2)。

图2.1　T9总平面图

图2.2　T9全景照(北—南)

清理遗迹3个，均为灰坑（表2.1）。出土各类小件、标本28件，分陶器、石器、铁器、铜器、铅器、钱币、骨器八类（表2.2）。此外还有各类遗物残片共256块（建筑材料占81.65%、陶器占18.35%）（表2.3）。

表2.1 T9遗迹登记表

编号	形制	开口	打破关系	备注
H1	近半圆形	第4a层下	打破第4b、5、6层	斜壁、底不平
H2	近半圆形	第4b层下	打破第5、6层	斜壁、底不平
H3	近半圆形	第4b层下	打破第5、6层	斜壁、平底

表2.2 T9出土小件、标本登记表

编号	名称	材质	保存情况	重量/千克	分型	规格/厘米 长	规格/厘米 宽/径	规格/厘米 厚
②a：1	铁条	铁	残	0.015	/	残长8、径0.4		
②a：2	板瓦	陶	残	0.08	Ca1	7	6.5	1.2
②a：3	板瓦	陶	残	0.08	Ca2	7.8	5.5	0.8～1.5
②a：4	板瓦	陶	残	0.08	Ba3	6.8	7.2	1.3
②a：5	筒瓦	陶	残	0.03	Ab4	5.2	6	1
③：1	石柄头	石	残	0.07	/	径5.4、厚2.4		
③：2	石球	石	残	0.02	/	径2.6～3、孔径0.5、深0.2		
③：3	铜钱	铜	残	0.9克	/	径1.4、穿宽0.4、厚0.15		
③：4	铁钉	铁	残	0.06	/	残长11.2、径0.8		
③：5	鹿角	骨	残	0.16	/	残长8.5、残高14.6、主权径3.9、支权径3		
③：6	陶饼	陶	残	0.02	/	径4.6、厚0.9		
③：7	铜片	铜	残	2.2克	/	3.1	1.3	0.2
③：8	铅饼	铅	残	0.019	/	2.9	2.6	0.3
③：9	板瓦	陶	残	0.24	Aa4	15.6	9.2	1
③：10	板瓦	陶	残	0.29	Cb3	10.7	16.2	1.5
③：11	板瓦	陶	残	0.18	Ba1	9.5	10.5	1.3
③：12	筒瓦	陶	残	0.22	Ba4	12.5	11.2	1
③：13	筒瓦	陶	残	0.22	Aa4	13.4	9	1.3
③：14	筒瓦	陶	残	0.19	Bc4	10	9	0.9～1.3
③：15	井圈	陶	残	0.37	/	残长11.2、残高8.7、厚2～3.1		
③：16	井圈	陶	残	0.31	/	残长12.7、残高8、厚2～3.4		
③：17	空心砖	陶	残	0.11	/	残长10.8、残宽7、残高3.1、厚1		
③：18	拱形砖	陶	残	0.2	/	6.5	9.4	2.5
③：19	拱形砖	陶	残	0.36	/	8.9	8.3	3.5
③：20	拱形砖	陶	残	0.19	/	5.7	8.7	2.8
③：21	陶罐	陶	残	0.07	/	复原口径37.2、沿宽1.3、残长9.4、残宽3、残高4.8、厚1		
③：22	陶盆	陶	残	0.12	/	复原口径53.3、沿宽2.5、残长9.7、残宽3.2、残高8.8、厚0.8		
③：23	陶盆	陶	残	0.39	/	复原口径71.3、沿宽2.5、残长18.3、残宽3.9、残高15.3、厚1.2		
H3：1	条砖	陶	残	6.65	/	35.9	17.8	6.2

表2.3　T9出土遗物数量统计表

名称	型	②a/件	③/件	H3/件	合计	百分比/%	总百分比/%
		灰	灰	灰			
板瓦	Cb1	9	140	/	149	58.20	68.75
	Ca1	/	25	/	25	9.77	
	Ab4	/	2	/	2	0.78	
筒瓦	Bb4	1	15	/	16	6.25	7.81
	Ba4	/	3	/	3	1.17	
	Cc4	/	1	/	1	0.39	
砖	素面	/	6	2	8	3.13	3.52
	空心砖	/	1	/	1	0.39	
井圈	/	/	4	/	4	1.56	1.56
陶片	印纹	/	17	/	17	6.64	18.35
	印纹+凹弦纹	/	2	/	2	0.78	
	凹弦纹	/	3	/	3	1.17	
	素面	/	23	/	23	8.98	
	绳纹	/	2	/	2	0.78	
合计	/	10	244	2	256	100.00	
百分比/%	/	3.91	95.31	0.78	100.00		

第一节　地　　层

根据土质、土色及包含物的不同，T9内地层堆积分为11层，地层堆积按四壁介绍，出土遗物以北壁统计介绍。

一、地　层　堆　积

（一）北壁

第1层：黄色土。厚0.1～0.2米。耕土层。分布全方，堆积近平。土质软，结构疏松。内含大量的植物根系，少量红色砖渣、塑料、现代瓷片。

第2a层：黄色土。深0.1～0.2，厚0.34～0.4米。扰土层。分布全方，堆积近平。土质软，结构疏松。内含少量植物根系、红色、灰色砖渣、瓦片。出土遗物残片占探方出土遗物总数3.91%。据本层出土遗物残片统计，板瓦占90%，均为Cb1型。筒瓦占10%，均为Ba4型（表2.4）。

表2.4　T9第2a层出土遗物数量统计表

名称	型	灰陶/件	百分比/%	总百分比/%
板瓦	Cb1	9	90.00	90.00
筒瓦	Bb4	1	10.00	10.00
合计	/	10		100.00
百分比/%	/	100.00		

　　第3层：灰色土。深0.5～0.94、厚0.39～0.4米。文化层。分布全方，堆积呈北高南低坡状。土质软，结构疏松。包含瓦片、红烧土粒、炭粒。出土遗物残片占探方出土遗物总数的95.31%。据本层出土遗物残片统计，板瓦占68.45%，其中Ab4型占0.82%，Cb1型占57.38%，Ca1型占10.25%。筒瓦占7.79%，其中Bb4型占6.15%，Ba4型占1.23%，Cc4型占0.41%。陶片占19.27%，其中印纹占6.97%，印纹＋凹弦纹占0.82%，凹弦纹占1.23%，素面占9.43%，绳纹占0.82%。井圈占1.64%。砖块占2.87%，其中条形素面砖占2.46%，空心砖占0.41%（表2.5）。

表2.5　T9第3层出土遗物数量统计表

名称	型	灰陶/件	百分比/%	总百分比/%
板瓦	Cb1	140	57.38	68.45
	Ca1	25	10.25	
	Ab4	2	0.82	
筒瓦	Bb4	15	6.15	7.79
	Ba4	3	1.23	
	Cc4	1	0.41	
陶片	印纹	17	6.97	19.27
	印纹＋凹弦纹	2	0.82	
	凹弦纹	3	1.23	
	素面	23	9.43	
	绳纹	2	0.82	
井圈	绳纹	4	1.64	1.64
砖	素面	6	2.46	2.87
	空心砖	1	0.41	
合计	/	244		100.00
百分比/%	/	100.00		

　　第4a层：红褐色土。深0.9～1.04、厚0.06～0.1米。淤积层，分布全方，堆积近平。土质硬，结构致密。无包含物。

　　第4b层：褐色土。深1.24～1.56、厚0.28～0.54米。淤积层，分布全方，堆积近平。土质软，结构疏松。无包含物。该层下发现碾压层，厚约0.1米。

　　第5层：深褐色土。深1.24～1.84、厚0.28～0.52米。淤积层，分布全方，堆积近平。土质软，结构疏松。无包含物。

第6层：浅黄色土。深1.76～1.92、厚0.18～0.24米。淤积层，分布全方，堆积近平。土质硬，结构致密。无包含物。

第7层：褐色土。深2～2.1、厚0.06～0.1米。淤积层，分布全方，堆积近平。土质硬，结构致密。有深褐色水锈。

第8层：灰褐色土。深2.1～2.3、厚0.16～0.22米。淤积层，分布全方，堆积近平。土质软，结构疏松。粉砂土，无包含物。

第9层：黄色土。深2.28～2.34、厚0～0.1米。淤积层，分布全方，堆积近平。土质硬，结构致密。有深褐色水锈。

第10层：深褐色土。深2.26～2.64、厚0.22～0.3米。淤积层，分布全方，堆积近平。土质软，结构疏松。无包含物。

第11层：深褐色土。深2.56～2.84、厚0.2～0.24米。淤积层，分布全方，堆积近平。土质硬，结构致密。无包含物（图2.3、图2.4）。

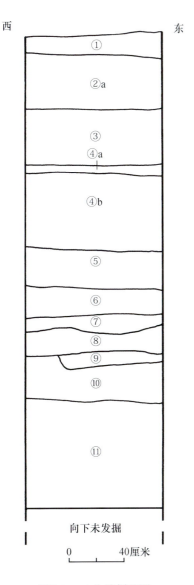

图2.3 T9北壁剖面图　　　　　　　　图2.4 T9北壁剖面照（南—北）

（二）东壁

第1层：黄色土。厚0.11～0.26米，耕土层。分布全方，堆积近平。土质软，结构疏松。内含大量的植物根系，少量红色砖渣、塑料、现代瓷片。

第2a层：黄色土。深0.11～0.26、厚0.33～0.58米。扰土层。分布全方，堆积近平。土质软，结构疏松。内含少量植物根系、红色、灰色砖渣、瓦片。

第2b层：褐色土。深0.54～0.79、厚0～0.46米。扰土层。分布探方中部，由南向北呈坡状堆积。土质硬，结构致密。

第3层：灰色土。深0.54～0.86、厚0.08～0.4米。文化层。分布全方，堆积呈北高南低坡状。土质软，结构疏松。包含瓦片、红烧土粒、炭粒。

第4a层：红褐色土。深0.82～1.16、厚0～0.24米。淤积层，分布全方，堆积近平。土质硬，结构致密。无包含物。H1开口于此层下。

第4b层：褐色土。深1.04～1.4、厚0.12～0.54米。淤积层。分布全方，堆积近平。土质软，结构疏松。无包含物。H2、H3开口于此层下。该层下发现碾压层，厚约0.1米。

第5层：深褐色土。深1.3～1.86、厚0.26～0.56米。淤积层。分布全方，堆积近平。土质软，结构疏松。无包含物。

第6层：浅黄色土。深1.72～1.98、厚0.12～0.33米。淤积层。分布全方，堆积近平。土质硬，结构致密。粉砂土，无包含物。

第7层：褐色土。深1.98～2.14、厚0～0.18米。淤积层。分布全方，堆积近平。土质硬，结构致密。有深褐色水锈。

第8层：灰褐色土。深2.08～2.34、厚0.07～0.25米。淤积层。分布全方，堆积近平。土质软，结构疏松。粉砂土，无包含物。

第9层：黄色土。深2.2～2.5、厚0.06～0.2米。淤积层，分布全方，堆积近平。土质硬，结构致密。有深褐色水锈。

第10层：深褐色土。深2.34～2.88、厚0～0.48米。淤积层，分布全方，堆积近平。土质软，结构疏松。无包含物。

第11层：深褐色土。深2.58～3.45、厚0.2～1.04米。淤积层，分布全方，堆积近平。土质硬，结构致密。无包含物（图2.5）。

（三）南壁

第1层：黄色土。厚0.16～0.18米，耕土层。分布全方，堆积近平。土质软，结构疏松。内含大量的植物根系，少量红色砖渣、塑料、现代瓷片。

第2a层：黄色土。深0.16～0.18、厚0.4～0.5米。扰土层。分布全方，堆积近平。土质软，结构疏松。内含少量植物根系、红色、灰色砖渣、瓦片。

第2b层：褐色土。深0.56～0.66、厚0.3～0.4米。扰土层。分布探方中部，由南向北呈坡状堆积。土质硬，结构致密。

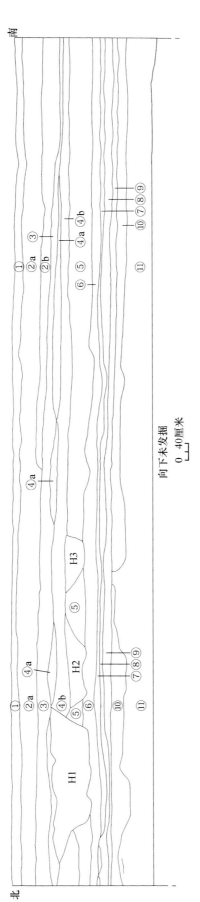

图2.5 T9东壁剖面图

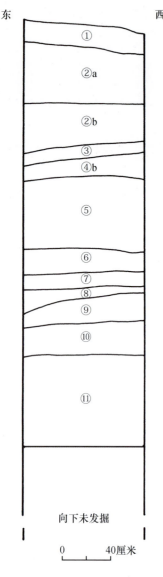

图2.6 T9南壁剖面图

第3层：灰色土。深0.86～0.98、厚0.09～0.1米。文化层。分布全方，堆积呈北高南低坡状。土质软，结构疏松。内含红烧土颗粒、炭粒、瓦片。

第4b层：褐色土。深0.95～1.3、厚0.12～0.22米。淤积层。分布全方，堆积近平。土质软，结构疏松。无包含物。该层下发现碾压层，厚约0.1米。

第5层：深褐色土。深1.17～2.05、厚0.55～0.59米。淤积层。分布全方，堆积近平。土质软，结构疏松。无包含物。

第6层：浅黄色土。深1.75～2.06、厚0.16～0.21米。淤积层。分布全方，堆积近平。土质硬，结构致密。粉砂土，无包含物。

第7层：褐色土。深1.9～2.18、厚0.11～0.12米。淤积层。分布全方，堆积近平。土质硬，结构致密。有深褐色水锈。

第8层：灰褐色土。深2.02～2.36、厚0.06～0.18米。淤积层。分布全方，堆积近平。土质软，结构疏松。粉砂土，无包含物。

第9层：黄色土。深2.1～2.48、厚0.12～0.22米。淤积层。分布全方，堆积近平。土质硬，结构致密。有深褐色水锈。

第10层：深褐色土。淤深2.3～2.7、厚0.22～0.28米。淤积层。分布全方，堆积近平。土质软，结构疏松。无包含物。

第11层：深褐色土。深2.58～3.42、厚0.71～0.84米。淤积层，分布全方，堆积近平。土质硬，结构致密。无包含物（图2.6）。

（四）西壁

第1层：黄色土。厚0.07～0.21米。耕土层。分布全方，堆积近平。土质软，结构疏松。内含大量的植物根系，少量红色砖渣、塑料、现代瓷片。

第2a层：黄色土。深0.07～0.21、厚0.28～0.5米。扰土层。分布全方，堆积近平。土质软，结构疏松。内含少量植物根系、红色和灰色砖渣、瓦片。

第2b层：褐色土。深0.52～0.74、厚0～0.35米。扰土层。分布探方中部，由南向北呈坡状堆积。土质硬，结构致密。

第3层：灰色土。深0.5～0.96、厚0.04～0.4米。文化层。分布全方，堆积呈北高南低坡状。土质软，结构疏松。内含红烧土颗粒、炭粒、瓦片。

第4a层：红褐色土。深0.8～1.06、厚0～0.2米。淤积层。布全探方，堆积近平。土质硬，结构致密。无包含物。该层下发现碾压层，厚约0.1米。

第4b层：褐色土。深0.9～1.27、厚0.15～0.3米。淤积层。分布全方，堆积近平。土质软，结构疏松。无包含物。该层下发现碾压层，厚约0.1米。

第5层：深褐色土。深1.16～1.9、厚0.39～0.66米。淤积层。分布全方，堆积近平。土质软，结构疏松。无包含物。

第6层：浅黄色土。深1.58~2.08、厚0.05~0.37米。淤积层。分布全方，堆积近平。土质硬，结构致密。粉沙土，无包含物。

第7层：褐色土。深1.9~2.2、厚0~0.22米。淤积层。分布全方，堆积近平。土质硬，结构致密。有深褐色水锈。

第8层：灰褐色土。深1.96~2.28、厚0.04~0.26米。淤积层。分布全方，堆积近平。土质软，结构疏松。粉砂土，无包含物。

第9层：黄色土。深2.07~2.4、厚0.06~0.26米。淤积层。分布全方，堆积近平。土质硬，结构致密。有深褐色水锈。

第10层：深褐色土。深2.26~2.74、厚0.14~0.4米。淤积层。分布全方，堆积近平。土质软，结构疏松。无包含物。

第11层：深褐色土。深2.48~3.41、厚0.61~0.86米。淤积层。分布全方，堆积近平。土质硬，结构致密。无包含物。

在第11层下平面向下钻探1米深，全是纯净的自然淤积土（图2.7）。

二、出 土 遗 物

出土小件、标本28件，分建筑材料、陶器、铁器、石器、铜器、铅器、钱币、骨器八类（表2.2）。分别介绍如下。

（一）建筑材料

根据用途，有砖、板瓦、筒瓦、井圈四种。分别介绍如下。

1. 砖

4件。据器物形制不同，分两种。分别介绍如下。

空心砖　1件。③：17，残。灰陶。外面饰细交错绳纹，内面饰布纹。残长10.8、残宽7、残高3.1、厚1厘米（图2.8、图2.9）。

拱形砖　3件。

③：18，残。灰陶。一面饰菱格纹、有一乳钉纹，另一面素面。残长6.5、宽9.4、厚2.5厘米（图2.10、图2.11）。

③：19，残。灰陶。一面饰菱格纹，另一面饰中粗绳纹。残长8.9、残宽8.3、厚3.5厘米（图2.12、图2.13；彩版57；图版57）。

③：20，残。灰陶。一面饰菱格纹，另一面饰中粗绳纹。残长5.7、宽8.7、厚2.8厘米（图2.14、图2.15）。

2. 板瓦

6件。均为弧形板瓦。据表面绳纹粗细，分属A、B、C三型。分别介绍如下。

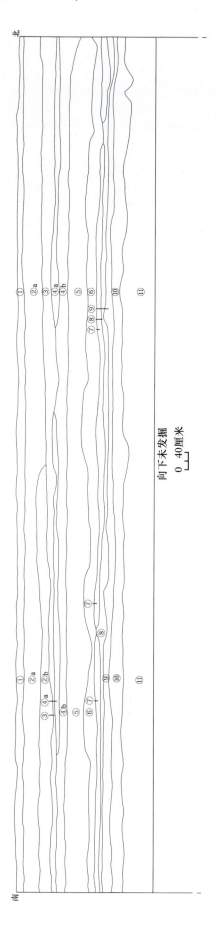

图 2.7　T9 西壁剖面图

图2.8 空心砖（③：17）外、内、侧面照片

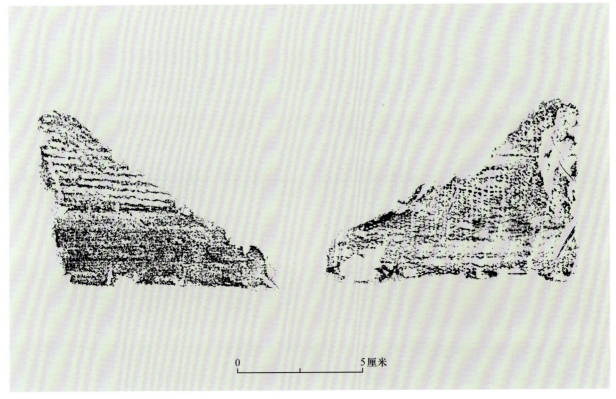

0 ⊢———————┤ 5厘米

图2.9 空心砖（③：17）外、内面拓片

图2.10　拱形砖（③∶18）正、背、侧面照片

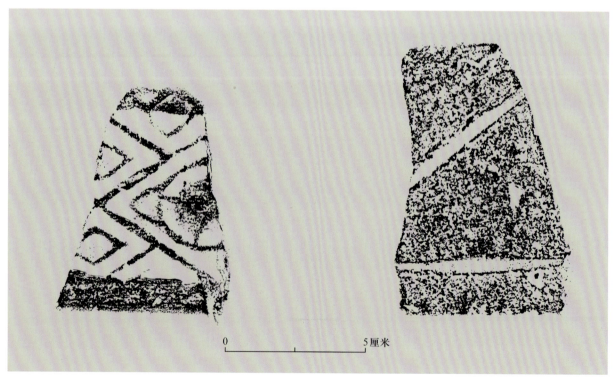

图2.11　拱形砖（③∶18）正、背面拓片

图2.12 拱形砖（③：19）正、背、侧面照片

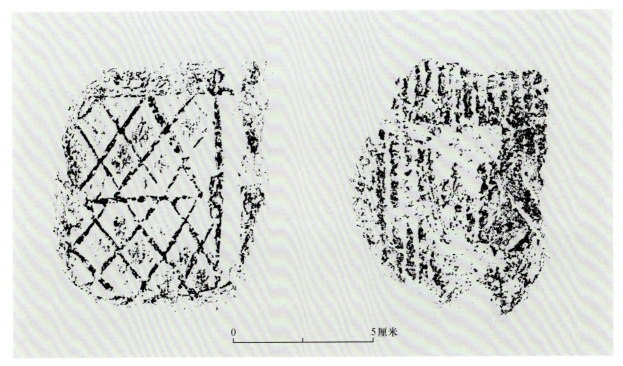

0   5厘米

图2.13 拱形砖（③：19）正、背面拓片

图2.14　拱形砖（③：20）正、背、侧面照片

0　　　　　　　　　5厘米

图2.15　拱形砖（③：20）正、背面拓片

A型　1件。属Aa4型。③：9，残。灰陶。表面饰细交错绳纹，内面饰布纹，瓦首表面有抹平绳纹、侧面饰斜绳纹。残长15.6、残宽9.2、厚1厘米（图2.16、图2.17）。

图2.16　Aa4型板瓦（③：9）表、内面照片

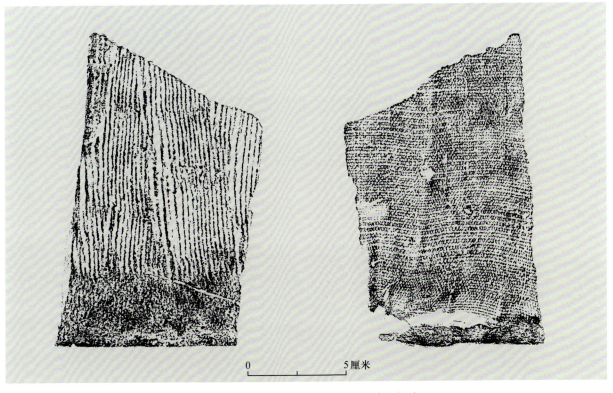

0　　　　　5厘米

图2.17　Aa4型板瓦（③：9）表、内面拓片

B型　2件。分两亚型。

Ba1型　1件。③：11，残。灰陶。表面饰中粗交错绳纹，内面素面。残长9.5、残宽10.5、厚1.3厘米（图2.18、图2.19）。

图2.18　Ba1型板瓦（③：11）表、内面照片

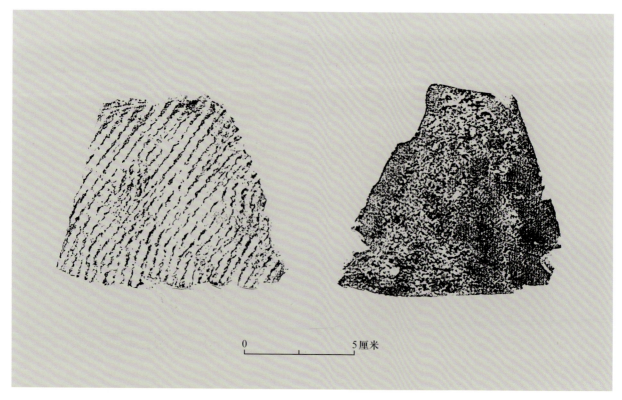

0　　　　　　　5厘米

图2.19　Ba1型板瓦（③：11）表、内面拓片

Ba3型 1件。②a：4，残。灰陶。表面饰中粗交错绳纹，内面饰箆纹。残长6.8、残宽7.2、厚1.3厘米（图2.20、图2.21）。

图2.20 Ba3型板瓦（②a：4）表、内面照片

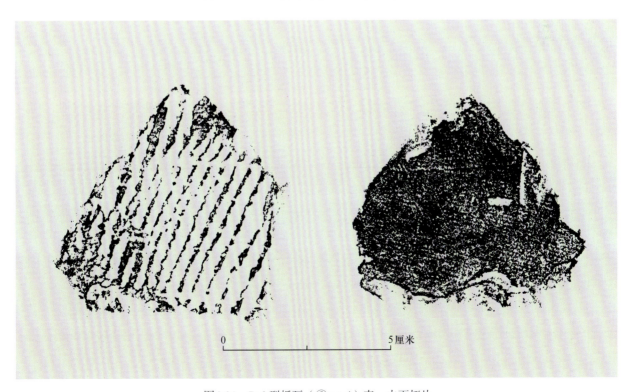

图2.21 Ba3型板瓦（②a：4）表、内面拓片

C型 3件。分三亚型。

Ca1型 1件。②a：2，残。灰陶。表面饰粗交错绳纹，内面素面。残长7、残宽6.5、厚1.2厘米（图2.22、图2.23）。

图2.22 Ca1型板瓦（②a：2）表、内面照片

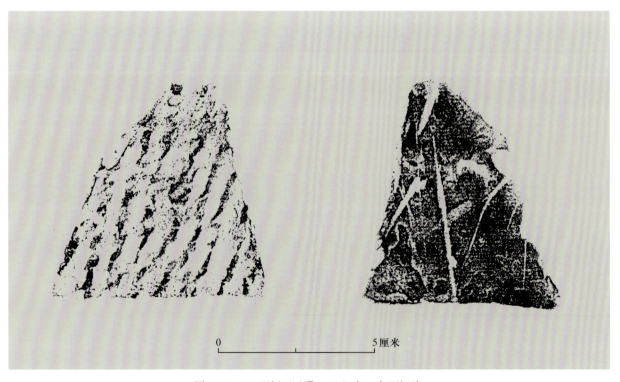

图2.23 Ca1型板瓦（②a：2）表、内面拓片

Ca2型　1件。②a：3，残。灰陶。表面饰粗交错绳纹，内面饰麻点纹。残长7.8、残宽5.5、厚0.8～1.5厘米（图2.24、图2.25）。

图2.24　Ca2型板瓦（②a：3）表、内面照片

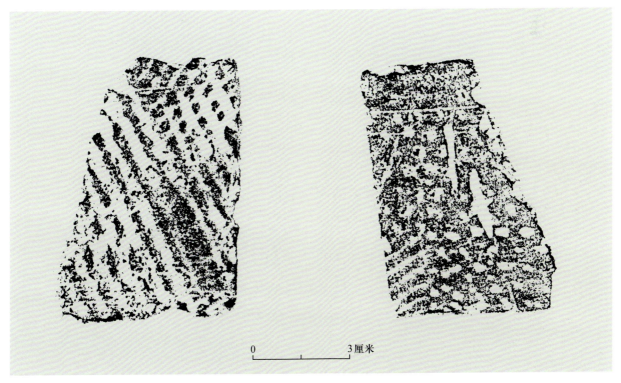

0　　　　　　　　3厘米

图2.25　Ca2型板瓦（②a：3）表、内面拓片

Cb3型　1件。③：10，残。灰陶。表面饰粗斜绳纹，内面饰篦纹。残长10.7、残宽16.2、厚1.5厘米（图2.26、图2.27）。

图2.26　Cb3型板瓦（③：10）表、内、侧面照片

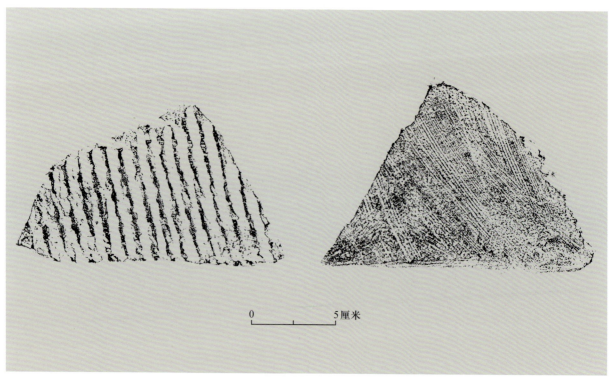

0 ————— 5厘米

图2.27　Cb3型板瓦（③：10）表、内面拓片

3. 筒瓦

4件。据表面绳纹粗细，分属A、B两型。分别介绍如下。

A型　2件。分两亚型。

Ab4型　1件。②a：5，残。灰陶。表面饰细斜绳纹，内面饰布纹。残长5.2、残径6、厚1厘米（图2.28、图2.29）。

图2.28　Ab4型筒瓦（②a：5）表、内面照片

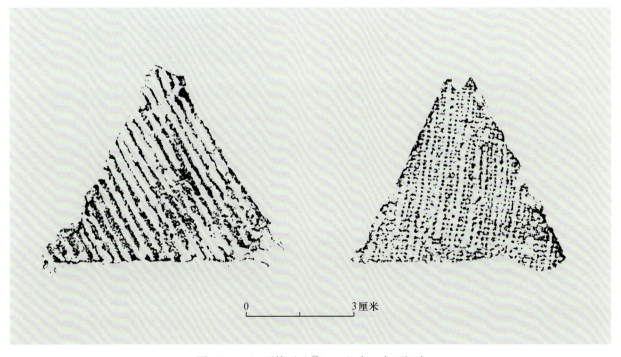

0　　　　　3厘米

图2.29　Ab4型筒瓦（②a：5）表、内面拓片

Aa4型　1件。③：13，残。灰陶。表面饰细交错绳纹，内面饰布纹。残长13.4、残径9、厚1.3厘米（图2.30、图2.31）。

图2.30　Aa4型筒瓦（③：13）表、内面照片

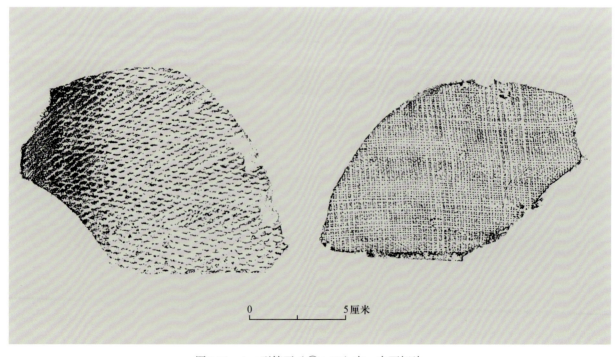

图2.31　Aa4型筒瓦（③：13）表、内面拓片

B型　2件。分两亚型。

Ba4型　1件。③：12，残。灰陶。表面饰中粗交错绳纹，内面饰布纹。残长12.5、残径11.2、厚1厘米（图2.32、图2.33）。

图2.32　Ba4型筒瓦（③：12）表、内面照片

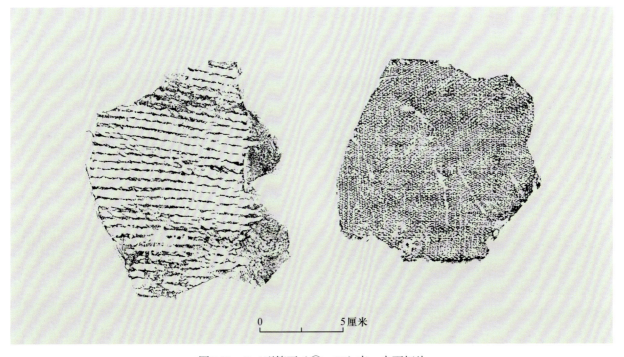

0　　　　　5厘米

图2.33　Ba4型筒瓦（③：12）表、内面拓片

　　Bc4型　1件。③：14，残。灰陶。表面饰中粗直绳纹，内面饰布纹。残长10、残径9、厚0.9～1.3厘米（图2.34、图2.35）。

图2.34　Bc4型筒瓦（③：14）表、内面照片

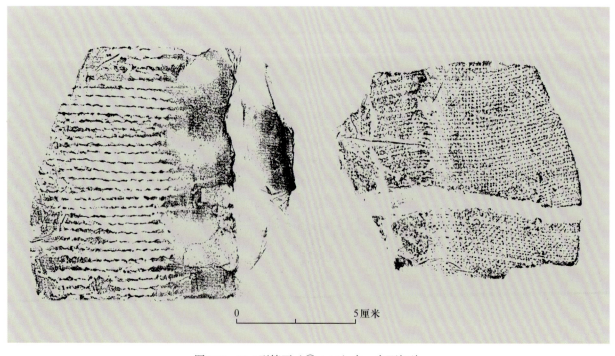

图2.35　Bc4型筒瓦（③：14）表、内面拓片

4. 井圈

2件。

③：15，残。泥质灰陶。表面饰粗斜绳纹，内面饰布纹。残长11.2、残高8.7、厚2~3.1厘米（图2.36、图2.37）。

图2.36　井圈（③：15）表、内、侧面照片

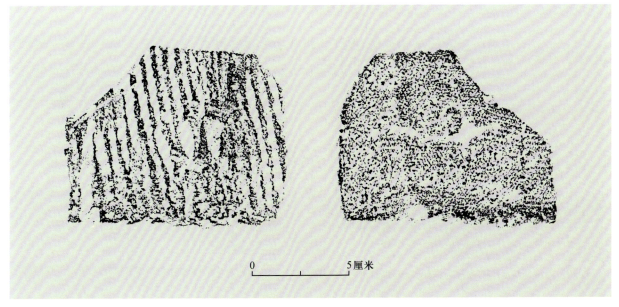

图2.37　井圈（③：15）表、内面拓片

③：16，残。泥质灰陶。表面饰粗斜绳纹，内面饰菱形纹。残长12.7、残高8、厚2～3.4厘米（图2.38、图2.39）。

图2.38　井圈（③：16）表、内、侧面照片

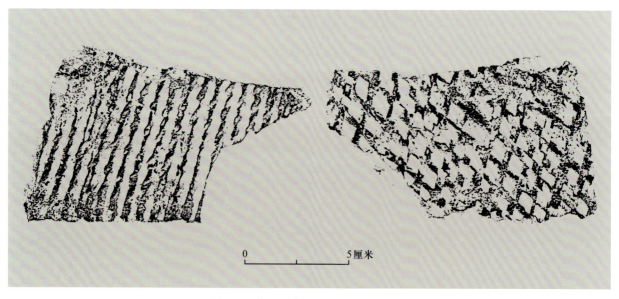

图2.39　井圈（③：16）表、内面拓片

（二）陶器

根据用途，有盆、罐、陶饼三种。分别介绍如下。

1. 盆

2件。

③：22，残。泥质灰陶。敛口，外折沿，方唇，斜弧腹，腹部饰两周凹弦纹，凹弦纹间饰一周柳叶状虫蛹纹。复原口径53.3、沿宽2.5、残长9.7、残宽3.2、残高8.8、厚0.8厘米（图2.40、图2.41；彩版58；图版58）。

图2.40　陶盆（③：22）外、内、侧面照片

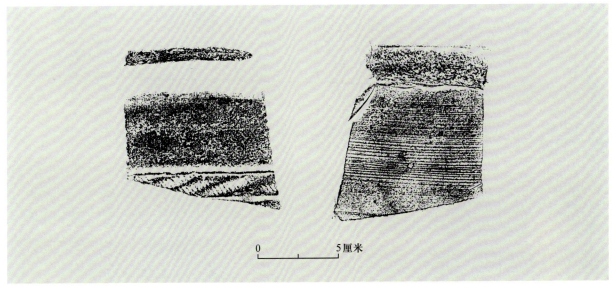

图2.41　陶盆（③：22）外、内面拓片

③：23，残。泥质灰陶。敛口，窄沿，方唇，斜弧腹，沿下饰一周压印纹。复原口径71.3、沿宽2.5、残长18.3、残宽3.9、残高15.3、厚1.2厘米（图2.42、图2.43；彩版59；图版59）。

图2.42　陶盆（③：23）外、内、侧面照片

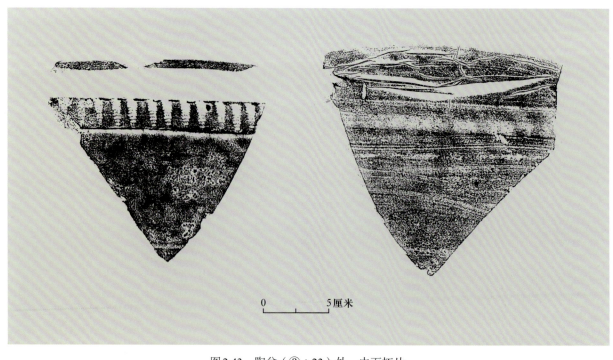

图2.43　陶盆（③：23）外、内面拓片

2. 罐

1件。③：21，残。泥质灰陶。敛口，外折沿，方唇，斜肩，弧腹，腹部饰细斜绳纹。复原口径37.2、沿宽1.3、残长9.4、残宽3、残高4.8、厚1厘米（图2.44、图2.45；彩版60；图版60）。

图2.44　陶罐（③：21）外、内、侧面照片

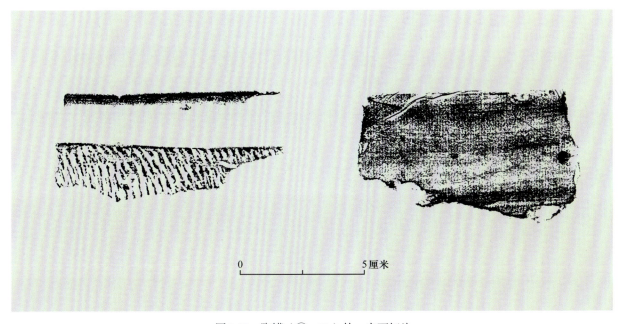

图2.45　陶罐（③：21）外、内面拓片

3. 陶饼

1件。③：6，泥质灰陶。用瓦片加工而成，一面饰细交错绳纹，另一面素面。径4.6、厚0.9厘米（图2.46、图2.47；彩版61；图版61）。

图2.46　陶饼（③：6）正、背、侧面照片

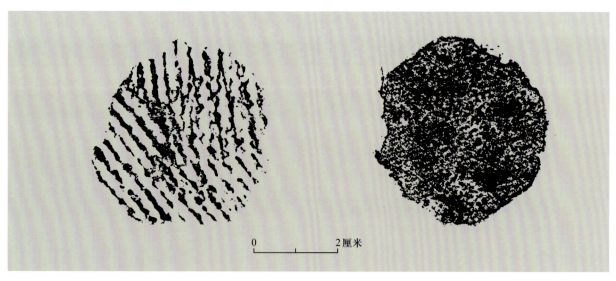

0　　　　　2厘米

图2.47　陶饼（③：6）正、背面拓片

（三）铁器

2件。从形制看，分铁条、铁钉两种。

1. 铁条

1件。②a∶1，残。锈蚀严重。长条状。残长8、径0.4厘米（图2.48、图2.49）。

图2.48 铁条（②a∶1）正、侧面照片　　　　　　　图2.49 铁条（②a∶1）线图

2. 铁钉

1件。③∶4，残。锈蚀严重。长条形。残长11.2、径0.8厘米（图2.50、图2.51）。

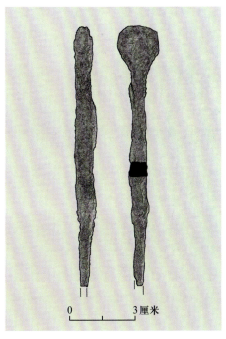

图2.50 铁钉（③∶4）正、背、侧面照片　　　　　　图2.51 铁钉（③∶4）线图

（四）石器

2件。从形制看，分石球、石柄头两种。

1. 石球

1件。③：2，残。花岗岩。椭圆形。长径3、短径2.6厘米，中间有一圆孔，孔径0.5、深0.2厘米（图2.52、图2.53）。

图2.52　石球（③：2）正、背、侧面照片

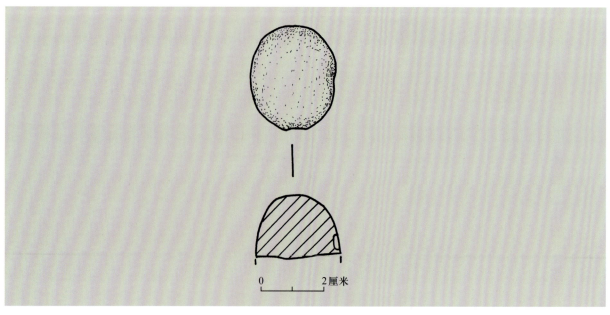

0　　　　2厘米

图2.53　石球（③：2）线图

2. 石柄头

1件。③：1，残。花岗岩。蘑菇盖形。径5.4、厚2.4厘米（图2.54、图2.55；彩版62；图版62）。

图2.54 石柄头（③：1）正、背、侧面照片

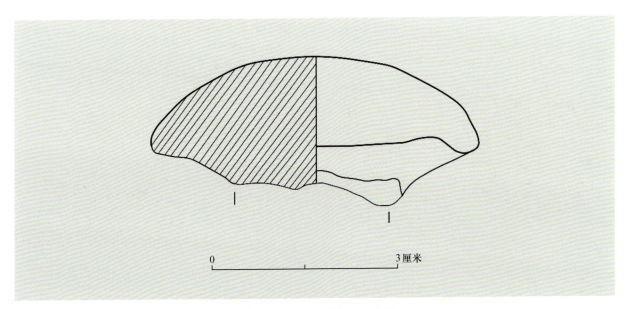

0   3厘米

图2.55 石柄头（③：1）线图

（五）铜器

1件。为残铜片。③：7，残长3.1、残宽1.3、厚0.2厘米（图2.56、图2.57）。

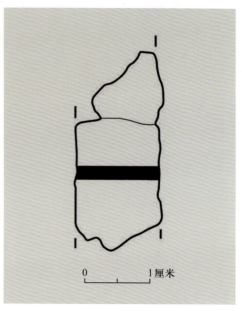

图2.56　铜片（③：7）正、背面照片　　　　图2.57　铜片（③：7）线图

（六）铅器

1件。为铅饼。③：8，残。圆形。长2.9、宽2.6、厚0.3厘米（图2.58、图2.59）。

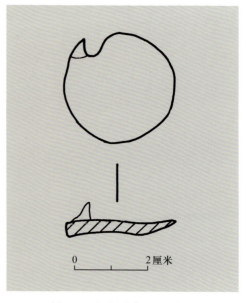

图2.58　铅饼（③：8）正、背面照片　　　　图2.59　铅饼（③：8）线图

（七）钱币

1枚。为铜钱。③：3，残。锈蚀严重，钱文无法辨识。径1.4、穿宽0.4、厚0.15厘米（图2.60）。

图2.60 铜钱（③：3）正、背面照片

（八）骨器

1件。为鹿角。③：5，残。残长8.5、残高14.6、主权径3.9、支权径3厘米（图2.61、图2.62；彩版63；图版63）。

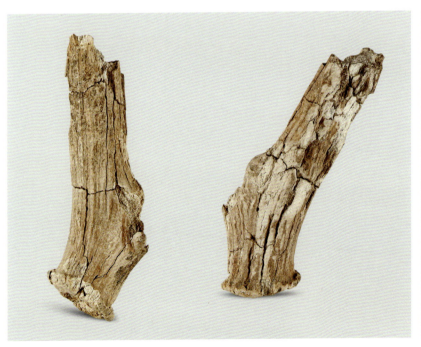

图2.61 鹿角（③：5）正、背面照片

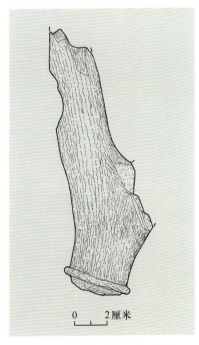

0 2厘米

图2.62 鹿角（③：5）线图

第二节 遗 迹

清理遗迹3个（表一），均为灰坑，其中开口于第4a层下1座、第4b层下2座，分别介绍如下（图2.63、图2.64）。

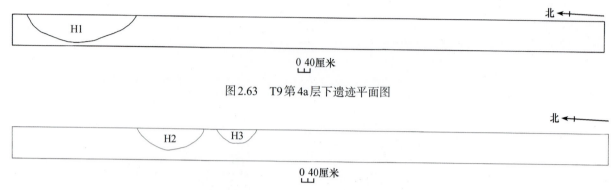

图2.63　T9第4a层下遗迹平面图

图2.64　T9第4b层下遗迹平面图

（一）H1

位于T9北部，东部延伸出探方。开口于第4a层下，打破第4b、5、6层。口距地表深0.84～1.16米，平面呈近半圆形，斜壁，底不平。开口南北长3.74、东西发掘宽0.86、深0.76～0.9米。填土根据土质土色划分为两层。第1层呈褐色，土质硬，结构致密，无内含物。第2a层呈深褐色，土质硬，结构致密，无内含物（图2.65）。

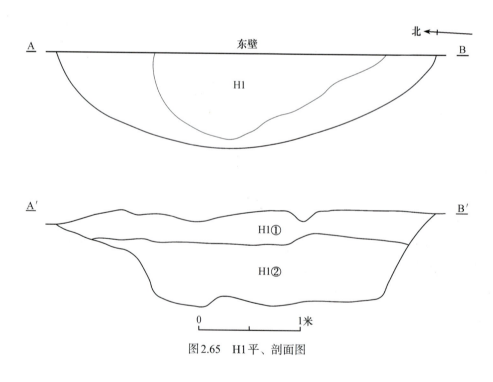

图2.65　H1平、剖面图

（二）H2

位于T9北部。东部延伸出探方。开口于第4b层下，打破第5、6层。口距地表深1.4米。平面呈近半圆形，斜壁，底不平。开口南北长2.26、东西发掘宽0.65、深0.32～0.5米。填土呈深褐色，土质硬，结构致密，无内含物（图2.66）。

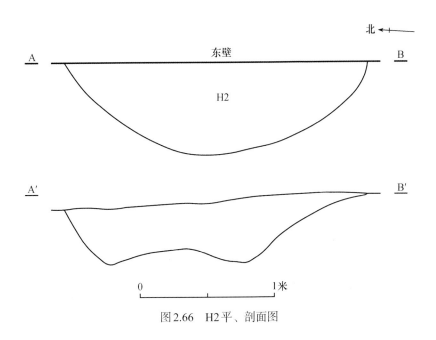

图 2.66　H2平、剖面图

（三）H3

位于T9北部，东部延伸出探方。开口于第4b层下，打破第5、6层。口距地表深1.3米。平面呈近半圆形，斜壁，平底。开口南北长1.35、东西发掘宽0.45、深0.5米。填土呈深褐色，土质硬，结构致密，出土砖块2件。出土遗物残片占探方出土遗物总数0.78%。据本层出土遗物残片统计，砖占100%，均为条砖（表2.6）。

表2.6　H3出土遗物数量统计表

名称	型	灰陶/件	百分比/%	总百分比/%
砖	素面	2	100.00	100.00
合计	/	2		100.00
百分比/%	/	100.00		

在底部向下钻探6米均为淤积土（图2.67）。

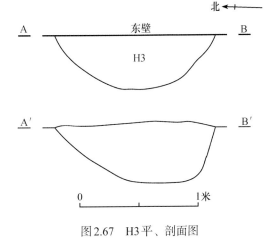

图 2.67　H3平、剖面图

出土标本1件。

条砖

1件。H3：1，残。灰陶。长条形。两面均素面。长35.9、宽17.8、厚6.2厘米（图2.68、图2.69）。

图2.68　条砖（H3：1）正、背、侧面照片

0 ⊢—⊢ 5厘米

图2.69　条砖（H3：1）正、背面拓片

第三节　结　语

从发掘情况看，之前在勘探中初步判断为一号城南墙的遗存在发掘点未能发现和确定，相关遗存有待今后继续探寻。

第三章　T10

T10位于西安市阎良区西相村关西组西400米处，东距T6约505米。据勘探资料，此处疑似存在一号城南墙，为验证勘探信息及地下可能存在遗存的性质与时代布设本探方。探方南北向，南北15米，东西宽1米。发掘工作从2013年11月15日开始，至2013年11月21日发掘结束（图3.1、图3.2）。

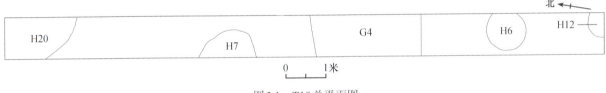

图3.1　T10总平面图

图3.2　T10全景照（北—南）

清理遗迹两种5个（灰坑4、沟渠1）（表3.1）。出土各类小件、标本21件，分建筑材料、陶器2类（表3.2）。此外还有各类遗物残片共241块（建筑材料占80.88%、陶器占19.08%（表3.3）。

表3.1　T10遗迹登记表

编号	形制	开口层位	打破关系	备注
H6	近圆形	第3层下	打破第4层	直壁凹底
H7	近半圆形	第3层下	打破第4层	斜壁平底
H20	不规则形	第3层下	打破第4层	斜壁圜底
G4	近长方形	第3层下	打破第4层	斜壁底近平
H12	圆弧形	第4层下	打破自然淤积土	直壁平底

表3.2　T10出土小件、标本登记表

编号	名称	材质	保存情况	重量/千克	分型	规格/厘米		
						长	宽/径	厚
③：1	板瓦	陶	残	0.47	Ba1	27	13	1.3
③：2	板瓦	陶	残	0.46	Cb2	18	14.5	1.2
③：3	板瓦	陶	残	0.28	Ca1	12	11	1.4
③：4	板瓦	陶	残	0.35	Cb3	14	14.5	1.3
③：5	板瓦	陶	残	0.3	Ba1	14.3	10	1.7
③：6	板瓦	陶	残	0.17	Ab1	12	7.7	1.5
③：7	板瓦	陶	残	0.29	Ca10-4	19	12.5	1.3
③：8	板瓦	陶	残	0.17	Cb4	11.2	9	1.2
③：9	板瓦	陶	残	0.48	Ca10	12.5	15	1.7
③：10	筒瓦	陶	残	0.27	Cc4	残长11.3、残径10、厚0.9～1.3、唇长4.2、唇厚0.7		
③：11	筒瓦	陶	残	0.17	Bc4	10	10	1
③：12	筒瓦	陶	残	0.21	Bc4	11.3	9	0.9～1.6
③：13	条砖	陶	残	4.9	/	33	15	6
③：14	几何纹砖	陶	残	0.11	/	7	5	3
③：15	陶盆	陶	可复原	0.75	/	口径34.7、沿宽1.8、高13.4、底径14.3、壁厚1.1		
③：16	陶盆	陶	残	0.25	/	复原口径38.5、沿宽1.8、残长15.4、残宽5.2、残高12.2、厚1		
③：17	陶盆	陶	残	0.21	/	复原口径39.1、沿宽1.9、残长14.5、残宽3.1、残高9.2、厚1.1		
③：18	陶盆	陶	残	0.16	/	复原口径45.5、沿宽2.1、残长16.1、残宽3.1、残高9.4、厚1		
③：19	陶盆	陶	残	0.11	/	复原口径36.8、沿宽2、残长14.6、残宽5.7、残高8.1、厚0.8		
③：20	陶罐	陶	残	0.12	/	原口径13.3、沿宽2、残长11.9、残宽5.2、残高5.5、厚1.1		
③：21	陶釜	陶	残	0.08	/	复原口径24.4、沿宽0.9、残长9.3、残宽3.3、残高7.1、厚1		

表3.3　T10出土遗物数量统计表

名称	类型	③		合计	百分比/%	总百分比/%
		灰/件	红褐/件			
板瓦	Ac1	5	/	5	2.07	67.61
	Aa1	8	/	8	3.32	
	Ba1	5	/	5	2.07	
	Cb1	65	/	65	26.97	

名称	类型	③		合计	百分比/%	总百分比/%
		灰/件	红褐/件			
板瓦	Ca1	15	/	15	6.22	67.61
	Cc1	50	/	50	20.75	
	Ca4	1	/	1	0.41	
	Cb4	7	/	7	2.90	
	Cb10	7	/	7	2.90	
筒瓦	Bc4	25		25	10.37	12.44
	Cc4	5		5	2.07	
陶片	素面	31		31	12.86	19.08
	凹弦纹	3		3	1.24	
	凹弦纹+印纹	8	/	8	3.32	
	凹弦纹+绳纹	4	/	4	1.66	
砖	素面	1	1	2	0.83	0.83
合计		240	1	241	100.00	
百分比/%		99.59	0.41	100.00		

第一节 地 层

根据土质、土色及包含物的区别分4层，地层按四壁分别介绍如下。

一、地层堆积

根据土质、土色及包含物不同，T10内地层堆积分为4层，地层堆积按四壁介绍，出土遗物以北壁统计介绍。

（一）北壁

第1层：浅褐色土。厚0.28～0.32米。耕土层。分布全方，堆积近平。土质软，结构疏松。内含大量的植物根系，少量红色砖渣、塑料、现代瓷片。

第2层：浅黄色土。深0.28～0.32、厚0.54～0.64米。扰土层。分布全方，堆积近平。土质软，结构疏松。内含少量植物根系、红色、灰色砖渣、近代瓷片。

第3层：深褐色土。深0.84～0.92、厚0.62～0.72米。文化层。分布全方，堆积呈波状。土质较软，结构疏松。内含红烧土颗粒、炭粒、瓦片、陶片。H6、H7、H20、G4开口于此层

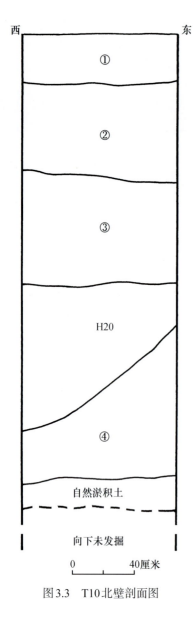

西　　　　　　　　　东

①

②

③

H20

自然淤积土

向下未发掘

0　　　　　40厘米

图3.3　T10北壁剖面图

下。本层出土遗物残片占探方出土遗物总数100%。其中板瓦占67.61%，Ac1型占2.07%，Aa1型占3.32%，Ba1型占2.07%，Cb1型占26.97%，Ca1型占6.22%，Cc1型占20.75%，Ca4型占0.41%，Cb4型占2.9%，Cb10型占2.9%。筒瓦占12.44%，其中Bc4型占10.37%，Cc4型占2.07%。陶片占19.08%，其中素面占12.86%，凹弦纹占1.24%，凹弦纹＋印纹占3.32%，凹弦纹＋绳纹占1.66%。砖占0.83%，均为素面（表3.3）。

第4层：黄色土。深1.54～1.56、厚1.2～1.24米。淤积层。分布全方，堆积近平。土质硬，结构致密。内含少量红烧土颗粒、木炭粒。H12开口于此层下（图3.3）。

（二）东壁

第1层：浅褐色土。厚0.26～0.36米。耕土层。分布全方，堆积近平。土质软，结构疏松。内含大量的植物根系，少量红色砖渣、塑料、现代瓷片。

第2层：浅黄色土。深0.26～0.36、厚0.58～0.62米。扰土层。分布全方，堆积近平。土质软，结构疏松。内含少量植物根系、红色、灰色砖渣、近代瓷片。

第3层：深褐色土。深0.92～1、厚0.46～0.66米。文化层。分布全方，堆积呈波状。土质较软，结构疏松。内含红烧土颗粒、炭粒、瓦片、陶片。H6、H7、H20、G4开口于此层下。

第4层：黄色土。深1.42～1.6、厚1.2～1.4米。淤积层。分布全方，堆积近平。土质硬，结构致密。内含少量红烧土颗粒、木炭粒。H12开口于此层下（图3.4）。

（三）南壁

第1层：浅褐色土。厚0.26～0.34米。耕土层。分布全方，堆积近平。土质软，结构疏松。内含大量的植物根系，少量红色砖渣、塑料、现代瓷片。

第2层：浅黄色土。深0.26～0.34、厚0.58～0.64米。扰土层。分布全方，堆积近平。土质软，结构疏松。内含少量植物根系、红色、灰色砖渣、近代瓷片。

第3层：深褐色土。深0.88～0.92、厚0.62～0.86米。文化层，分布全方，堆积呈波状。土质较软，结构疏松。内含红烧土颗粒、炭粒、瓦片、陶片。H6、H7、H20、G4开口于此层下。

第4层：黄色土。深1.54～1.74、厚0.96～1.12米。淤积层。分布全方，堆积近平。土质硬，结构致密。内含少量红烧土颗粒、木炭粒。H12开口于此层下（图3.5、图3.6）。

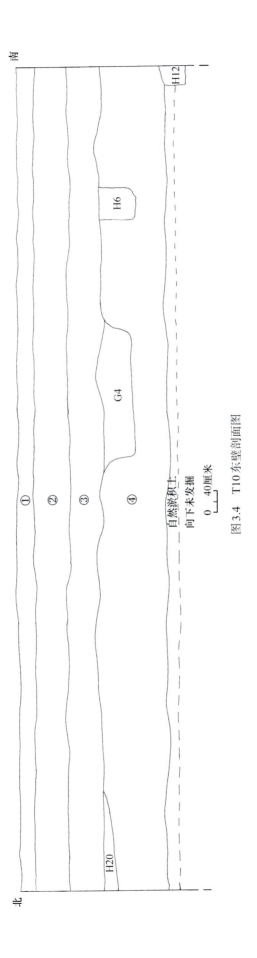

图 3.4 T10 东壁剖面图

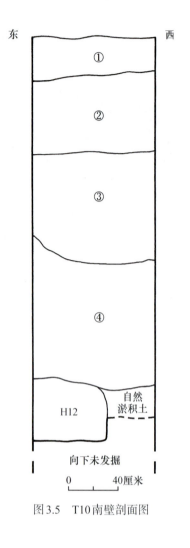

图3.5　T10南壁剖面图

图3.6　T10南壁剖面照（北—南）

（四）西壁

第1层：浅褐色土。厚0.22～0.34米。耕土层。分布全方，堆积近平。土质软，结构疏松。内含大量的植物根系，少量红色砖渣、塑料、现代瓷片。

第2层：浅黄色土。深0.22～0.34、厚0.5～0.68米。扰土层。分布全方，堆积近平。土质软，内含少量植物根系、红色、灰色砖渣、近代瓷片。

第3层：深褐色土。深0.82～0.9、厚0.44～0.9米。文化层。分布全方，堆积呈波状。土质较软，结构疏松。内含红烧土颗粒、炭粒、瓦片、陶片。H6、H7、H20、G4开口于此层下。

第4层：黄色土。深1.46～1.82、厚0.9～1.3米。淤积层。分布全方，堆积近平。土质硬，结构致密。内含少量红烧土颗粒、木炭粒。H12开口于此层下。

第4层下向下钻探6米深，为纯净的自然淤积土（图3.7）。

二、出　土　遗　物

出土小件、标本21件，分建筑材料、陶器两类（表3.2）。分别介绍如下。

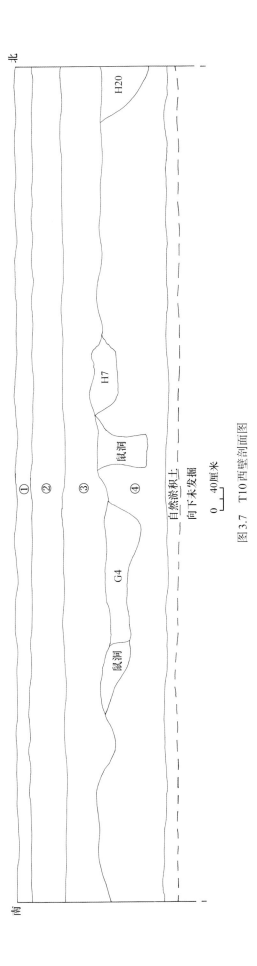

图 3.7　T10西壁剖面图

（一）建筑材料

根据用途，有砖、板瓦、筒瓦三种。分别介绍如下。

1. 砖

2件。据形制不同，可见条砖1种，另有形制不可辨几何纹砖1件。分别介绍如下。

条砖　1件。③：13，残。红褐色。两面均素面。长33、宽15、厚6厘米（图3.8、图3.9）。

图3.8　条砖（③：13）正、背、侧面照片

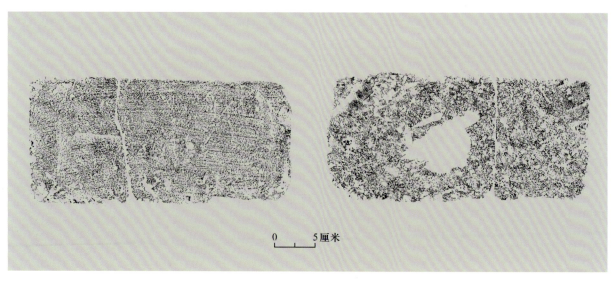

0　　5厘米

图3.9　条砖（③：13）正、背面拓片

几何纹砖 1件。③：14，残。红褐色。一面饰几何纹，另一面素面。残长7、残宽5、厚3厘米（图3.10、图3.11）。

图3.10 几何纹砖（③：14）正、背、侧面照片

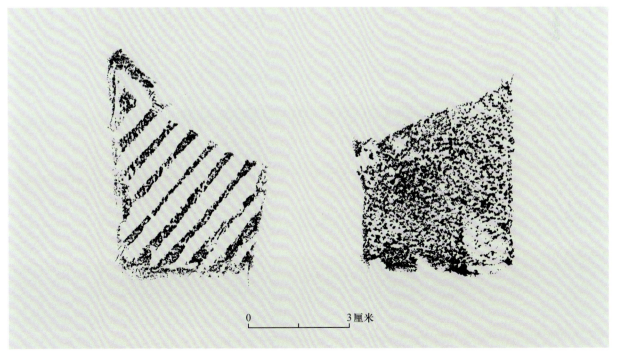

图3.11 几何纹砖（③：14）正、背面拓片

2. 板瓦

9件。均为弧形板瓦，据表面绳纹粗细，分属A、B、C三型。分别介绍如下。

A型　1件。属Ab1型。③：6，残。灰陶。表面饰细斜绳纹，内面素面。残长12、残宽7.7、厚1.5厘米（图3.12、图3.13）。

图3.12　Ab1型板瓦（③：6）表、内面照片

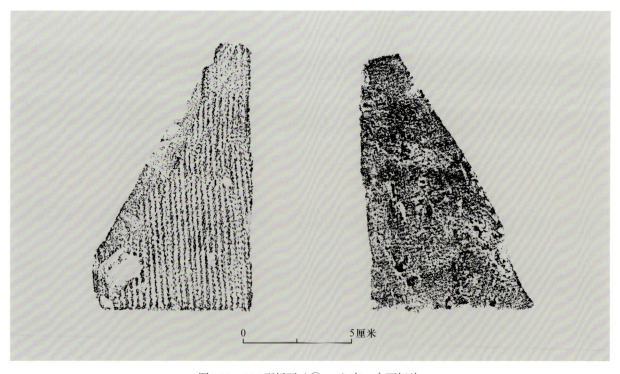

0 ⸺ 5厘米

图3.13　Ab1型板瓦（③：6）表、内面拓片

B型　2件。均属Ba1型。表面饰中粗交错绳纹，内面素面。

③：1，残。灰陶。残长27、残宽13、厚1.3厘米（图3.14、图3.15）。

图3.14　Ba1型板瓦（③：1）表、内面照片

图3.15　Ba1型板瓦（③：1）表、内面拓片

③：5，残。灰陶。残长14.3、残宽10、厚1.7厘米（图3.16、图3.17）。

图3.16　Ba1型板瓦（③：5）表、内面照片

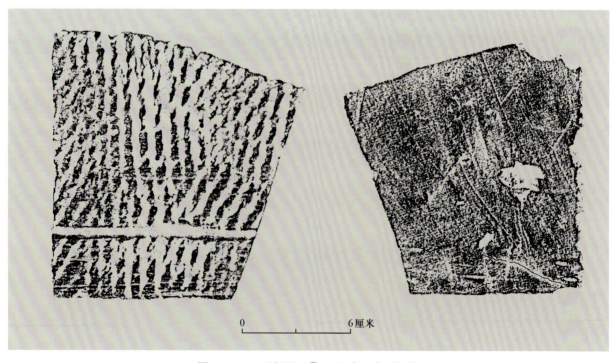

0 ———— 6厘米

图3.17　Ba1型板瓦（③：5）表、内面拓片

C型　6件。分六亚型。

Ca1型　1件。③：3，残。灰陶。表面饰粗交错绳纹，内面素面。残长12、残宽11、厚1.4厘米（图3.18、图3.19）。

图3.18　Ca1型板瓦（③：3）表、内面照片

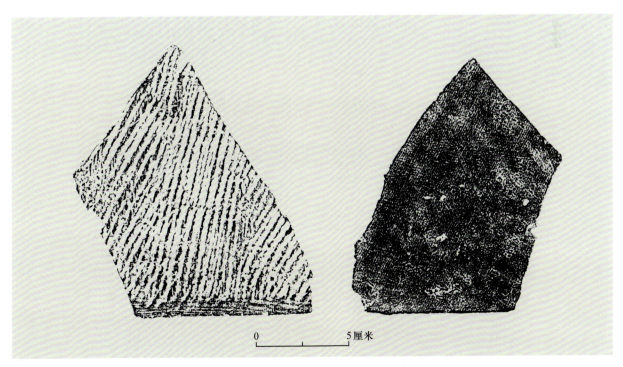

0　　　　　5厘米

图3.19　Ca1型板瓦（③：3）表、内面拓片

Ca10型　1件。③：9，残。灰陶。表面饰粗交错绳纹，内面饰抹平绳纹。残长12.5、残宽15、厚1.7厘米（图3.20、图3.21）。

图3.20　Ca10型板瓦（③：9）表、内面照片

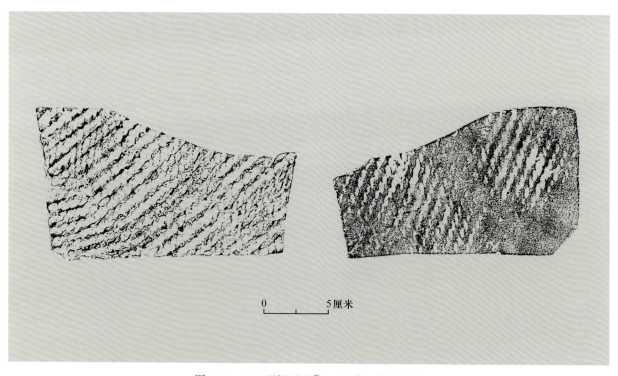

0　　　　　5厘米

图3.21　Ca10型板瓦（③：9）表、内面拓片

Ca10-4型　1件。③：7，残。灰陶。表面饰粗交错绳纹，内面饰抹平绳纹、布纹。残长19、宽12.5、厚1.3厘米（图3.22、图3.23）。

图3.22　Ca10-4型板瓦（③:7）表、内面照片

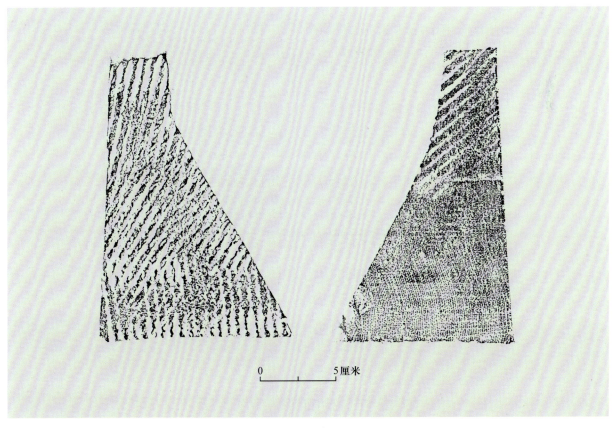

0 ⊢————⊣ 5厘米

图3.23　Ca10-4型板瓦（③:7）表、内面拓片

Cb2型　1件。③：2，残。灰陶。表面饰粗斜绳纹，内面饰麻点纹。残长18、残宽14.5、厚1.2厘米（图3.24、图3.25）。

图3.24　Cb2型板瓦（③：2）表、内面照片

0 5厘米

图3.25　Cb2型板瓦（③：2）表、内面拓片

　　Cb3型　1件。③：4，残。灰陶。表面饰粗斜绳纹，内面饰箆纹。残长14、残宽14.5、厚1.3厘米（图3.26、图3.27）。

图3.26　Cb3型板瓦（③：4）表、内面照片

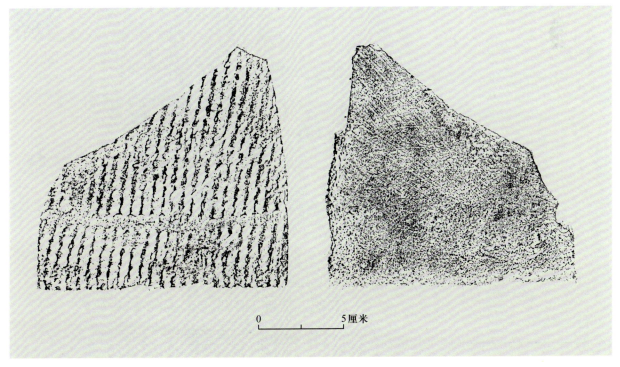

0 　　　　　　5厘米

图3.27　Cb3型板瓦（③：4）表、内面拓片

Cb4型　1件。③：8，残。灰陶。表面饰粗斜绳纹，内面饰布纹。残长11.2、残宽9、厚1.2厘米（图3.28、图3.29）。

图3.28　Cb4型板瓦（③：8）表、内面照片

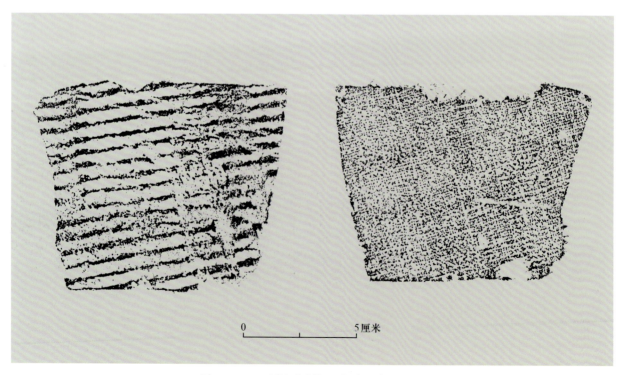

图3.29　Cb4型板瓦（③：8）表、内面拓片

3. 筒瓦

3件。据表面绳纹粗细，分属B、C两型。分别介绍如下。

B型 2件。均属Bc4型。表面饰中粗直绳纹，内面饰布纹。

③：11，残。灰陶。一端有宽6.5厘米抹平绳纹，残长10、残径10、厚1厘米（图3.30、图3.31）。

图3.30 Bc4型筒瓦（③：11）表、内面照片

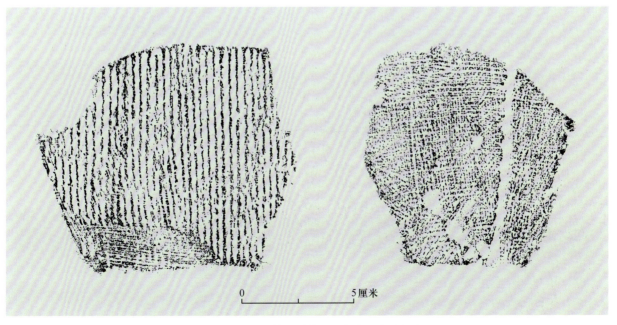

图3.31 Bc4型筒瓦（③：11）表、内面拓片

（二）陶器

根据用途，分盆、罐、釜三种。分别介绍如下。

1.盆

5件。

③：15，可复原。泥质灰陶。侈口，外折沿，方唇，斜弧腹，腹部微鼓，腹下斜内收，平底，腹饰两周宽0.3厘米的凹弦纹，内面素面，轮制痕迹明显。口径34.7、沿宽1.8、高13.4、壁厚1.1、底径14.3厘米（图3.36、图3.37；彩版64；图版64）。

图3.36　陶盆（③：15）正面照片

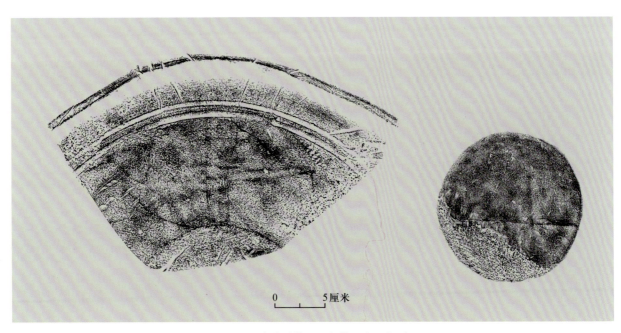

0　　　5厘米

图3.37　陶盆（③：15）外、底面拓片

③：16，残。泥质灰陶。敛口，外折沿，方唇，斜弧腹，腹部饰两周凹弦纹，凹弦纹上下各饰一周柳叶状虫蛹纹。内面素面，轮制痕迹明显。复原口径38.5、沿宽1.8、残长15.4、残宽5.2、残高12.2、厚1厘米（图3.38、图3.39；彩版65；图版65）。

图3.38　陶盆（③：16）外、内、侧面照片

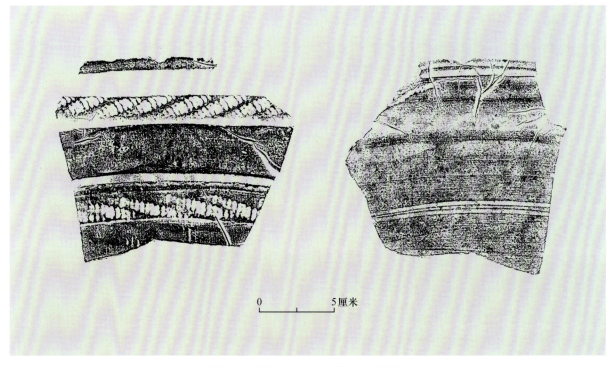

0　　　　　　5厘米

图3.39　陶盆（③：16）外、内面拓片

③：17，残。泥质灰陶。敛口，外折沿，斜方唇，斜弧腹，腹部饰两周凹弦纹，凹弦纹上下各饰一周柳叶状虫蛹纹。内面素面，轮制痕迹明显。复原口径39.1、沿宽1.9、残长14.5、残宽3.1、残高9.2、厚1.1厘米（图3.40、图3.41；彩版66；图版66）。

图3.40　陶盆（③：17）外、内、侧面照片

图3.41　陶盆（③：17）外、内面拓片

③：18，残。泥质灰陶。侈口，外折沿，方唇，斜弧腹，腹部饰一周柳叶状虫蛹纹，虫蛹纹下饰一周凹弦纹，内面素面，轮制痕迹明显。复原口径45.5、沿宽2.1、残长16.1、残宽3.1、残高9.4、厚1厘米（图3.42、图3.43；彩版67；图版67）。

图3.42　陶盆（③：18）外、内、侧面照片

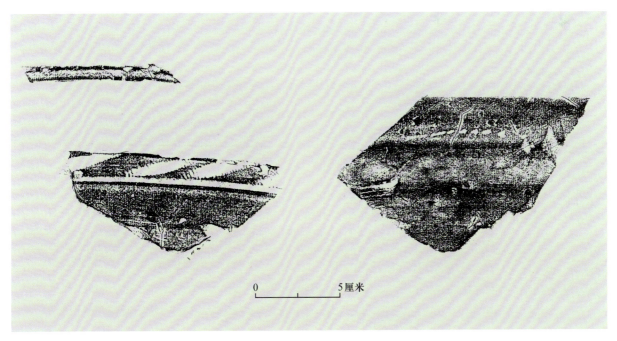

图3.43　陶盆（③：18）外、内面拓片

③：19，残。泥质灰陶。侈口，平沿外折，方唇，斜弧腹，内外面素面，内面有轮制痕迹。复原口径36.8、沿宽2、残长14.6、残宽5.7、残高8.1、厚0.8厘米（图3.44、图3.45；彩版68；图版68）。

图3.44　陶盆（③：19）外、内、侧面照片

图3.45　陶盆（③：19）外、内面拓片

2. 罐

1件。③：20，残。泥质灰陶。侈口，平沿外折，方唇，短束颈，斜肩，内外均素面，内面轮制痕迹明显。复原口径13.3、沿宽2、残长11.9、残宽5.2、残高5.5、厚1.1厘米（图3.46、图3.47；彩版69；图版69）。

图3.46　陶罐（③：20）外、内、侧面照片

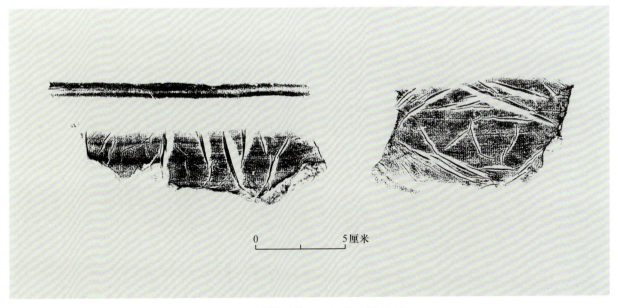

0 _____ 5厘米

图3.47　陶罐（③：20）外、内面拓片

3. 釜

1件。③：21，残。夹砂灰陶。侈口，方唇，尖沿，斜直腹，沿下1.8厘米饰凹弦纹1周，凹弦纹下饰细绳纹。复原口径24.4、沿宽0.9、残长9.3、残宽3.3、残高7.1、厚1厘米（图3.48、图3.49；彩版70；图版70）。

图3.48　陶釜（③：21）外、内、侧面照片

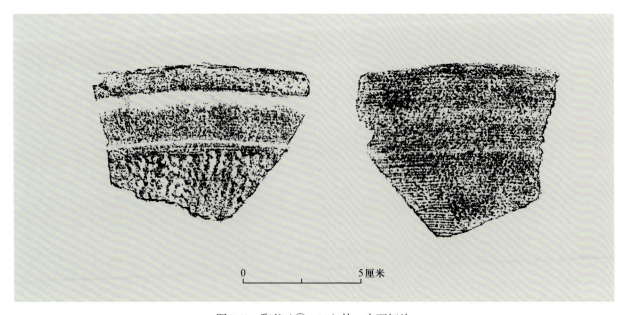

图3.49　陶釜（③：21）外、内面拓片

第二节 遗 迹

清理遗迹2种5个（表一），包括灰坑4座，沟1条。分别介绍如下。

一、灰 坑

4座，开口于第3层下3座，开口于第4层下1座，分别介绍如下（图3.50、图3.51）。

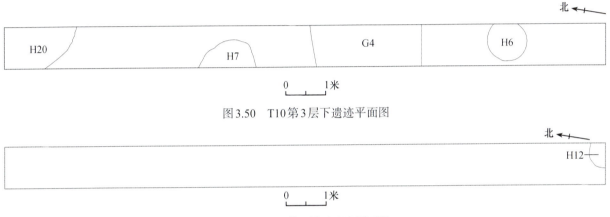

图3.50 T10第3层下遗迹平面图

图3.51 T10第4层下遗迹平面图

（一）H6

位于T10南部，东延伸出探方。开口于第3层下，口距地表深约1.5米，打破第4层。平面呈近圆形，直壁，凹底。开口径1、深0.7米。填土呈灰褐色，土质稍硬，结构致密，夹杂少量的红烧土颗粒（图3.52）。

（二）H7

位于T10中北部，西边延伸出探方。开口于第3层下，口距地表深约1.4米，打破第4层。平面呈近半圆形，斜壁，平底。开口南北长1.46、东西发掘宽0.68、深约0.5米。填土呈褐色，土质稍硬，结构致密，夹杂少量的红烧土颗粒（图3.53）。

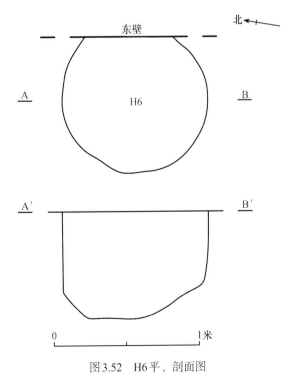

图3.52 H6平、剖面图

（三）H12

位于T10东南角打破自然淤积土，东南两边延伸出探方。开口于第4层下，打破自然淤积土，口距地表深约2.75米。平面呈圆弧形，直壁，平底。开口东西发掘长0.6、南北发掘宽0.4、深0.5米。填土呈褐色，土质软，结构疏松，内含少量的红烧土颗粒、木炭颗粒（图3.54）。

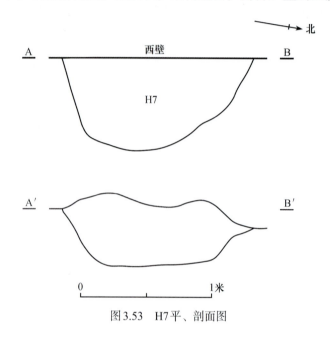

图3.53　H7平、剖面图

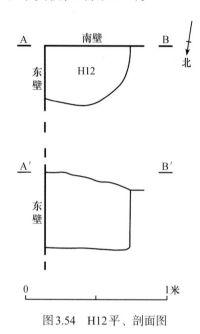

图3.54　H12平、剖面图

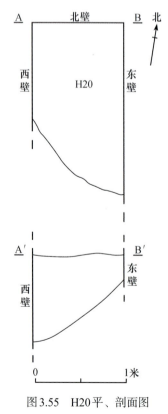

图3.55　H20平、剖面图

（四）H20

位于T10北部，东、西、北三边延伸出探方。开口于第3层下，口距地表深约1.44～1.5米，打破第4层。平面呈不规则形，斜壁，圜底。开口南北发掘长1.8、东西发掘宽1、深0.9米。填土呈褐色，土质较硬，结构致密，夹杂少量的红烧土颗粒（图3.55）。

二、沟

1条，开口于第3层下，介绍如下。

G4

位于T10中部，东西两向延伸出探方。开口于第3层下，口距地表深约1.5～1.64米，打破第4层。平面呈近长方形，东西向，斜壁，底近平。开口东西发掘长1、南北宽2.6~2.76、深0.68米。灰褐色，土质致密，夹杂少量的红烧土颗粒（图3.56）。

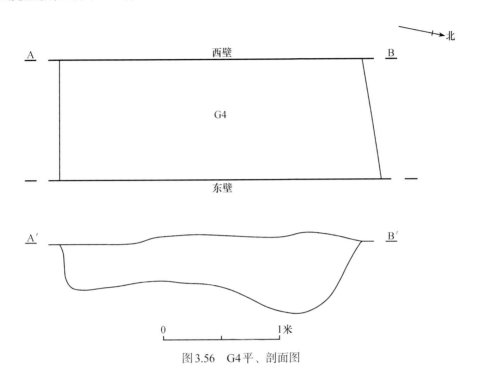

图3.56 G4平、剖面图

第三节 结 语

从发掘情况看，之前在勘探中初步判断为一号城南墙的遗存在发掘点未能发现和确认，相关遗存有待今后继续探寻。

第四章　T7

T7位于西安市阎良区武屯镇联党村南丁村东南，东南距T2约520米，西南距T3和T4约1000米。据勘探资料，此处疑似存在南北向夯土遗存，为验证勘探信息及地下遗存的性质与时代布设本探方。探方东西向，东西长30、南北宽2米。发掘工作从2014年7月19日开始，至2014年8月5日发掘结束（图4.1、图4.2）。

图4.1　T7总平面图

图4.2　T7全景照（东—西）

清理遗迹两种5个（灰坑4、房子1）（表4.1）。出土各类小件、标本117件，分陶器、石器、铁器、铜器、钱币、兽骨六类（表4.2）。此外还出土各类遗物残片1057块（建筑材料占73.27%、陶器占26.67%）（表4.3）。

表4.1　T7遗迹登记表

编号	形制	开口	打破关系	备注
H62	长方形	第1层下	打破F4夯土层，被H70打破	斜壁、底近平
H70	不规则形	第1层下	打破H62及F4夯土层	斜壁、坡底
H71	不规则形	第1层下	打破第2~4层，H73及F4夯土层	斜壁、底近平
H73	不规则形	第1层下	打破第2层，其东部被H71打破	斜壁、底近平
F4	长条形	第4层下	被第2~4层叠压，被H62、H70、H71打破	梯形

表4.2　T7出土小件、标本登记表

编号	名称	材质	保存	重量/千克	分型	规格/厘米 长	规格/厘米 宽/径	规格/厘米 厚
②:1	涡纹瓦当	陶	残	0.45	/	残长12.5、残宽12.4、当厚1.8		
②:2	板瓦	陶	残	1.7	Ba1	38.4	24.5	1.8
②:3	板瓦	陶	残	0.73	Ba1	23	18	1.4
②:4	板瓦	陶	残	0.3	Aa1	15.8	13.2	1.2
②:5	板瓦	陶	残	0.15	Ab3	13.5	5.2	1.3
②:6	板瓦	陶	残	0.17	Aa2	8	11	1.3
②:7	板瓦	陶	残	0.49	Ca3	15	15.5	1.5
②:8	板瓦	陶	残	0.51	Bb9	13.8	16.4	1.4
②:9	板瓦	陶	残	0.37	Cb2	14.2	17.5	1.2
②:10	筒瓦	陶	残	0.58	Bb4	残长21、残径13、厚1.5、唇长2.1、唇厚1.1		
②:11	筒瓦	陶	残	0.25	Bb4	残长13.8、残径9.3、厚1.1、唇长3、唇厚1		
②:12	筒瓦	陶	残	0.21	Aa2	11.8	10	1
②:13	筒瓦	陶	残	0.41	Aa4	16.5	11.5	1.2~1.6
②:14	筒瓦	陶	残	0.45	Ba4	残长19.5、残径12、厚1、唇长3、唇厚1.1		
②:15	筒瓦	陶	残	0.31	Aa1	10	16.3	1.2
②:16	陶盆	陶	残	0.3	/	复原口径48.5、沿宽4、残长27.1、残宽6.7、残高8.9、厚0.9		
②:17	陶钵	陶	残	0.04	/	复原口径16.5、沿宽0.6、残长10、残宽2.8、残高5.6、厚0.5		
②:18	板瓦	陶	残	0.43	Bb3	18.2	18.1	0.8~1.1
③:1	板瓦	陶	残	0.71	Ca1	18.5	20	1.3
③:2	板瓦	陶	残	0.5	Aa1	18.5	17	1.2
③:3	板瓦	陶	残	0.16	Ab1	12	8.2	1.4
③:4	板瓦	陶	残	0.25	Bc4	11	8	1.7
③:5	板瓦	陶	残	0.13	Bb9	7.8	11	1.3~1.5
③:6	筒瓦	陶	残	0.29	Bb4	残长14.7、残径8.5、厚1.4、瓦3.6、唇厚0.5~2.1		
③:7	筒瓦	陶	残	0.08	Ba2	7.5	7	1.4
③:8	筒瓦	陶	残	0.17	Ba1	11.3	9	1.2
③:9	蘑菇纹瓦当	陶	残	0.12	/	当复原径15.4、边轮宽0.8、边轮厚1.7、当厚1、缘深0.8		

续表

编号	名称	材质	保存	重量/千克	分型	规格/厘米		
						长	宽/径	厚
④：1	板瓦	陶	残	0.46	Ba1	13.5	20	1.4
④：2	板瓦	陶	残	0.23	Ab1	11.2	12	1.2
④：3	板瓦	陶	残	0.37	Ca1	18.5	12.5	1.5
④：4	板瓦	陶	残	0.1	Aa2	7.3	7.5	1.3
④：5	筒瓦	陶	残	0.39	Aa2	20	10	0.8～1.3
④：6	筒瓦	陶	残	0.05	Ba4	9.3	5	1.3
④：7	筒瓦	陶	残	0.1	Cb4	7	9.5	1.2
④：8	筒瓦	陶	残	0.15	Ac2	10.5	11.2	1.4
④：9	陶盒	陶	残	0.1	/	残宽12.1、残高7.3、厚0.6～1.7		
④：10	陶盆	陶	残	0.06	/	复原口径38.9、沿宽1.3、残长9.2、残宽2.5、残高4.6、厚0.8		
④：11	陶盆	陶	残	0.06	/	复原口径54.2、沿宽2.3、残长7.8、残宽3、残高6.3、厚1		
H62：1	铜环	铜	腐朽	5.7g	/	径3、粗0.42		
H62：2	铁圈	铁	残	120g	/	8.4	2.4	0.45
H62：3	板瓦	陶	残	0.82	Ba4	20	6.5	1.6
H62：4	板瓦	陶	残	0.42	Cb1	11.5	18.5	1.6
H62：5	板瓦	陶	残	0.21	Ac1	13.5	11.5	1.4
H62：6	板瓦	陶	残	0.24	Ca10	11	9.5	2
H62：7	板瓦	陶	残	0.34	Cb4	11.5	16	1.6
H62：8	板瓦	陶	残	0.19	Ba9-4	13	7	1.7
H62：9	筒瓦	陶	残	0.21	Cc4	9.5	13	1.4
H62：10	筒瓦	陶	残	0.4	Bc4	16	13	1.2
H62：11	筒瓦	陶	残	0.28	Aa1	残长18、残径11、厚0.9～1.3、唇长2.6、唇厚0.5		
H62：12	筒瓦	陶	残	0.21	Ab2	16.2	13.3	0.8
H62：13	朵云纹瓦当	陶	残	0.15	/	当复原径14.1、边轮宽1.1、边轮厚2.4、当厚1.6、缘深0.9		
H62：14	菱格纹砖	陶	残	0.73	/	16	11.3	4.5
H62：15	条砖	陶	残	1.68	/	18.5	13.9	4.4
H62：16	砺石	石	残	0.15	/	7.5	7.4	0.6～1.2
H62：17	陶盆	陶	残	0.84	/	复原口径26.8、沿宽2、高14.4、壁厚1.7、复原底径25、底厚1.2		
H62：18	陶钵	陶	残	0.17	/	复原口径24.8、沿宽1.2、高10.3、腹厚0.6、复原底径12.2、底厚1.5		
H62：19	陶罐	陶	残	0.26	/	残宽17.8、残高14、厚0.6～0.7		
H62：20	陶罐	陶	残	0.34	/	残宽18.3、残高14.2、厚0.9～1.1		
H62：21	陶瓮	陶	残	0.45	/	复原口径67.8、沿宽4.2、残长17.4、残宽11.1、残高2.9、厚1.7		
H70①：1	板瓦	陶	残	0.62	Ab4	17.5	18	0.9～1.4
H70①：2	板瓦	陶	残	0.21	Aa9	9.7	8	1.8
H70①：3	板瓦	陶	残	0.3	Ca3	13.5	13	1.5

编号	名称	材质	保存	重量/千克	分型	规格/厘米		
						长	宽/径	厚
H70①：4	板瓦	陶	残	0.33	Aa1	13.5	11.7	1.1~1.8
H70①：5	板瓦	陶	残	0.36	Ca10	9.5	12.7	2.1
H70①：6	筒瓦	陶	残	0.23	Bc4	10.6	10.7	1.3
H70①：7	筒瓦	陶	残	0.45	D4	残长9.5、残径13.9、厚0.8~1.6、唇长3、唇厚1.4		
H70①：8	纺轮	陶	残	0.36	/	郭径9、厚1.5、孔径1.3、孔深1.5		
H70①：9	陶钵	陶	残	0.26	/	口径10.8、沿宽0.6、高4.4、壁厚0.6、底径7.7		
H70①：10	铜钱	铜	残	0.7g	/	郭径2.5、穿宽0.7、厚0.1		
H70②：1	朵云纹瓦当	陶	残	0.35	/	当复原径14.7、当心径3.5、残长12.6、残宽10.1、当厚2.1		
H71：1-1	五铢	铜	完整	2.5克	/	郭径2.6、穿宽0.9~1、厚0.15		
H71：1-2	五铢	铜	完整	4克	/			
H71：2	铜钱	铜	腐朽	0.9克	/	郭径2.6、穿宽0.7、厚0.1		
H71：3	铁器	铁	残	0.21	/	16.9	5.85	0.45
H71：4	板瓦	陶	残	0.63	Ca9-4	22.3	13.5	1.6
H71：5	板瓦	陶	残	0.7	Ba4	19	16	1.5
H71：6	板瓦	陶	残	0.44	Cb9-4	11.5	15.1	1.8
H71：7	板瓦	陶	残	0.45	Ca2	16	17	1.6
H71：8	板瓦	陶	残	0.36	Bc4	11.7	12	2
H71：9	板瓦	陶	残	0.26	Cb10	8	16.3	2
H71：10	板瓦	陶	残	0.17	Cb3	9.5	12.3	1.2
H71：11	板瓦	陶	残	0.36	Ba1	14.5	13	1.5~1.9
H71：12	板瓦	陶	残	0.27	Bb1	9	15.7	1.5
H71：13	筒瓦	陶	残	0.47	Bc4	15	14.7	2
H71：14	筒瓦	陶	残	0.51	Bc4	19	13	1.4
H71：15	素面砖	陶	残	1.02	素面	14.7	9.5	5
H71：16	陶盆	陶	残	0.23	/	口径23.9、沿宽2.2、高8.7、壁厚1.1、底径12.4		
H71：17	陶盆	陶	残	0.24	/	复原口径51.6、沿宽3.8、残长23.1、残宽6.4、残高7.7、厚0.9		
H71：18	器盖	陶	残	0.09	/	复原底径11.8、残长10.8、残宽8.6、残高3.7、底厚0.7		
H71：19	陶罐	陶	残	0.24	/	复原口径22.9、沿宽2.3、残长15.9、残宽8.9、残高5、厚1.3		
H71：20	陶罐	陶	残	0.21	/	复原口径21.9、沿宽1.2、残长17.2、残宽11.2、残高5.3、腹厚0.8		
H71：21	兽骨	骨	残	0.1	/	残长9.5		
H73：1	铁犁	铁	残	0.15	/	19.6	3.6~6.5	1.6
H73：2	板瓦	陶	残	0.33	Ca9-4	13.8	8.5	1.6
H73：3	板瓦	陶	残	0.4	Ca9	12.8	13.4	1.8
H73：4	板瓦	陶	残	0.18	Ba4-9	12	10	1~1.5
H73：5	板瓦	陶	残	0.36	Ca10	13.7	14.3	1.5
H73：6	板瓦	陶	残	0.43	Bc4	14.5	9.3	2

续表

编号	名称	材质	保存	重量/千克	分型	规格/厘米		
						长	宽/径	厚
H73：7	板瓦	陶	残	0.47	Ac4	22.7	9.8	1.6
H73：8	板瓦	陶	残	0.46	Cb3	13.3	15.8	1.2
H73：9	板瓦	陶	残	0.13	Bb1	8	10.5	1.3
H73：10	板瓦	陶	残	0.39	Cb4	14.2	18	1.1
H73：11	板瓦	陶	残	0.17	Aa1	9.8	9.3	1.2
H73：12	筒瓦	陶	残	0.27	Cc4	11	11.5	1.4
H73：13	筒瓦	陶	残	0.4	Bc4	残长16、残宽11.5、厚1.4、瓦长4、唇厚1.1		
H73：14	筒瓦	陶	残	0.28	Ac4	15	11	1.2
H73：15	陶饼	陶	残	0.02	/	径4.5、厚0.7		
H73：16	条砖	陶	残	2.13	/	19.9	15	5.4
H73：17	陶盆	陶	残	0.19	/	复原口径40.9、沿宽3.9、残长17.1、残宽6.2、残高7.7、厚0.9		
H73：18	陶盆	陶	残	0.22	/	复原口径81.1、沿宽5.1、残长10.6、残宽7.1、残高8.1、腹厚1		
F4夯土层：1	板瓦	陶	残	0.09	Aa1	8	9	1
F4夯土层：2	板瓦	陶	残	0.06	Bc1	5.3	7	1.2
F4夯土层：3	筒瓦	陶	残	0.09	Ab2	9.2	8	0.9
F4夯土层：4	砺石	石	残	0.13	/	8.5	4.6	0.5～1.2
F4夯土层：5	陶釜	陶	残	0.09	/	复原口径23.5、沿宽1.4、残长10.7、残宽5.4、残高3.7、厚0.8		
F4夯土层：6	陶罐	陶	残	0.11	/	复原口径10.5、沿宽0.6、残长10.5、残宽14.3、残高5.9、厚1		
F4夯土层：7	板瓦	陶	残	0.83	Ba1	21.2	23.5	0.9～1.2

表4.3　T7出土器物数量统计表

名称	型	②/件	③/件	④/件	H62/件	H70/件	H71/件	H73/件	F4/件	合计/件	百分比/%	总百分比/%
		灰	灰	灰	灰	灰	灰	灰	灰			
板瓦	Ab1	12	2	9	/	/	/	/	/	23	2.18	55.32
	Aa1	20	/	1	/	/	/	15	12	48	4.54	
	Bb1	13	/	29	35	/	9	6	/	92	8.70	
	Ba1	30	7	/	/	1	4	/	/	42	3.97	
	Cb1	28	15	10	10	1	10	30	/	104	9.84	
	Aa2	3	/	/	/	/	/	/	/	3	0.28	
	Bc2	/	/	3	/	/	/	/	/	3	0.28	
	Bb2	/	/	3	/	/	/	/	/	3	0.28	
	Cc2	1	/	/	/	/	/	/	/	1	0.09	
	Cb2	/	/	/	/	/	1	/	/	1	0.09	
	Bc4	/	/	/	45	1	50	95	/	191	18.07	
	Cc4	/	4	/	6	1	8	15	/	34	3.22	
	Cb10	/	/	/	5	2	6	6	/	19	1.80	
	Bb9	/	/	/	/	/	/	4	/	4	0.38	
	Ba9	/	/	/	/	/	1	/	/	1	0.09	
	Cb9	4	1	/	2	/	6	3	/	16	1.51	

续表

名称	型	②/件	③/件	④/件	H62/件	H70/件	H71/件	H73/件	F4/件	合计/件	百分比/%	总百分比/%
		灰	灰	灰	灰	灰	灰	灰	灰			
筒瓦	Ac2	/	/	/	/	/	/	/	1	1	0.09	16.16
	Ab2	2	/	/	/	/	/	/	/	2	0.19	
	Bc2	/	/	/	/	/	20	/	/	20	1.89	
	Bb2	/	3	/	2	/	/	/	/	5	0.47	
	Ab4	/	/	/	/	/	/	/	5	5	0.47	
	Bc4	8	10	/	20	5	/	37	/	80	7.57	
	Bb4	/	/	9	/	/	/	/	/	9	0.85	
	Ba4	25	/	/	/	/	/	/	/	25	2.37	
	Cc4	/	/	/	4	/	6	4	/	14	1.32	
	Cb4	/	/	1	/	/	/	/	/	1	0.09	
	Aa1	6	/	/	/	/	/	/	/	6	0.57	
	Ba1	/	1	/	1	/	/	1	/	3	0.28	
砖	素面	/	/	/	3	2	5	4	/	14	1.32	1.60
	绳纹	/	/	/	1	/	/	/	/	1	0.09	
	菱格纹	/	/	/	2	/	/	/	/	2	0.19	
瓦当	云纹	/	1	/	1	/	/	/	/	2	0.19	0.19
陶饼	素面	/	/	/	/	/	/	1	/	1	0.09	0.09
陶纺轮	绳纹	/	/	/	/	1	/	/	/	1	0.09	0.09
陶片	刻划纹	1	/	1	7	/	4	/	/	13	1.23	26.49
	凹弦纹	3	/	/	1	/	5	3	12	24	2.27	
	间断绳纹	1	/	/	14	/	/	2	/	17	1.61	
	素面	7	/	8	66	10	24	34	38	187	17.69	
	印纹	/	/	2	/	/	/	2	/	4	0.38	
	篦划纹	/	/	/	2	/	/	/	/	2	0.19	
	竖条纹	/	/	/	/	/	3	2	/	5	0.47	
	绳纹	/	/	/	/	/	/	/	28	28	2.65	
合计	/	164	44	76	227	25	161	264	96	1057	100.00	100.00
百分比/%	/	15.52	4.16	7.19	21.48	2.37	15.23	24.98	9.08	100.00		

第一节 地 层

根据土质、土色及包含物的不同，T7内地层堆积分为4层，地层堆积按四壁介绍，出土遗物以北壁统计介绍。

一、地层堆积

（一）北壁

第1层：浅褐色土。厚0.3～0.34米。分布全方，堆积近平。土质软，结构疏松。内含大量的植物根系、塑料、瓦片、黑白瓷片。H62、H70、H71、H73开口于此层下。

第2层：浅黄色土。深0.3～0.34米，厚0.64～0.68米。分布探方西部，堆积呈波状。土质软，结构疏松。内含少量瓦片、陶片。出土遗物残片占探方出土遗物总数15.52%。据本层出土遗物残片统计，板瓦占68.28%，其中Ab1型占7.19%，Aa1型占11.98%，Aa2型占1.8%，Bb1型占7.78%，Ba1型占17.96%，Cb9型占2.4%，Cb10型占1.8%，Cb1型占16.77%，Cc2型占0.6%。筒瓦占24.55%，其中Aa1型占3.59%，Ab2型占1.2%，Ba4型占14.97%，Bc4型占4.79%。陶片占7.19%，其中刻划纹占0.6%，凹弦纹占1.8%，间断绳纹占0.6%，素面占4.19%（表4.4）。

表4.4　T7第2层出土遗物数量统计表

名称	型	灰陶/件	百分比/%	总百分比/%
板瓦	Ab1	12	7.19	68.28
	Aa1	20	11.98	
	Bb1	13	7.78	
	Ba1	30	17.96	
	Cb1	28	16.77	
	Cc2	1	0.60	
	Aa2	3	1.80	
	Cb10	3	1.80	
	Cb9	4	2.40	
筒瓦	Bc4	8	4.79	24.55
	Ba4	25	14.97	
	Aa1	6	3.59	
	Ab2	2	1.20	
陶片	刻划纹	1	0.60	7.19
	凹弦纹	3	1.80	
	间断绳纹	1	0.60	
	素面	7	4.19	
合计	/	167		100.00
百分比/%	/	100.00		

第3层：浅黄褐色土。深0.94～0.96米，厚0.4～0.42米。分布于探方西部，堆积呈波状。土质软，结构疏松。内含少量瓦片、陶片。出土遗物残片占探方出土遗物总数4.16%。据本层出土遗物残片统计，板瓦占65.91%，其中Ab1型占4.55%，Ba1型占15.91%，Cc4型占9.09%，Cb1型占34.09%，Cb9型占2.27%。筒瓦占31.82%，其中Ba1型占2.27%，Bb2型占6.82%，Bc4型占22.73%。瓦当占2.27%，均为云纹瓦当（表4.5）。

表4.5　T7第3层出土遗物数量统计表

名称	型	灰陶/件	百分比/%	总百分比/%
板瓦	Ab1	2	4.55	65.91
	Ba1	7	15.91	
	Cb1	15	34.09	
	Cc4	4	9.09	
	Cb9	1	2.27	

名称	型	灰陶/件	百分比/%	总百分比/%
筒瓦	Ba1	1	2.27	31.82
	Bb2	3	6.82	
	Bc4	10	22.73	
瓦当	云纹	1	2.27	2.27
合计	/	44		100.00
百分比/%	/	100.00		

第4层：浅褐色土。深1.34～1.37米，厚0.74～0.76米。分布探方西部，堆积呈波状。土质硬，结构略致密。内含少量瓦片、陶片。出土遗物残片占探方出土遗物总数7.19%。据本层出土器物残片统计，板瓦占72.38%，其中Aa1型占1.32%，Ab1型占11.84%，Ba1型占38.16%，Cb1型占13.16%，Bc2型占3.95%，Bb2型占3.95%。筒瓦占13.16%，其中Bb4型占11.84%，Cb4型占1.32%。陶片占14.48%，其中刻划纹占1.32%，印纹占2.63%，素面占10.53%（表4.6）。F4开口于此层下（图4.3）。

表4.6　T7第4层出土遗物数量统计表

名称	型	灰陶/件	百分比/%	总百分比/%
板瓦	Ab1	9	11.84	72.38
	Aa1	1	1.32	
	Ba1	29	38.16	
	Cb1	10	13.16	
	Bc2	3	3.95	
	Bb2	3	3.95	
筒瓦	Bb4	9	11.84	13.16
	Cb4	1	1.32	
陶片	刻划纹	1	1.32	14.48
	印纹	2	2.63	
	素面	8	10.53	
合计	/	76		100.00
百分比/%	/	100.00		

（二）东壁

第1层：浅褐色土。厚0.3～0.37米。分布全方，堆积近平。土质软，结构疏松。内含大量的植物根系、塑料、绳纹瓦片、黑白瓷片。H62、H70、H71、H73开口于此层下。

第2层：浅黄色土。深0.3～0.37、厚0.16～1米。分布探方西部，堆积呈波状。土质软，结构疏松。内含少量瓦片、陶片（图4.4、图4.5）。

图 4.3 T7 北壁剖面图

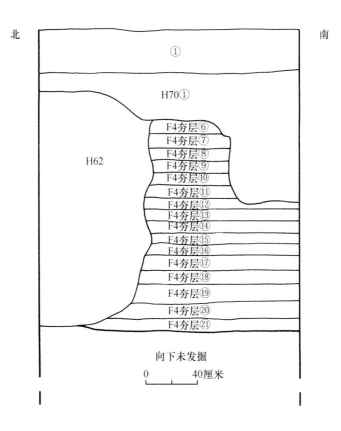

图 4.4　T7 东壁剖面图

图 4.5　T7 东壁剖面照（西—东）

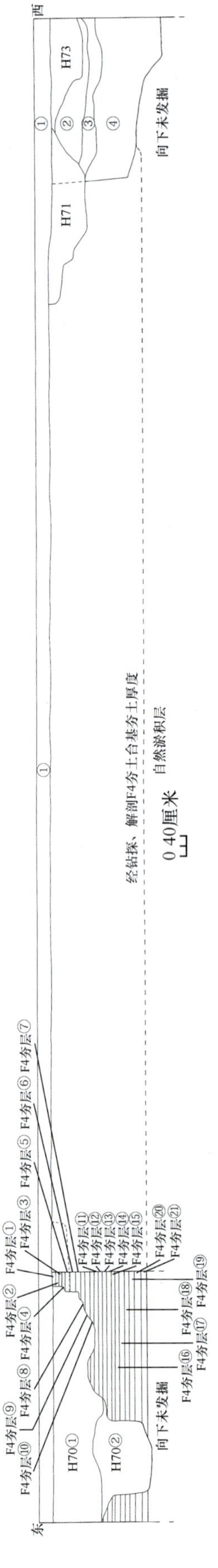

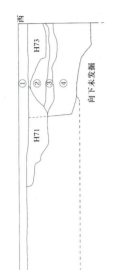

西
H73
①
②
③
④
向下未发掘
H71
经钻探、解剖F4夯土台基夯土厚度
自然淤积层
0 40厘米
H70①
H70②
东

图4.6　T7南壁剖面图

（三）南壁

第1层：浅褐色土。厚0.3～0.34米。分布全方，堆积近平。土质软，结构疏松，内含大量的植物根系、塑料、绳纹瓦片、黑白瓷片等。H62、H70、H71、H73开口于此层下。

第2层：浅黄色土。深0.3～0.34、厚0.1～0.12米。分布探方西部，堆积呈波状。土质软，结构疏松。内含少量瓦片、陶片。

第3层：浅黄褐色土。深0.98～1、厚0.36～0.38米。分布探方西部，堆积呈波状。土质软，结构疏松。内含少量瓦片、陶片。

第4层：浅褐色土。深1.26～1.28、厚1.35～1.37米。分布探方西部，堆积呈波状。土质硬，结构略致密。内含少量瓦片、陶片（图4.6）。

（四）西壁

第1层：浅褐色土。厚0.3～0.37、分布全方，堆积近平。土质软，结构疏松，浅褐色杂土，内含大量的植物根系、塑料、绳纹瓦片、黑白瓷片等。H73开口于此层下。

第2层：浅黄色土。深0.3～0.37、厚0.1～0.64米。分布探方西部，堆积呈波状。土质软，结构疏松。内含少量瓦片、陶片。

第3层：浅黄褐色土。深0.9～1、厚0.26～0.4米。分布探方西部，堆积呈波状。土质软，结构疏松。内含少量瓦片、陶片。

南
北
①
H73
②
③
④
向下未发掘
0 40厘米

图4.7　T7西壁剖面图

第4层：浅褐色土。深1.24～1.36、厚0.76～1.36米。分布探方西部，堆积呈波状。土质硬，结构略致密。内含少量瓦片、陶片。F4开口于此层下（图4.7）。

第4层下为黄色生土，向下钻探2米亦为黄色生土，未继续向下发掘。

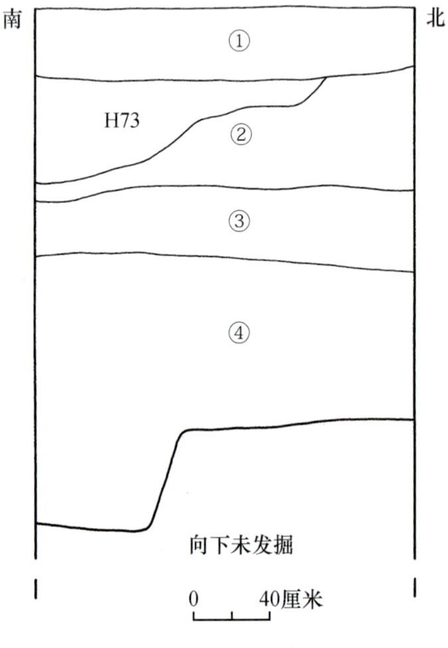

二、出土遗物

出土小件、标本38件，分建筑材料、陶器两类（表4.2）。分别介绍如下。

（一）建筑材料

根据用途，有板瓦、筒瓦、瓦当三种。分别介绍如下。

1. 板瓦

18件。均为弧形板瓦，据表面绳纹粗细，分属A、B、C三型。分别介绍如下。

A型　7件。分四亚型。

Aa1型　2件。表面饰细交错绳纹，内面素面。

②：4，残。灰陶。残长15.8、残宽13.2、厚1.2厘米（图4.8、图4.9）。

图4.8　Aa1型板瓦（②：4）表、内面照片

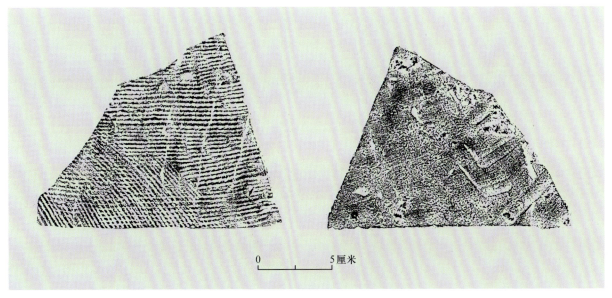

图4.9　Aa1型板瓦（②：4）表、内面拓片

③：2，残。灰陶。残长18.5、残宽17、厚1.2厘米（图4.10、图4.11）。

Aa2型　2件。表面饰细交错绳纹，内面饰麻点纹。

②：6，残。灰陶。残长8、残宽11、厚1.3厘米（图4.12、图4.13）。

④：4，残。灰陶。残长7.3、残宽7.5、厚1.3厘米（图4.14、图4.15）。

Ab1型　2件。表面饰细斜绳纹，内面素面。

③：3，残。灰陶。残长12、残宽8.2、厚1.4厘米（图4.16、图4.17）。

图4.10　Aa1型板瓦（③：2）表、内面照片

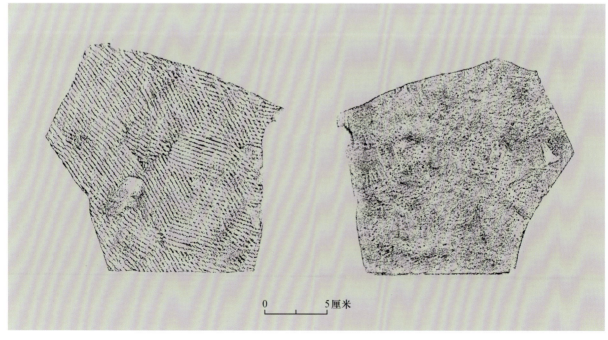

图4.11　Aa1型板瓦（③：2）表、内面拓片

图4.12　Aa2型板瓦（②：6）表、内面照片

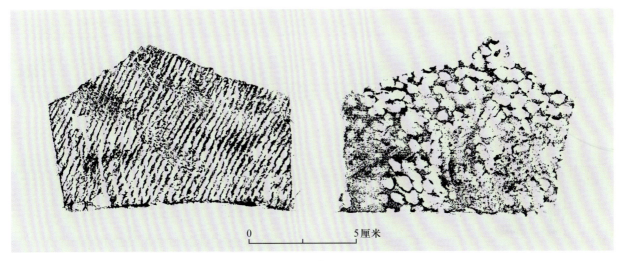

0　　　　　　　　　5厘米

图4.13　Aa2型板瓦（②：6）表、内面拓片

图4.14　Aa2型板瓦（④：4）表、内面照片

图4.15 Aa2型板瓦（④：4）表、内面拓片

图4.16 Ab1型板瓦（③：3）表、内面照片

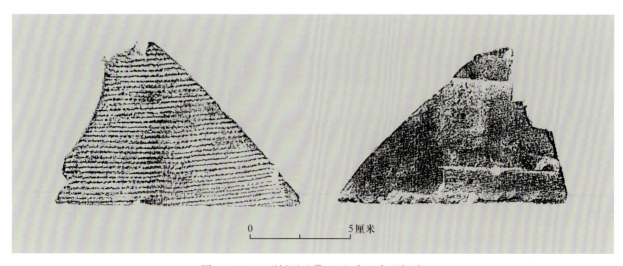

图4.17 Ab1型板瓦（③：3）表、内面拓片

④：2，残。灰陶。一端有绳纹抹平部分宽7厘米，残长11.2、残宽12、厚1.2厘米（图4.18、图4.19）。

图4.18 Ab1型板瓦（④：2）表、内面照片

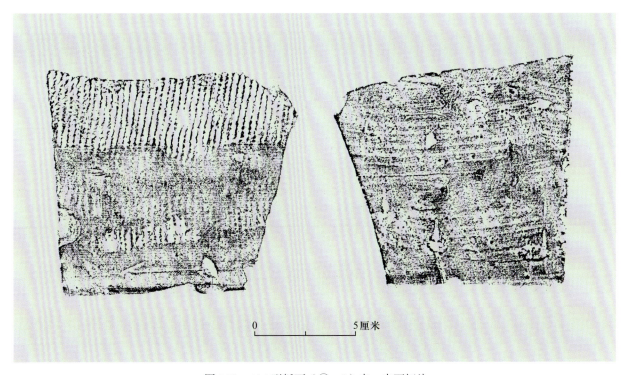

0　　　　　5厘米

图4.19 Ab1型板瓦（④：2）表、内面拓片

Ab3型　1件。②：5，残。灰陶。表面饰细斜绳纹，内面饰篦纹。残长13.5、残宽5.2、厚1.3厘米（图4.20、图4.21）。

图4.24　Ba1型板瓦（②：3）表、内面照片

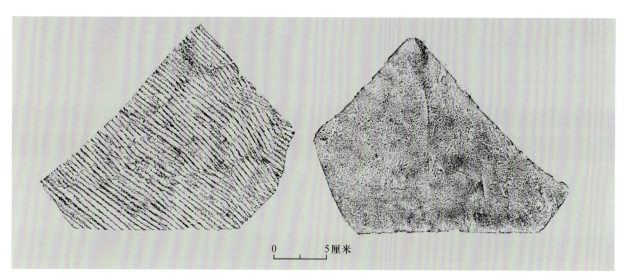

图4.25　Ba1型板瓦（②：3）表、内面拓片

图4.26　Ba1型板瓦（④：1）表、内面照片

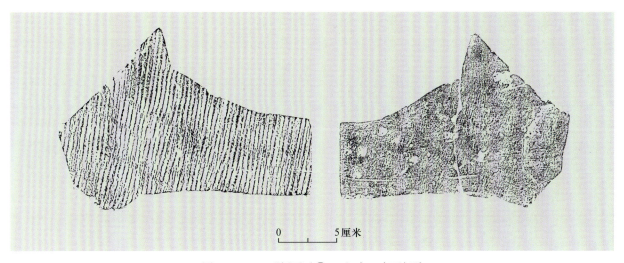

图 4.27 Ba1 型板瓦（④：1）表、内面拓片

图 4.28 Bb3 型板瓦（②：18）表、内面照片

图 4.29 Bb3 型板瓦（②：18）表、内面拓片

Bb9型　2件。表面饰中粗斜绳纹，内面饰小菱形纹。

②：8，残。灰陶。残长13.8、残宽16.4、厚1.4厘米（图4.30、图4.31；彩版71；图版71）。

图4.30　Bb9型板瓦（②：8）表、内面照片

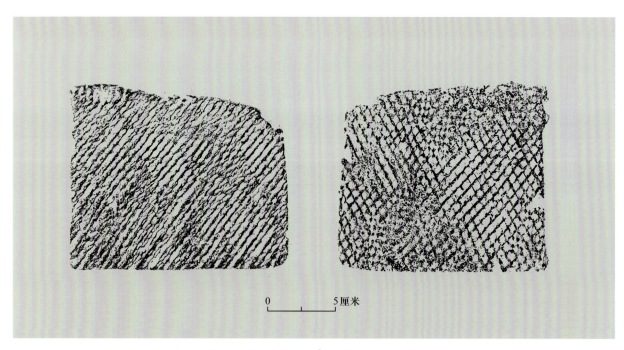

0 　　　　5厘米

图4.31　Bb9型板瓦（②：8）表、内面拓片

③：5，残。灰陶。残长7.8、残宽11、厚1.3～1.5厘米（图4.32、图4.33）。

　　Bc4型　1件。③：4，残。灰陶。表面饰中粗直绳纹，内面饰布纹。残长11、残宽8、厚1.7厘米（图4.34、图4.35）。

图4.32 Bb9型板瓦（③：5）表、内面照片

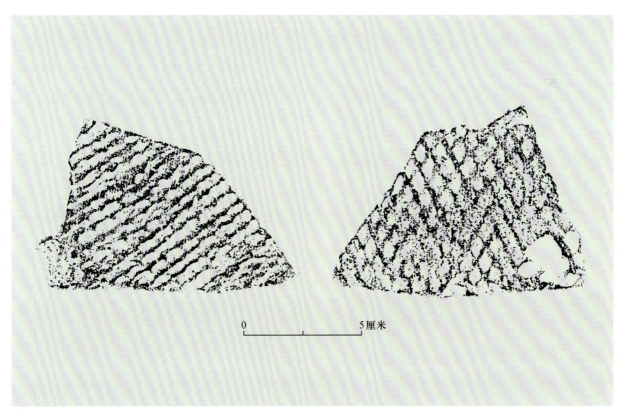

0　　　　　5厘米

图4.33 Bb9型板瓦（③：5）表、内面拓片

图4.34　Bc4型板瓦（③：4）表、内面照片

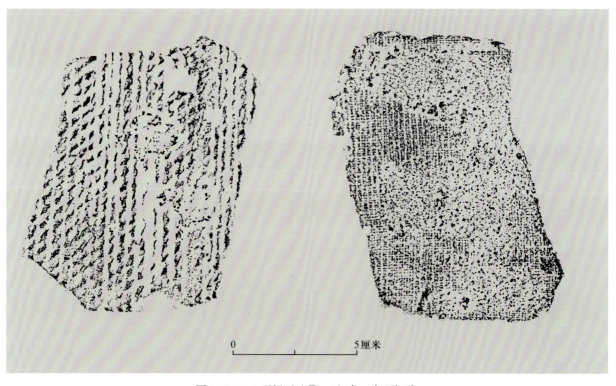

图4.35　Bc4型板瓦（③：4）表、内面拓片

C型　4件。分三亚型。

Ca1型　2件。表面饰粗交错绳纹，内面素面。

③：1，残。灰陶。残长18.5、残宽20、厚1.3厘米（图4.36、图4.37）。

④：3，残。灰陶。残长18.5、残宽12.5、厚1.5厘米（图4.38、图4.39）。

图4.36　Ca1型板瓦（③：1）表、内面照片

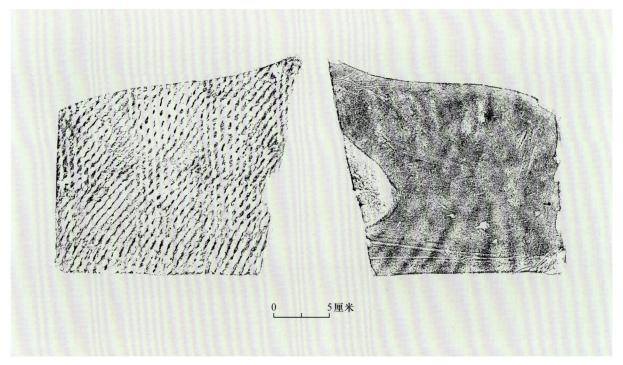

0 ├──┼──┤ 5厘米

图4.37　Ca1型板瓦（③：1）表、内面拓片

Ca3型　1件。②：7，残。灰陶。表面饰粗交错绳纹，内面饰篦纹。残长15、残宽15.5、厚1.5厘米（图4.40、图4.41）。

Cb2型　1件。②：9，残。灰陶。表面饰粗斜绳纹，内面饰麻点纹。残长14.2、残宽17.5、厚1.2厘米（图4.42、图4.43）。

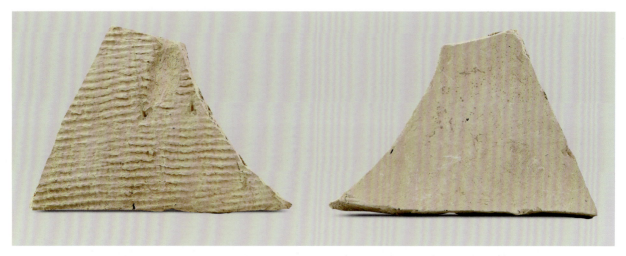

图4.38　Ca1型板瓦（④：3）表、内面照片

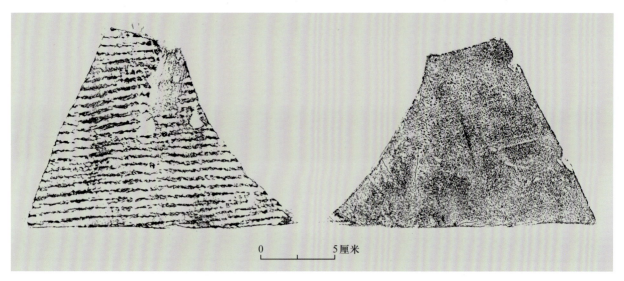

0 ⊢──────┤ 5厘米

图4.39　Ca1型板瓦（④：3）表、内面拓片

图4.40　Ca3型板瓦（②：7）表、内面照片

0　　　　　5厘米

图4.41　Ca3型板瓦（②：7）表、内面拓片

图4.42　Cb2型板瓦（②：9）表、内面照片

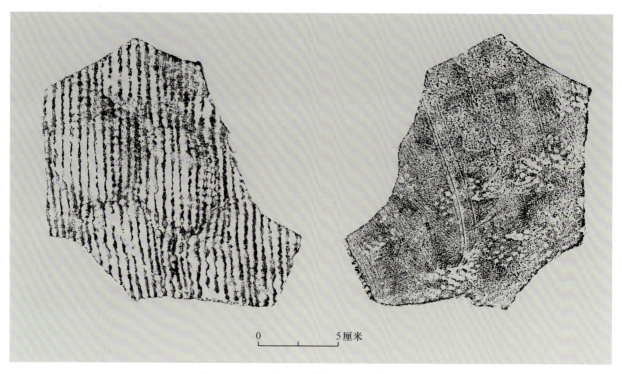

图4.43　Cb2型板瓦（②∶9）表、内面拓片

2. 筒瓦

13件。据表面绳纹粗细，分属A、B、C三型。分别介绍如下。

A型　5件。分四亚型。

Aa1型　1件。②∶15，残。灰陶。表面饰细交错绳纹，内面素面。残长10、残径16.3、厚1.2厘米（图4.44、图4.45）。

图4.44　Aa1型筒瓦（②∶15）表、内面照片

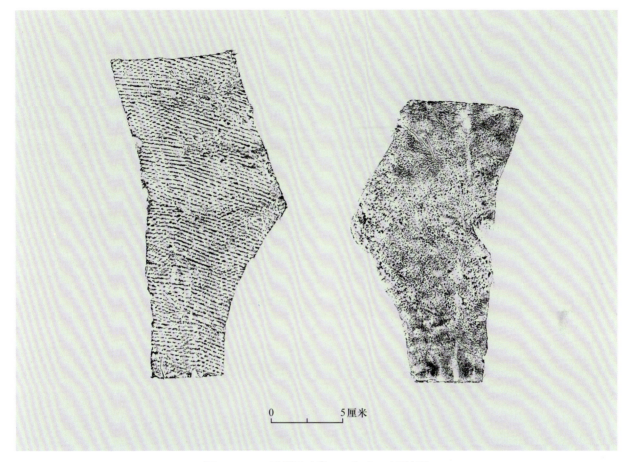

图4.45 Aa1型筒瓦（②：15）表、内面拓片

Aa2型 2件。表面饰细交错绳纹，内面饰麻点纹。

②：12，残。灰陶。残长11.8、残径10、厚1厘米（图4.46、图4.47）。

图4.46 Aa2型筒瓦（②：12）表、内面照片

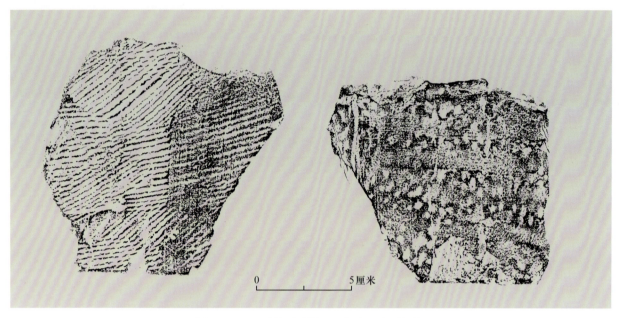

图4.47　Aa2型筒瓦（②：12）表、内面拓片

④：5，残。灰陶。残长20、残径10、厚0.8～1.3厘米（图4.48、图4.49）。

图4.48　Aa2型筒瓦（④：5）表、内面照片

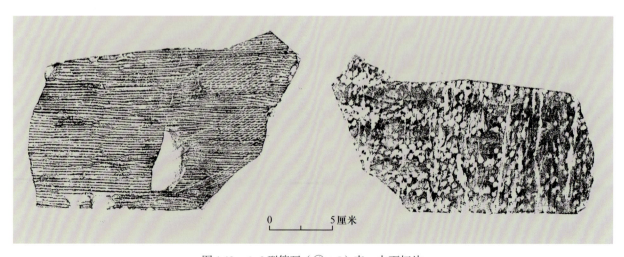

图4.49　Aa2型筒瓦（④：5）表、内面拓片

Aa4型 1件。②：13，残。灰陶。表面饰细交错绳纹，内面饰布纹。残长16.5、残径11.5、厚1.2～1.6厘米（图4.50、图4.51）。

图4.50 Aa4型筒瓦（②：13）表、内面照片

图4.51 Aa4型筒瓦（②：13）表、内面拓片

Ac2型 1件。④：8，残。灰陶。表面饰细直绳纹，内面饰麻点纹。残长10.5、残径11.2、厚1.4厘米（图4.52、图4.53）。

B型 7件。分四亚型。

Ba1型 1件。③：8，残。灰陶。表面饰中粗交错绳纹，内面素面。残长11.3、残径9、厚1.2厘米（图4.54、图4.55）。

Ba2型 1件。③：7，残。灰陶。表面饰中粗交错绳纹，内面饰麻点纹。残长7.5、残径7、厚1.4厘米（图4.56、图4.57）。

图4.52　Ac2型筒瓦（④：8）表、内面照片

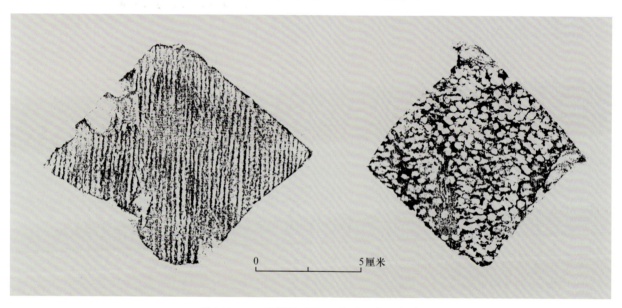

图4.53　Ac2型筒瓦（④：8）表、内面拓片

图4.54　Ba1型筒瓦（③：8）表、内面照片

图 4.55　Ba1 型筒瓦（③：8）表、内面拓片

图 4.56　Ba2 型筒瓦（③：7）表、内面照片

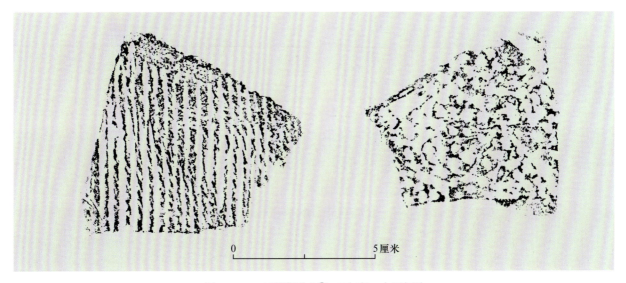

图 4.57　Ba2 型筒瓦（③：7）表、内面拓片

Ba4型　2件。表面饰中粗交错绳纹，内面饰布纹。

②：14，残。灰陶。瓦表面抹平部分宽3.8厘米，残长19.5、残径12、厚1、唇长3、唇厚1.1厘米（图4.58、图4.59）。

图4.58　Ba4型筒瓦（②：14）表、内面照片

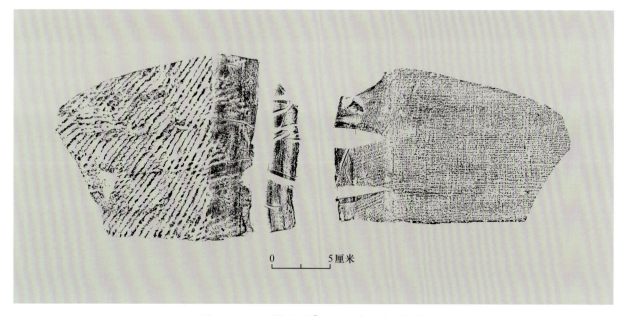

图4.59　Ba4型筒瓦（②：14）表、内面拓片

④：6，残。灰陶。残长9.3、残径5、厚1.3厘米（图4.60、图4.61）。

Bb4型　3件。表面饰中粗斜绳纹，内面饰布纹。

②：10，残。灰陶。瓦唇向下抹平部分宽3.4厘米，残长21、残径13、厚1.5、唇长2.1、唇厚1.1厘米（图4.62、图4.63）。

②：11，残。灰陶。瓦表面有两周浅凹弦纹，瓦唇向下抹平部分宽3.2厘米，残长13.8、残径9.3、厚1.1、唇长3、唇厚1厘米（图4.64、图4.65）。

图4.60 Ba4型筒瓦（④：6）表、内面照片

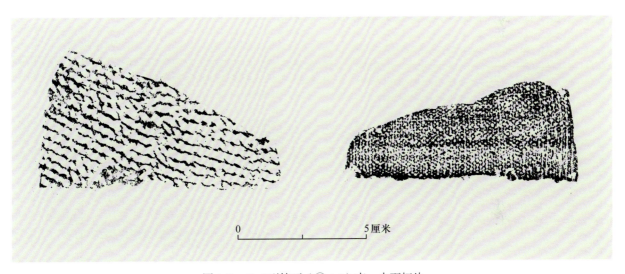

0　　　　　　　5厘米

图4.61 Ba4型筒瓦（④：6）表、内面拓片

图4.62 Bb4型筒瓦（②：10）表、内面照片

图4.63　Bb4型筒瓦（②：10）表、内面拓片

图4.64　Bb4型筒瓦（②：11）表、内面照片

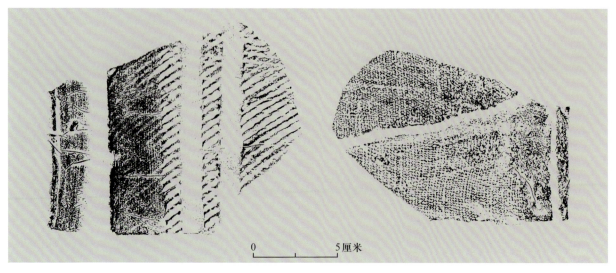

图4.65　Bb4型筒瓦（②：11）表、内面拓片

③：6，残。灰陶。瓦唇向下绳纹抹平残长14.7、残径8.5、厚1.4、瓦3.6、唇厚0.5～2.1厘米（图4.66、图4.67）。

图4.66　Bb4型筒瓦（③：6）表、内面照片

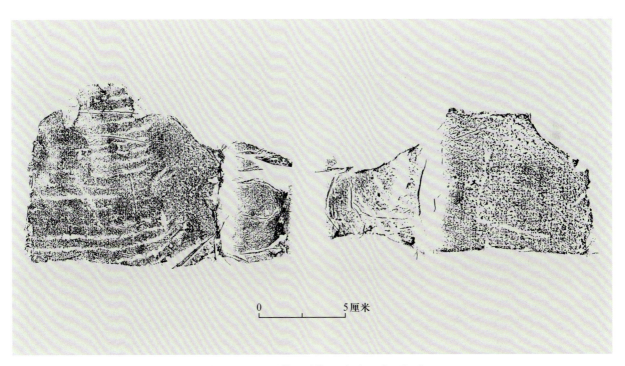

图4.67　Bb4型筒瓦（③：6）表、内面拓片

C型　1件。属Cb4型。④：7，残。灰陶。表面饰粗斜绳纹，内面饰布纹。残长7、残径9.5、厚1.2厘米（图4.68、图4.69）。

图4.68　Cb4型筒瓦（④：7）表、内面照片

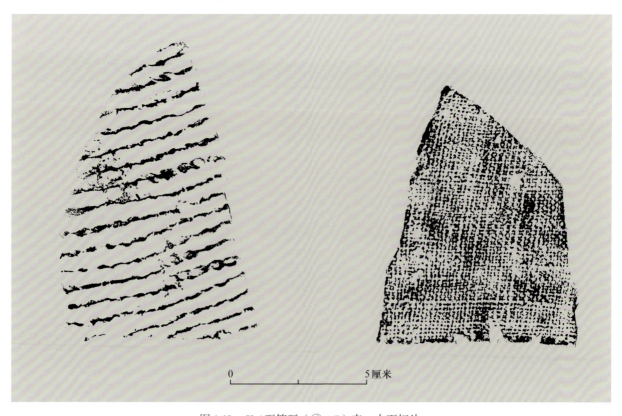

0　　　　　　　　　　5厘米

图4.69　Cb4型筒瓦（④：7）表、内面拓片

3. 瓦当

2件。据当面纹饰不同，分两种。分别介绍如下。

涡纹瓦当 1件。②：1，残。灰色。当面单界格线四分当面不穿当心。当心饰小方格纹，外一圆。当面每界格内自当心圆伸出一对相背涡纹。当背面制作粗糙，凹凸不平。有一道窄条形凸起纹横穿当面，有绳切痕迹。残长12.5、残宽12.4、当厚1.8厘米（图4.70、图4.71；彩版72；图版72）。

图4.70 涡纹瓦当（②：1）正、背面照片

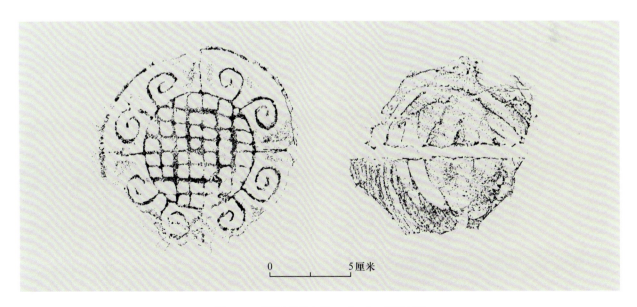

0   5厘米

图4.71 涡纹瓦当（②：1）正、背面拓片

蘑菇纹瓦当 1件。③：9，残。灰色。当残块当面存一双界格不穿当心。当心饰斜方格纹，外一圆。每界格线顶部有一朵双卷云纹。当背面较规整，有绳切痕迹。当复原径15.4、边轮宽0.8、边轮厚1.7、当厚1、缘深0.8厘米（图4.72、图4.73；彩版73；图版73）。

图4.72　蘑菇纹瓦当（③：9）正、背面照片

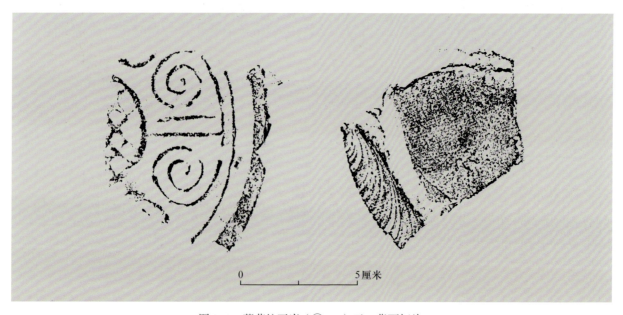

0　　　　　　5厘米

图4.73　蘑菇纹瓦当（③：9）正、背面拓片

（二）陶器

根据用途，有盆、钵、盒三种。分别介绍如下。

1. 盆

3件。

②：16，残。泥质灰陶。侈口，平沿外折，方唇，斜弧腹，腹部饰4周压印纹，内面素面，轮制痕迹明显。复原口径48.5、沿宽4、残长27.1、残宽6.7、残高8.9、厚0.9厘米（图4.74、图4.75；彩版74；图版74）。

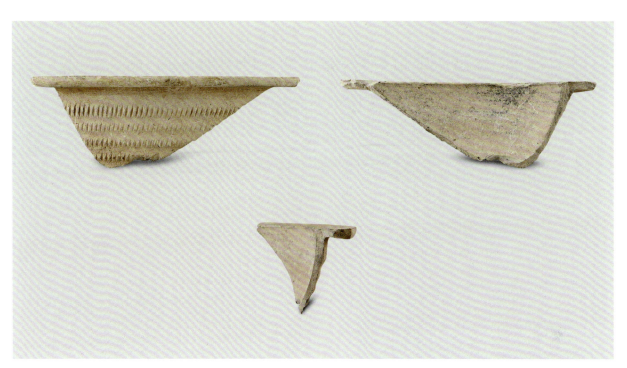

图4.74 陶盆（②∶16）外、内、侧面照片

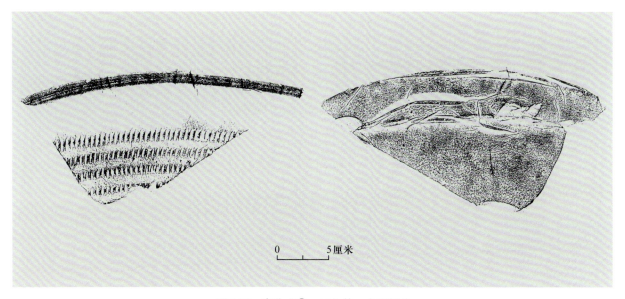

0 ├─┼─┼─┼─┤ 5厘米

图4.75 陶盆（②∶16）外、内面拓片

④∶10，残。泥质灰陶。敛口，外折沿，尖圆唇，内外均素面，内面轮制痕迹明显。复原口径38.9、沿宽1.3、残长9.2、残宽2.5、残高4.6、厚0.8厘米（图4.76、图4.77；彩版75；图版75）。

④∶11，残。泥质灰陶。敛口，外折沿，斜方唇，斜弧腹，上腹部饰两周凹弦纹，凹弦纹间饰一周压印纹，内面素面，轮制痕迹明显。复原口径54.2、沿宽2.3、残长7.8、残宽3、残高6.3、厚1厘米（图4.78、图4.79；彩版76；图版76）。

图4.76　陶盆（④：10）外、内、侧面照片

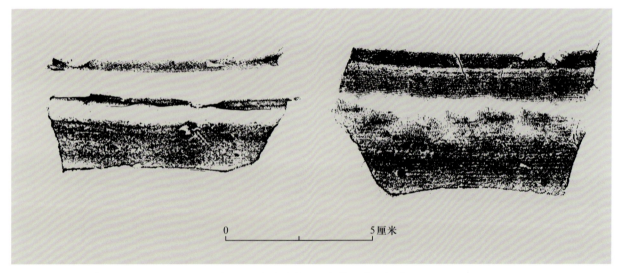

0　　　　　　　5厘米

图4.77　陶盆（④：10）外、内面拓片

2. 钵

1件。②：17，残。泥质灰陶。侈口，尖唇，斜弧腹，上腹饰一周凹弦纹，内面素面，轮制痕迹明显。复原口径16.5、沿宽0.6、残长10、残宽2.8、残高5.6、厚0.5厘米（图4.80、图4.81；彩版77；图版77）。

3. 盒

1件。④：9，残。泥质灰陶。敛口，尖圆唇，斜弧腹，腹部饰抹平绳纹，内面素面，轮制痕迹明显。残宽12.1、残高7.3、厚0.6～1.7厘米（图4.82、图4.83）。

图4.78 陶盆（④：11）外、内、侧面照片

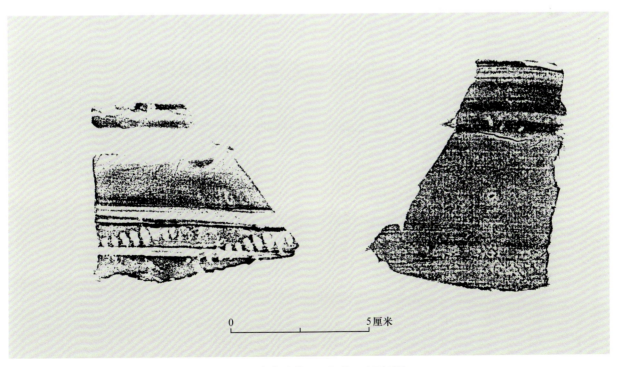

图4.79 陶盆（④：11）外、内面拓片

图4.80　陶钵（②：17）外、内、侧面照片

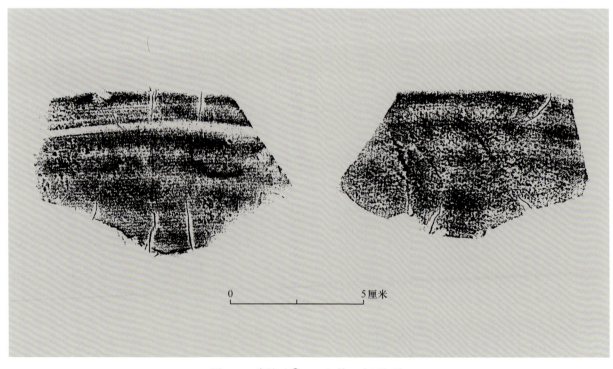

0　　　　　　　5厘米

图4.81　陶钵（②：17）外、内面拓片

图4.82　陶盒（④：9）外、内、侧面照片

0 　　　　　　5厘米

图4.83　陶盒（④：9）外、内面拓片

第二节 遗 迹

清理遗迹2种5个（表4.1），包括灰坑4座，房子1座。分别介绍如下（图4.84、图4.85）。

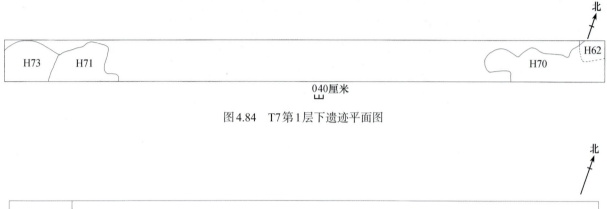

图4.84 T7第1层下遗迹平面图

图4.85 T7第4层下遗迹平面图

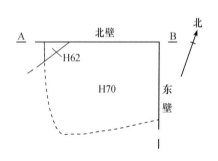

图4.86 H62平、剖面图

一、灰 坑

4座，均开口于第1层下，介绍如下。

（一）H62

位于T7东北部，东、北延伸出探方。开口于第1层下，口距地表0.28米，打破F4夯土层，被H70打破。平面呈长方形，斜壁，底近平。开口东西发掘长1.3、南北发掘宽0.84～1、深1.95、底东西发掘长0.8、南北发掘宽0.5米。填土呈灰色，土质软，内含较多瓦片、陶片（图4.86）。

出土遗物残片占探方出土遗物总数21.48%。据坑内出土遗物残片统计，板瓦占45.37%，其中Bb1型占15.42%，Cb1型占4.41%，Bc4型占19.82%，Cc4型占2.64%，Cb9型占0.88%，Cb10型占2.2%。筒瓦占11.89%，其中Bc4型占8.81%，Cc4型占1.76%，Bb2型占0.88%，Ba1型占0.44%。陶片占39.64%，其中间断绳纹纹占6.17%，凹弦纹占0.44%，篦划纹占0.88%，刻划纹占3.08%，素面占29.07%。砖占2.64%，其中菱格纹占0.88%，绳纹占0.44%，素面占1.32%。瓦当占0.44%，均为云纹瓦当（表4.7）。

表4.7 H62出土遗物数量统计表

名称	型	灰陶/件	百分比/%	总百分比/%
板瓦	Bb1	35	15.42	45.37
	Cb1	10	4.41	
	Bc4	45	19.82	
	Cc4	6	2.64	
	Cb9	2	0.88	
	Cb10	5	2.20	
筒瓦	Bc4	20	8.81	11.89
	Cc4	4	1.76	
	Bb2	2	0.88	
	Ba1	1	0.44	
陶片	间断绳纹	14	6.17	39.64
	凹弦纹	1	0.44	
	篦划纹	2	0.88	
	刻划纹	7	3.08	
	素面	66	29.07	
砖	菱形纹	2	0.88	2.64
	绳纹	1	0.44	
	素面	3	1.32	
瓦当	云纹	1	0.44	0.44
合计	/	227		100.00
百分比/%	/	100.00		

出土小件、标本21件，分建筑材料、陶器、石器、铁器、铜器五类。分别介绍如下。

1. 建筑材料

根据用途，有砖、板瓦、筒瓦、瓦当四种。分别介绍如下。

（1）砖

2件。根据器物形制不同，可见条砖1种、另有形制不可辨菱格纹砖1件。分别介绍如下。

条砖 1件。H62：15，残。红陶。一面饰粗绳纹，另一面素面。残长18.5、宽13.9、厚4.4厘米（图4.87、图4.88；彩版78；图版78）。

菱格纹砖 1件。H62：14，残。红陶。一面饰菱格纹，另一面素面。残长16、残宽11.3、厚4.5厘米。背面中央偏左位置有一圆形臼窝，臼窝直径6.4、深1.5厘米（图4.89、图4.90；彩版79；图版79）。

（2）板瓦

6件。均为弧形板瓦，据表面绳纹粗细，分属A、B、C三型。分别描述如下。

图4.87　条砖（H62∶15）正、背、侧面照片

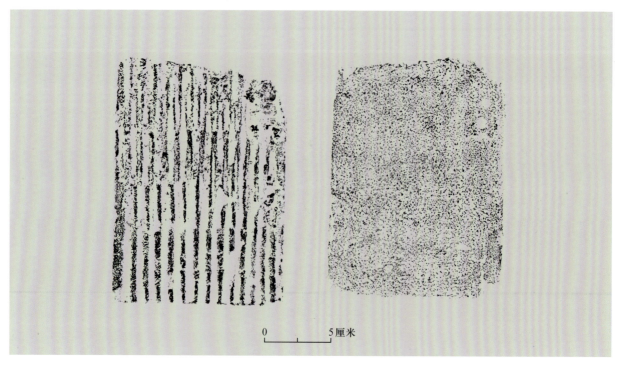

0　　　　　5厘米

图4.88　条砖（H62∶15）正、背面拓片

图4.89　菱格纹砖（H62：14）正、背、侧面照片

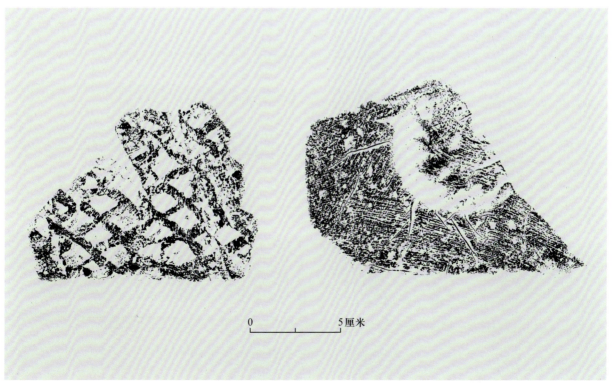

图4.90　菱格纹砖（H62：14）正、背面拓片

　　A型　1件。属Ac1型。H62：5，残。灰陶。表面纹饰细直绳纹，内面素面。瓦一端有绳纹抹平部分宽约5.1、残长13.5、残宽11.5、厚1.4厘米（图4.91、图4.92）。

图4.91　Ac1型板瓦（H62：5）表、内面照片

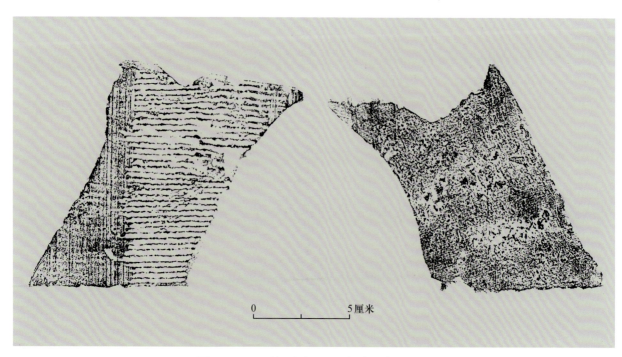

0　　　　　　5厘米

图4.92　Ac1型板瓦（H62：5）表、内面拓片

B型 2件。分两亚型。

Ba4型 1件。H62：3，残。灰陶。表面饰中粗交错绳纹，内面饰布纹。瓦一端有绳纹抹平部分宽约11.2、残长20、残宽6.5、厚1.6厘米（图4.93、图4.94）。

图4.93 Ba4型板瓦（H62：3）表、内面照片

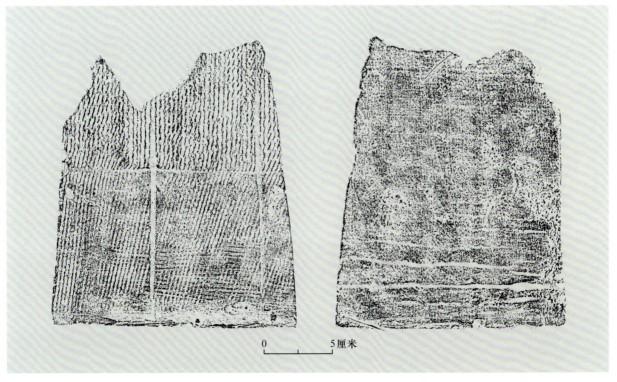

0   5厘米

图4.94 Ba4型板瓦（H62：3）表、内面拓片

Ba9-4型 1件。H62：8，残。灰陶。表面饰中粗交错绳纹，内面饰小菱形纹、布纹。残长13、残宽7、厚1.7厘米（图4.95、图4.96）。

图4.95 Ba9-4型板瓦（H62：8）表、内面照片

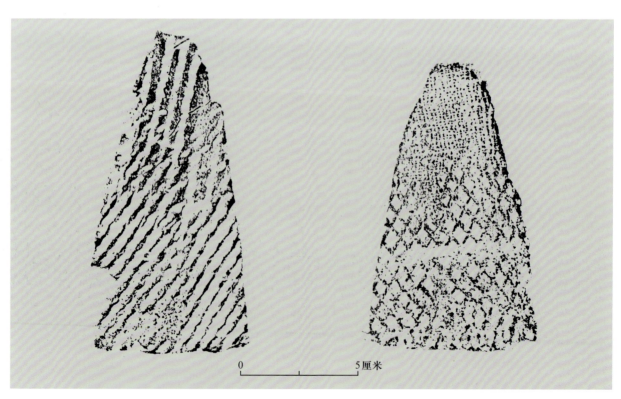

图4.96 Ba9-4型板瓦（H62：8）表、内面拓片

C型 3件。分三亚型。

Ca10型 1件。H62：6，残。灰陶。表面饰粗交错绳纹，内面饰抹平绳纹。残长11、残宽9.5、厚2厘米（图4.97、图4.98）。

图4.97 Ca10型板瓦（H62：6）表、内面照片

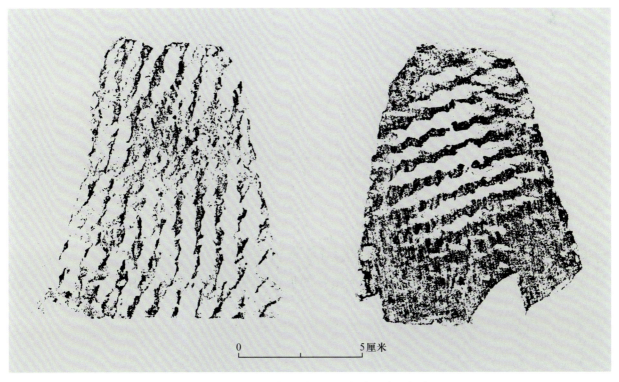

0   5厘米

图4.98 Ca10型板瓦（H62：6）表、内面拓片

Cb1型　1件。H62：4，残。灰陶。表面饰粗斜绳纹，内面素面。残长11.5、残宽18.5、厚1.6厘米（图4.99、图4.100）。

图4.99　Cb1型板瓦（H62：4）表、内面照片

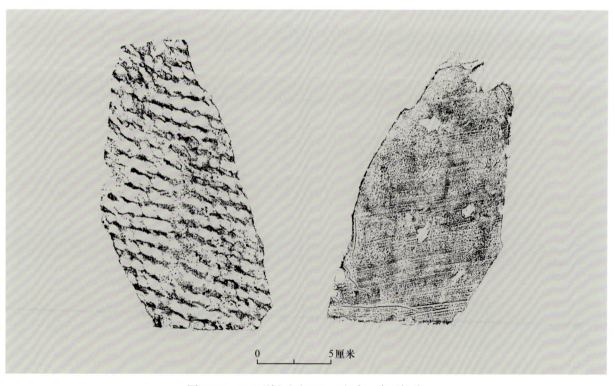

图4.100　Cb1型板瓦（H62：4）表、内面拓片

Cb4型　1件。H62：7，残。灰陶。表面饰粗斜绳纹，内面饰布纹。残长11.5、残宽16、厚1.6厘米（图4.101、图4.102）。

图4.101　Cb4型板瓦（H62：7）表、内面照片

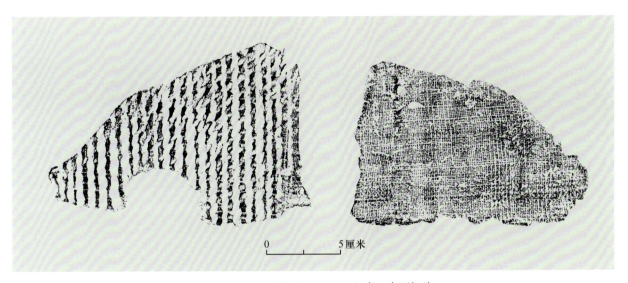

图4.102　Cb4型板瓦（H62：7）表、内面拓片

（3）筒瓦

4件。据表面绳纹粗细，分属A、B、C三型。分别介绍如下。

A型　2件。分两亚型。

Aa1型　1件。H62：11，残。灰陶。表面饰细交错绳纹，内面素面。残长18、残径11、厚0.9~1.3、唇长2.6、唇厚0.5厘米（图4.103、图4.104）。

Ab2型　1件。H62：12，残。灰陶。表面饰细斜绳纹，内面饰麻点纹。残长16.2、残径13.3、厚0.8厘米（图4.105、图4.106）。

B型　1件。属Bc4型。H62：10，残。灰陶。表面饰中粗直绳纹，内面饰布纹。残长16、残径13、厚1.2厘米（图4.107、图4.108）。

图4.103　Aa1型筒瓦（H62：11）表、内面照片

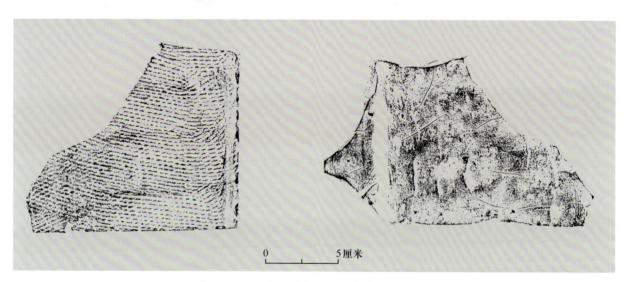

图4.104　Aa1型筒瓦（H62：11）表、内面拓片

图4.105　Ab2型筒瓦（H62：12）表、内面照片

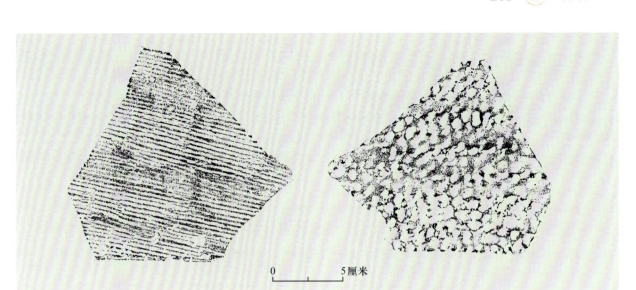

0 _____ 5厘米

图4.106　Ab2型筒瓦（H62∶12）表、内面拓片

图4.107　Bc4型筒瓦（H62∶10）表、内面照片

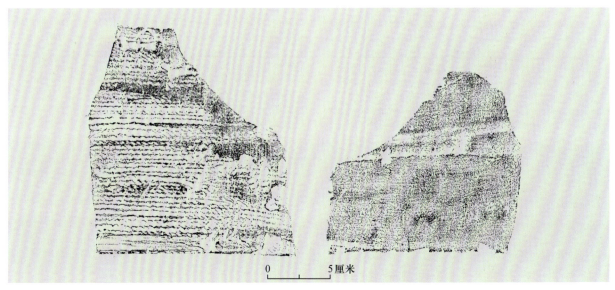

0 _____ 5厘米

图4.108　Bc4型筒瓦（H62∶10）表、内面拓片

C型　1件。属Cc4型。H62：9，残。灰陶。表面饰粗直绳纹，内面饰布纹。残长9.5、残径13、厚1.4厘米（图4.109、图4.110）。

图4.109　Cc4型筒瓦（H62：9）表、内面照片

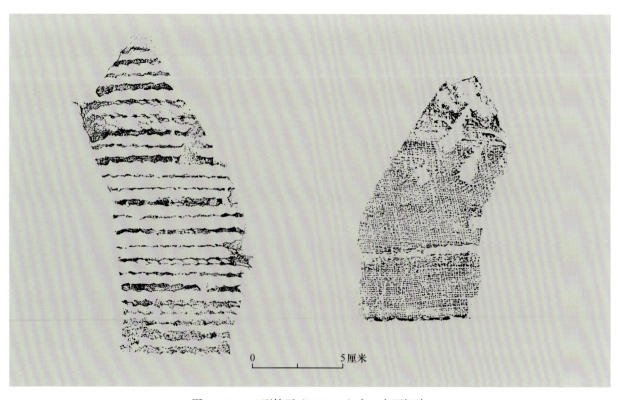

0　　　　　5厘米

图4.110　Cc4型筒瓦（H62：9）表、内面拓片

（4）瓦当

朵云纹瓦当　1件。H62：13，残。灰色。当残块边轮内有二周凸弦纹。当面存一双界格线不穿当心。当心纹饰不明，残留局部外圆。界格线左侧存一朵单卷云纹，云纹中部有大小两个小乳钉。当面二凸弦纹间有网格纹。当背面较平整。当复原径14.1、边轮宽1.1、边轮厚2.4、当厚1.6、缘深0.9厘米（图4.111、图4.112；彩版80；图版80）。

图4.111　朵云纹瓦当（H62：13）正、背面照片

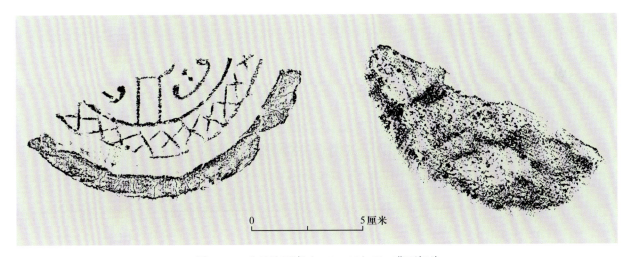

图4.112　朵云纹瓦当（H62：13）正、背面拓片

2. 陶器

根据用途，有盆、罐、瓮、钵四种。分别介绍如下。

（1）盆

1件。H62：17，残。泥质灰陶。侈口，外折沿，方圆唇，直腹，上腹部饰一周凹弦纹，整体饰细绳纹，局部绳纹抹平，内面素面，轮制痕迹明显。复原口径26.8、沿宽2、高14.4、壁厚1.7、复原底径25、底厚1.2厘米（图4.113、图4.114；彩版81；图版81）。

图4.113　陶盆（H62：17）正面照片

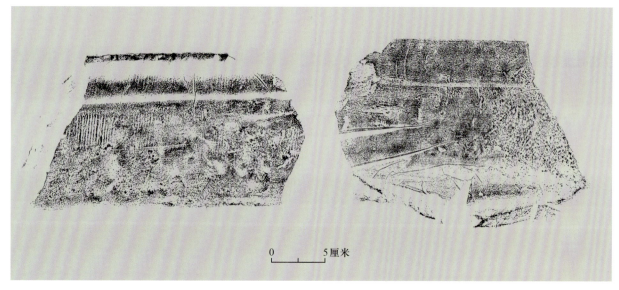

图4.114　陶盆（H62：17）外、内面拓片

（2）罐

2件。

H62：19，残。泥质灰陶。仅存腹部残片。残宽17.8、残高14、厚0.6～0.7厘米（图4.115、图4.116）。

H62：20，残。泥质灰陶。仅存腹部残片。弧肩，腹内收，腹饰三周几何纹图案，素面，内外均有明显轮制痕迹。残宽18.3、残高14.2、厚0.9～1.1厘米（图4.117、图4.118）。

（3）瓮

1件。H62：21，残。泥质灰陶。敛口，平沿，广肩，肩部斜直外撇，内外均素面，内外均有

图4.115　陶罐（H62：19）外、内面照片

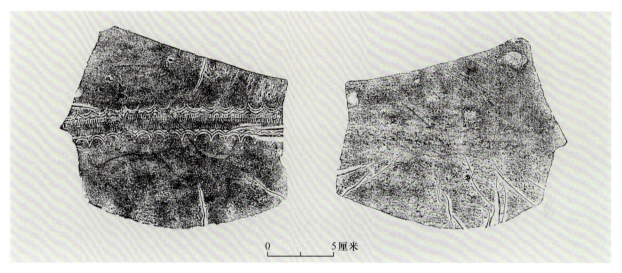

0　　　　5厘米

图4.116　陶罐（H62：19）外、内面拓片

模糊轮制痕迹。复原口径67.8、沿宽4.2、残长17.4、残宽11.1、残高2.9、厚1.7厘米（图4.119、图4.120；彩版82；图版82）。

（4）钵

1件。H62：18，残。泥质灰陶。敛口，斜沿折腹，上腹饰三周浅凹弦纹，内面素面。内外均有明显轮制痕迹。复原口径24.8、沿宽1.2、高10.3、壁厚0.6、复原底径12.2、底厚1.5厘米（图4.121、图4.122；彩版83；图版83）。

3. 石器

砺石

1件。H62：16，残。棕红色。双面均有明显磨痕。残长7.5、宽7.4、厚0.6～1.2厘米（图4.123、图4.124）。

图4.117　陶罐（H62：20）外、内面照片

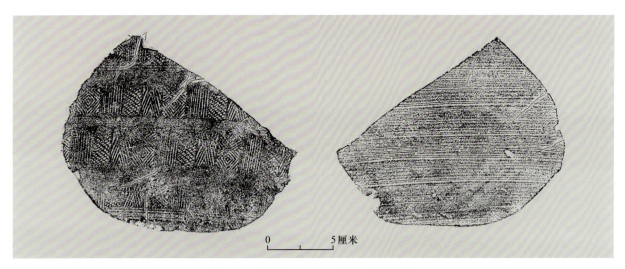

图4.118　陶罐（H62：20）外、内面拓片

图4.119　陶瓮（H62：21）外、内、侧面照片

0 ————— 5厘米

图4.120　陶瓮（H62：21）外、内面拓片

图4.121　陶钵（H62：18）外、内、侧面照片

图4.122　陶钵（H62：18）外、内面拓片

图4.123　砺石（H62：16）正、背、侧面照片

图4.124　砺石（H62∶16）线图

4. 铁器

铁圈

1件。H62∶2，锈蚀严重。长8.4、宽2.4、厚0.45厘米（图4.125、图4.126）。

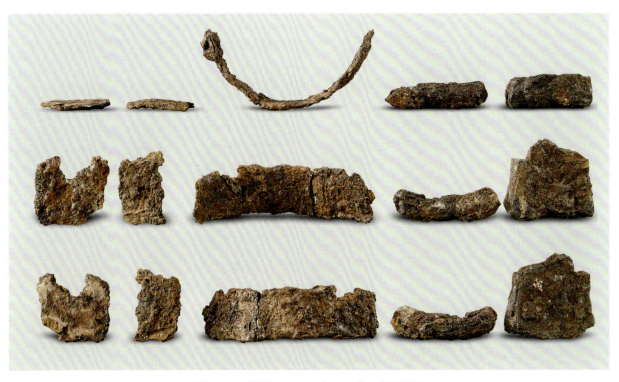

图4.125　铁圈（H62∶2）正、背、侧面照片

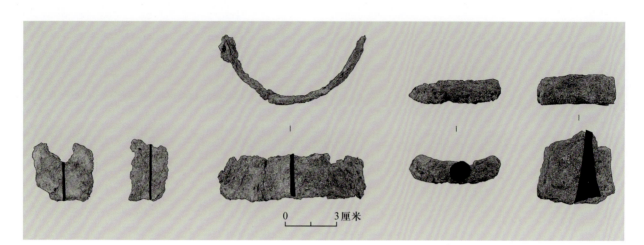

图4.126　铁圈（H62：2）线图

5. 铜器

铜环

1件。H62：1，锈蚀严重。圆形，径3、粗0.42厘米（图4.127、图4.128）。

图4.127　铜环（H62：1）正面照片

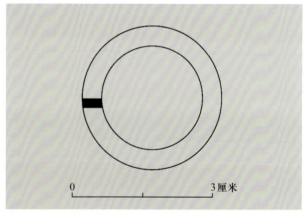

图4.128　铜环（H62：1）线图

（二）H70

位于T7东南部，东、北延伸出探方。开口于第1层下，开口距地表0.28米，打破H62、F4夯土层。平面呈不规则形，斜壁，坡底，开口东西发掘长6、南北发掘宽1～2、深0.5～2.04米。坑内填土分两层，第1层厚0～1.04米，土质软，结构疏松，灰色，内含绳纹瓦片、砖块、陶片；第2层厚0～1.2米，土质软，结构疏松，黄灰色，内含瓦片、陶片等。坑底部有朽木渣（图4.129）。

出土遗物残块共25块，占探方出土遗物总数的2.37%。据坑内出土遗物残片统计，板瓦占28%，其中Bc4型占4%，Cc4型占4%，Ba9型占4%，Ba1型占4%，Cb1型占4%，Cb10型占8%。筒瓦占20%，均为Bc4型。陶片占40%，均为素面。砖块占8%，均为素面。陶纺轮占4%（表4.8）。

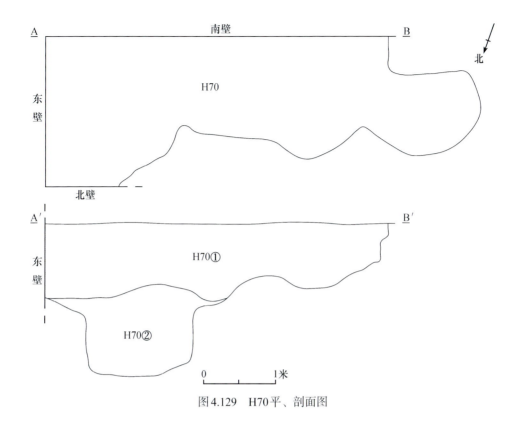

图4.129 H70平、剖面图

表4.8 H70出土遗物数量统计表

名称	型	灰陶/件	百分比/%	总百分比/%
板瓦	Bc4	1	4.00	28.00
	Cc4	1	4.00	
	Ba9	1	4.00	
	Ba1	1	4.00	
	Cb1	1	4.00	
	Cb10	2	8.00	
筒瓦	Bc4	5	20.00	20.00
陶片	素面	10	40.00	40.00
砖	素面	2	8.00	8.00
陶纺轮	/	1	4.00	4.00
合计	/	25	100.00	100.00
百分比/%	/	100.00		

出土小件、标本11件,分建筑材料、陶器、钱币三类。分别介绍如下。

1. 建筑材料

根据用途,有板瓦、筒瓦、瓦当三种。分别介绍如下。

（1）板瓦

5件。均为弧形板瓦。据表面绳纹粗细,分属A、C两型。分别介绍如下。

A型 3件。分三亚型。

Aa1型 1件。H70①：4，残。灰陶。表面饰细交错绳纹，内面素面。残长13.5、残宽11.7、厚1.1～1.8厘米（图4.130、图4.131）。

图4.130 Aa1型板瓦（H70①：4）表、内面照片

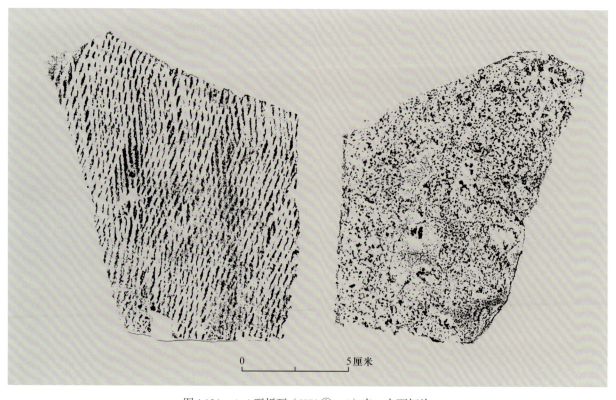

0　　　　　5厘米

图4.131 Aa1型板瓦（H70①：4）表、内面拓片

Aa9型　1件。H70①：2，残。灰陶。表面饰细交错绳纹，内面饰小菱形纹。残长9.7、残宽8、厚1.8厘米（图4.132、图4.133）。

图4.132　Aa9型板瓦（H70①：2）表、内面照片

0　　　　　　5厘米

图4.133　Aa9型板瓦（H70①：2）表、内面拓片

Ab4型　1件。H70①：1，残。灰陶。表面饰细斜绳纹，内面饰布纹。一端有绳纹抹平部分宽约6.7厘米，残长17.5、残宽18、厚0.9～1.4厘米（图4.134、图4.135）。

图4.134　Ab4型板瓦（H70①：1）表、内面照片

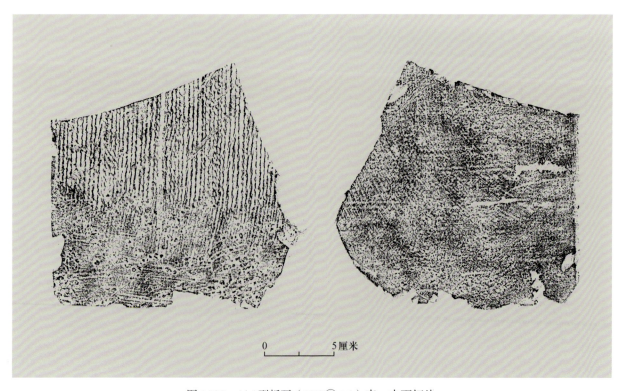

0　　　　5厘米

图4.135　Ab4型板瓦（H70①：1）表、内面拓片

C型　2件。分两亚型。

Ca3型　1件。H70①：3，残。灰陶。表面饰粗交错绳纹，内面饰篦纹。残长13.5、残宽13、厚1.5厘米（图4.136、图4.137）。

图4.136　Ca3型板瓦（H70①：3）表、内面照片

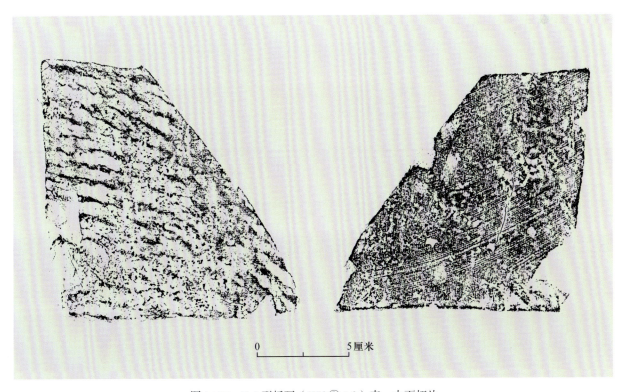

图4.137　Ca3型板瓦（H70①：3）表、内面拓片

Ca10型　1件。H70①：5，残。灰陶。表面饰粗交错绳纹，内面饰抹平绳纹。残长9.5、残宽12.7、厚2.1厘米（图4.138、图4.139）。

图4.138　Ca10型板瓦（H70①：5）表、内面照片

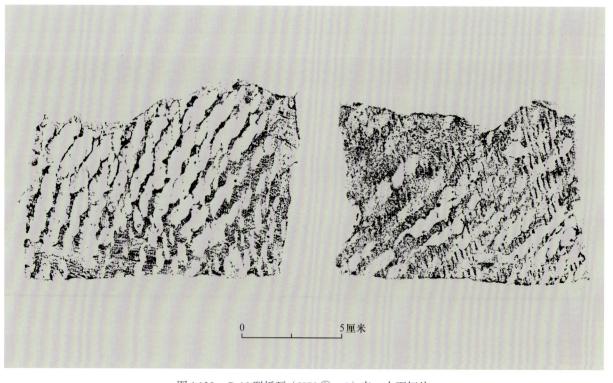

0　　　　　5厘米

图4.139　Ca10型板瓦（H70①：5）表、内面拓片

（2）筒瓦

2件。据表面绳纹粗细，分属B、D两型。分别介绍如下。

B型　1件。属Bc4型。H70①：6，残。灰陶。表面饰中粗直绳纹，内面饰布纹。残长10.6、残径10.7、厚1.3厘米（图4.140、图4.141）。

图4.140　Bc4型筒瓦（H70①：6）表、内面照片

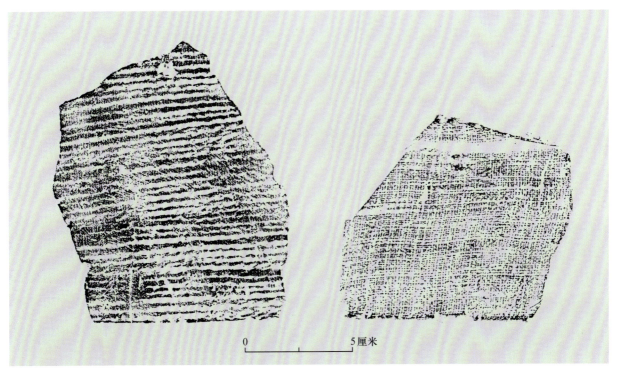

0　　　　　　　　5厘米

图4.141　Bc4型筒瓦（H70①：6）表、内面拓片

D型　1件。属D4型。H70①：7，残。灰陶。表面素面，内面饰布纹。残长9.5、残径13.9、厚0.8～1.6、唇长3、唇厚1.4厘米（图4.142、图4.143）。

图4.142　D4型筒瓦（H70①：7）表、内面照片

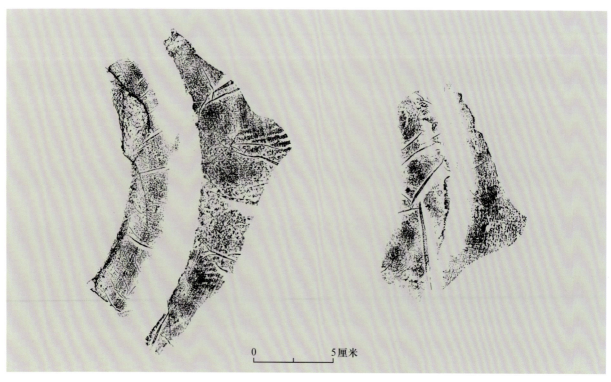

0　　　　　5厘米

图4.143　D4型筒瓦（H70①：7）表、内面拓片

（3）瓦当

1件。为朵云纹瓦当。H70②：1，残。灰色。当边轮内一周短竖直纹，内一周凸弦纹。当面双界格线四分当面不穿当心。当心饰一大乳钉纹，外一圆。当面每扇格内一朵单卷云纹，云纹中和两侧上部各有一乳钉纹。当背面不平整。当复原径14.7、当心径3.5、残长12.6、残宽10.1、当厚2.1厘米（图4.144、图4.145；彩版84；图版84）。

图4.144　朵云纹瓦当（H70②：1）正、背面照片

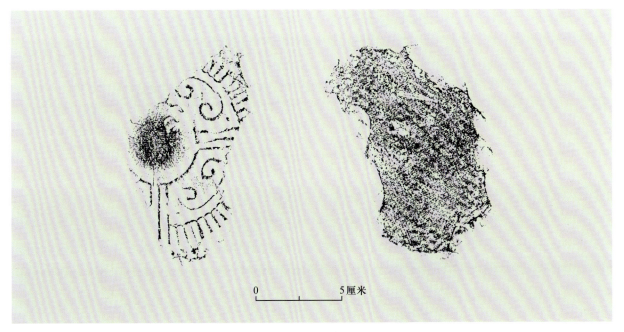

图4.145　朵云纹瓦当（H70②：1）正、背面拓片

2. 陶器

根据用途，有陶纺轮、钵两种。分别介绍如下。

（1）纺轮

1件。H70①：8，残。泥质灰陶。圆形。一面饰中粗绳纹，另一面素面。径9、厚1.5、孔径1.3、孔深1.5厘米（图4.146、图4.147；彩版85；图版85）。

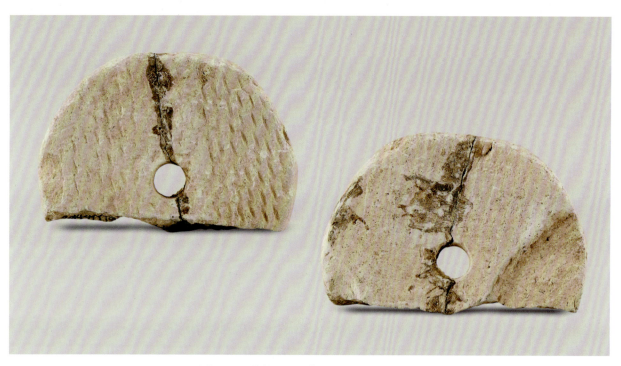

图4.146　纺轮（H70①：8）正、背面照片

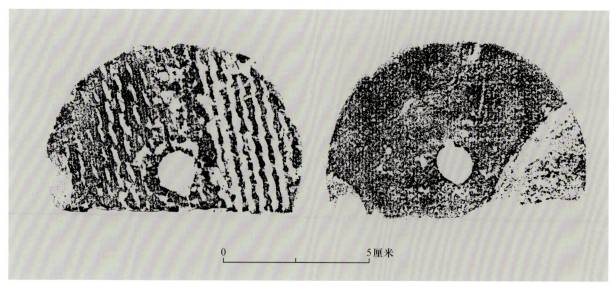

0　　　　　　　　5厘米

图4.147　纺轮（H70①：8）正、背面拓片

（2）钵

1件。H70①：9，可复原。泥质灰陶。侈口，弧腹，平底，内外均素面，内面轮制痕迹明显。口径10.8、沿宽0.6、高4.4、壁厚0.6、底径7.7厘米（图4.148、图4.149；彩版86；图版86）。

图4.148　陶钵（H70①：9）正面照片

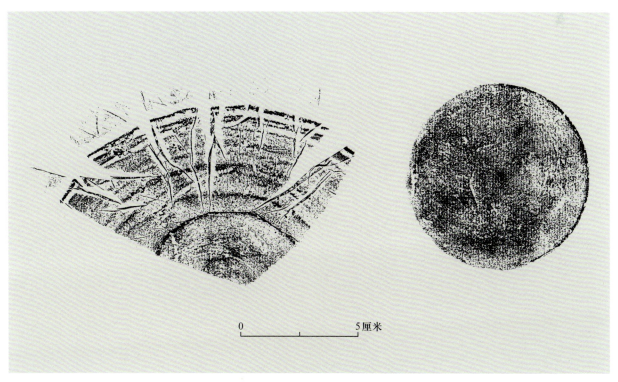

0　　　　　　　　5厘米

图4.149　陶钵（H70①：9）外、底面拓片

3. 钱币

铜钱

1枚。H70①：10，锈蚀严重。字迹不可辨识。郭径2.5、穿宽0.7、厚0.1厘米（图4.150、图4.151）。

 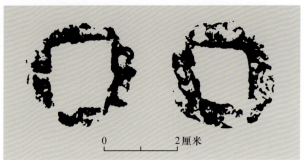

图4.150 铜钱（H70①：10）正、背面照片　　　　图4.151 铜钱（H70①：10）正、背面拓片

（三）H71

位于T7西南部，南部延伸出探方。开口于第1层下，口距地表0.27～0.36米，打破H73、F4夯土层，并打破第2～4层。平面呈不规则形，斜壁，底近平。开口东西长3.5、南北发掘宽1.9、深0.76米。填土呈灰色，土质软，结构疏松，包含较多瓦片、陶片。在开口向下0.2米，坑壁有人下肢骨，仅发掘盆骨以下，直肢。受发掘用地限制，无法扩方完整发掘（图4.152）。

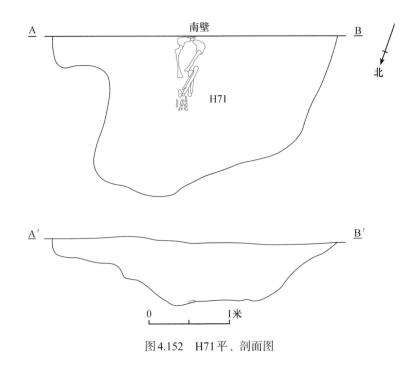

图4.152 H71平、剖面图

出土遗物残块共161块，占探方出土遗物总数的15.23%。据坑内出土遗物残片统计，板瓦占58.39%，其中Ba1型占2.48%，Bb1型占5.59%，Bc4型占31.06%，Cb1型占6.21%，Cb2型占0.62%，Cb4型占3.73%，Cb10型占3.73%，Cc4型占4.97%。筒瓦占16.15%，其中Bc4型占12.42%，Cc4型占3.73%。陶片占22.36%，其中凹弦纹占3.11%，竖条纹占1.86%，刻划纹占2.48%，素面占14.91%。砖块占3.11%，均为素面（表4.9）。

表4.9　H71出土遗物数量统计表

名称	型	灰陶/件	百分比/%	总百分比/%
板瓦	Bc4	50	31.06	58.39
	Cc4	8	4.97	
	Cb4	6	3.73	
	Bb1	9	5.59	
	Ba1	4	2.48	
	Cb1	10	6.21	
	Cb10	6	3.73	
	Cb2	1	0.62	
筒瓦	Bc4	20	12.42	16.15
	Cc4	6	3.73	
陶片	凹弦纹	5	3.11	22.36
	竖条纹	3	1.86	
	刻划纹	4	2.48	
	素面	24	14.91	
砖	素面	5	3.11	3.11
合计	/	161		100.00
百分比/%	/	100.00		

出土小件、标本22件，分建筑材料、陶器、铁器、钱币、骨头五类，分别介绍如下。

1. 建筑材料

根据用途，有砖、板瓦、筒瓦三种。分别介绍如下。

（1）砖

1件。为素面砖。H71：15，残。泥质灰陶。长方形，两面均素面。残长14.7、残宽9.5、厚5厘米（图4.153、图4.154）。

（2）板瓦

9件。均为弧形板瓦，据表面绳纹粗细，分属B、C两型。分别介绍如下。
B型　4件。分四亚型。
Ba1型　1件。H71：11，残。灰陶。表面饰中粗交错绳纹，内面素面。残长14.5、残宽13、厚1.5～1.9厘米（图4.155、图4.156）。
Ba4型　1件。H71：5，残。灰陶。表面饰中粗交错绳纹，内面饰布纹。瓦一端有绳纹抹平部分宽约4、残长19、残宽16、厚1.5厘米（图4.157、图4.158）。

图4.153　素面砖（H71：15）正、背、侧面照片

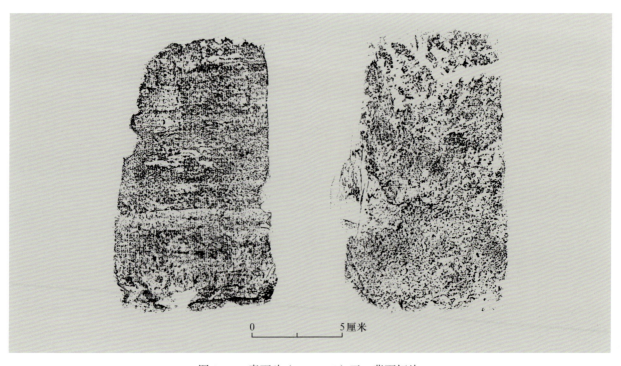

0　　　　　5厘米

图4.154　素面砖（H71：15）正、背面拓片

图4.155　Ba1型板瓦（H71∶11）表、内面照片

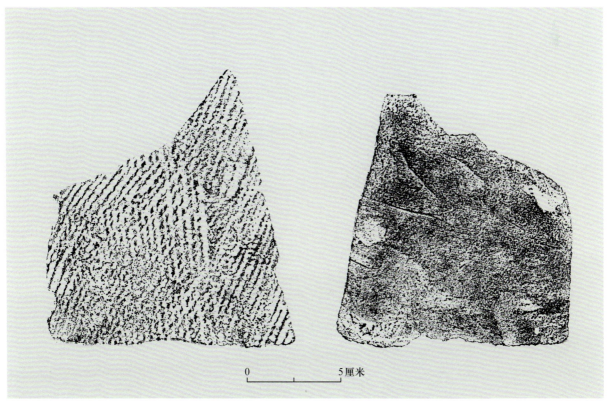

0　　　　　　5厘米

图4.156　Ba1型板瓦（H71∶11）表、内面拓片

图4.157　Ba4型板瓦（H71：5）表、内面照片

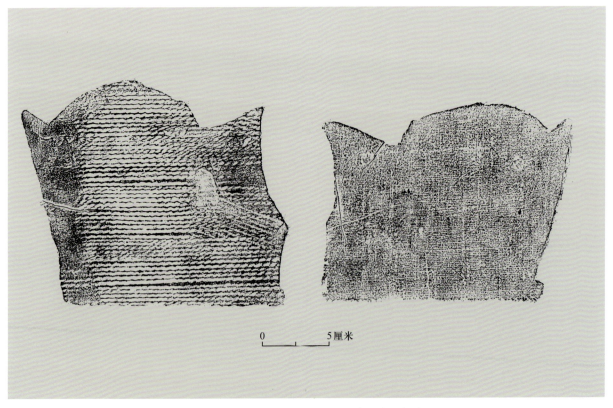

0 ————— 5厘米

图4.158　Ba4型板瓦（H71：5）表、内面拓片

Bb1型 1件。 H71：12，残。灰陶。表面饰中粗斜绳纹，内面素面。瓦一端有绳纹抹平部分宽约4、残长9、残宽15.7、厚1.5厘米（图4.159、图4.160）。

图4.159 Bb1型板瓦（H71：12）表、内面照片

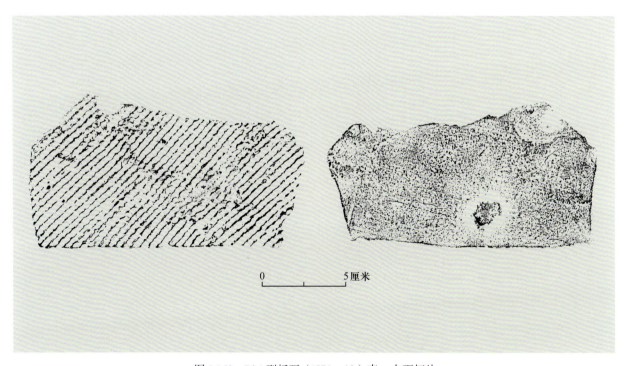

0 5厘米

图4.160 Bb1型板瓦（H71：12）表、内面拓片

Bc4型　1件。H71：8，残。灰陶。表面饰中粗直绳纹，内面饰布纹。瓦一端有绳纹抹平部分宽约4、残长11.7、残宽12、厚2厘米（图4.161、图4.162）。

图4.161　Bc4型板瓦（H71：8）表、内面照片

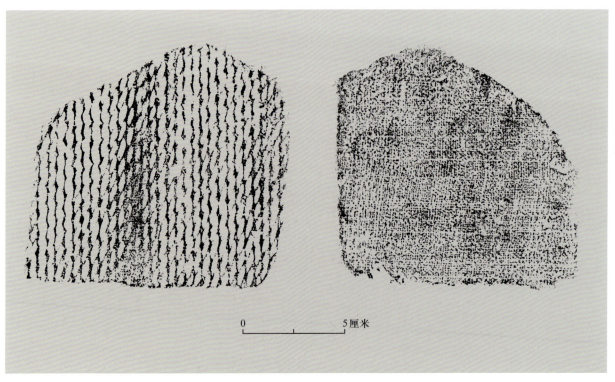

图4.162　Bc4型板瓦（H71：8）表、内面拓片

C型 5件。分五亚型。

Ca2型 1件。H71：7，残。灰陶。表面饰粗交错绳纹，内面饰麻点纹。残长16、残宽17、厚1.6厘米（图4.163、图4.164）。

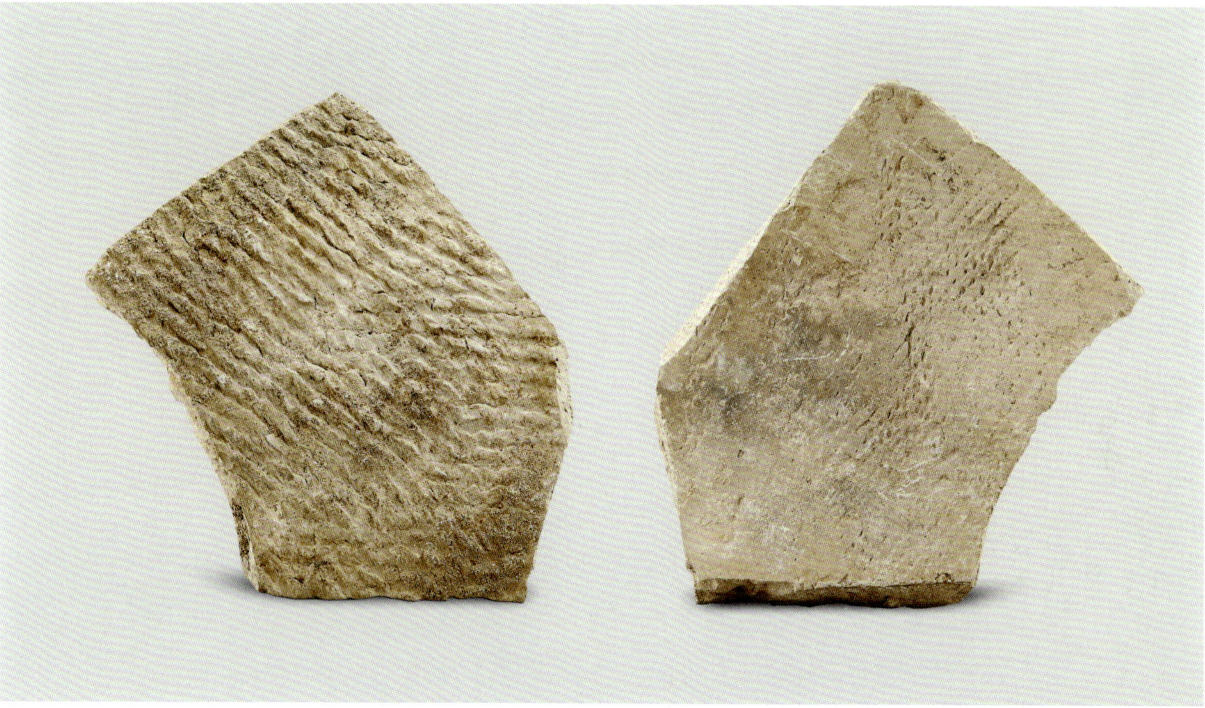

图4.163 Ca2型板瓦（H71：7）表、内面照片

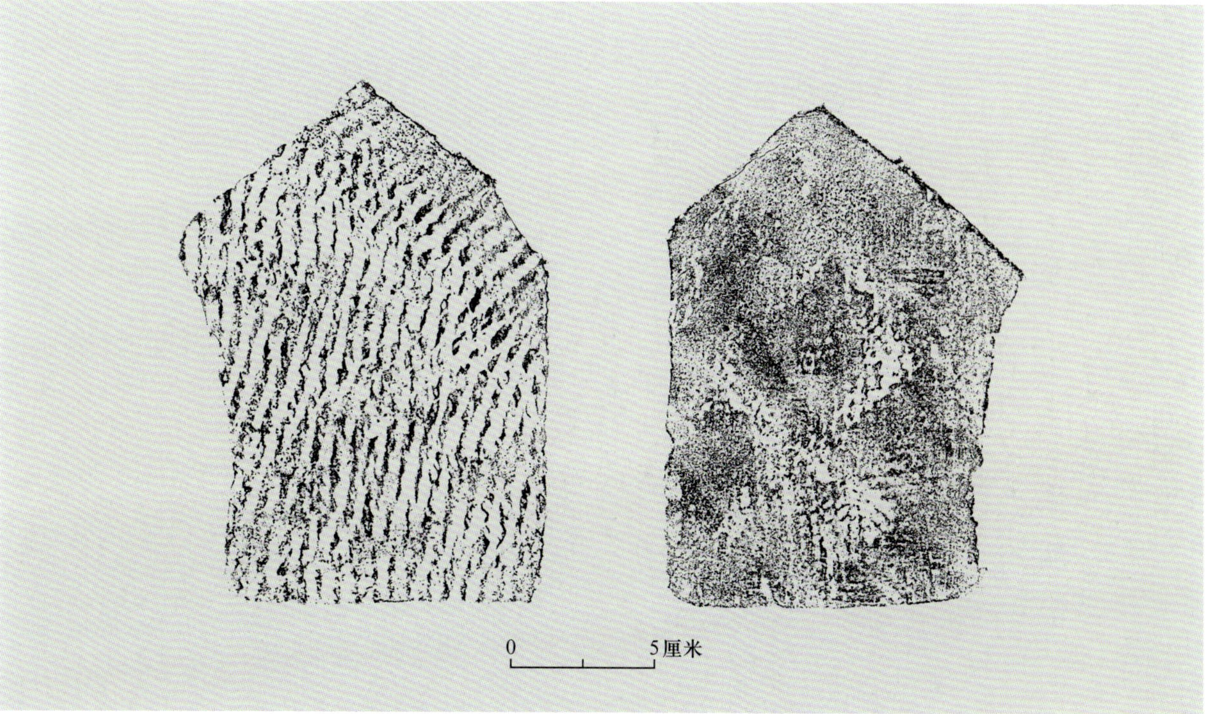

图4.164 Ca2型板瓦（H71：7）表、内面拓片

Ca9-4型　1件。H71：4，残。灰陶。表面饰粗交错绳纹，内面饰小菱形纹、布纹。残长22.3、残宽13.5、厚1.6厘米（图4.165、图4.166）。

图4.165　Ca9-4型板瓦（H71：4）表、内面照片

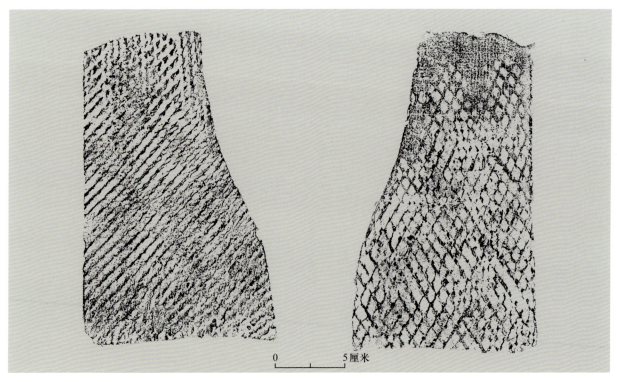

0　　　　　5厘米

图4.166　Ca9-4型板瓦（H71：4）表、内面拓片

Cb3型 1件。H71：10，残。灰陶。表面饰粗斜绳纹，内面饰篦纹。残长9.5、残宽12.3、厚1.2厘米（图4.167、图4.168）。

图4.167 Cb3型板瓦（H71：10）表、内面照片

图4.168 Cb3型板瓦（H71：10）表、内面拓片

Cb9-4型　1件。H71：6，残。灰陶。表面饰粗斜绳纹，内面饰小菱形纹、布纹。残长11.5、残宽15.1、厚1.8厘米（图4.169、图4.170；彩版87；图版87）。

图4.169　Cb9-4型板瓦（H71：6）表、内面照片

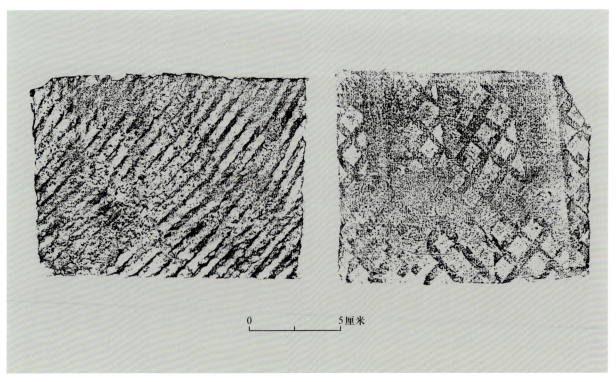

图4.170　Cb9-4型板瓦（H71：6）表、内面拓片

　　Cb10型　1件。H71∶9，残。灰陶。表面饰粗斜绳纹，内面饰抹平绳纹。残长8、残宽16.3、厚2厘米（图4.171、图4.172）。

图4.171　Cb10型板瓦（H71∶9）表、内面照片

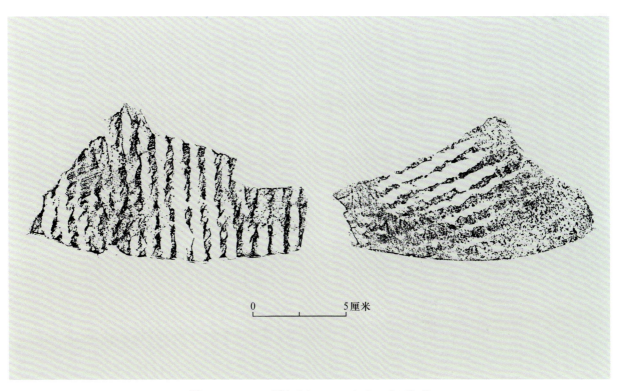

图4.172　Cb10型板瓦（H71∶9）表、内面拓片

（3）筒瓦

2件。均属Bc4型。表面饰中粗直绳纹，内面饰布纹。

H71：13，残。灰陶。残长15、残径14.7、厚2厘米（图4.173、图4.174）。

图4.173　Bc4型筒瓦（H71：13）表、内面照片

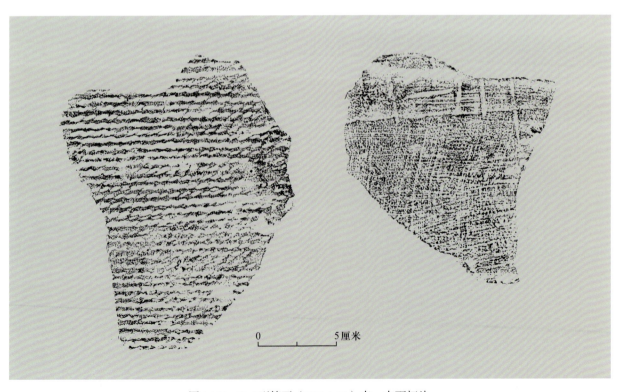

图4.174　Bc4型筒瓦（H71：13）表、内面拓片

H71：14，残。灰陶。瓦唇向下抹平绳纹宽6.5、残长19、残径13、厚1.4、唇长3.1、唇厚1.1厘米（图4.175、图4.176）。

图4.175　Bc4型筒瓦（H71：14）表、内面照片

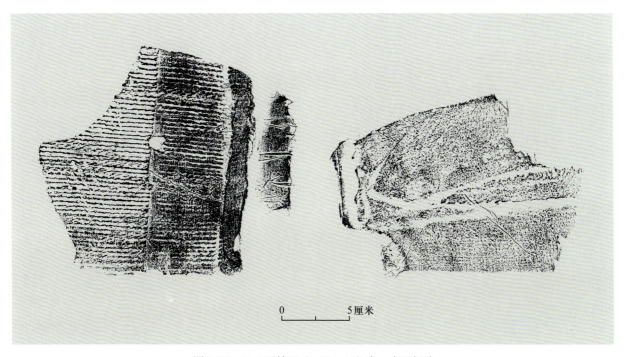

图4.176　Bc4型筒瓦（H71：14）表、内面拓片

2. 陶器

根据用途，有盆、罐、器盖三种。分别介绍如下。

（1）盆

2件。

H71：16，残。泥质灰陶。侈口，平沿外折，方唇，上腹部饰两周凹弦纹，内面素面，轮制痕迹明显。口径23.9、沿宽2.2、高8.7、壁厚1.1、底径12.4厘米（图4.177、图4.178；彩版88；图版88）。

图4.177　陶盆（H71：16）正面照片

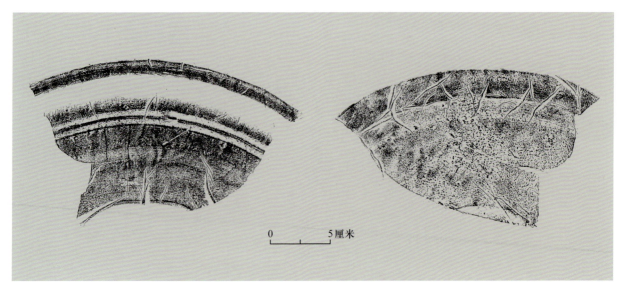

图4.178　陶盆（H71：16）外、内面拓片

H71：17，残。泥质灰陶。侈口，宽平沿外折，方唇，斜弧腹，腹部饰四周压印纹，内面素面，轮制痕迹明显。复原口径51.6、沿宽3.8、残长23.1、残宽6.4、残高7.7、厚0.9厘米（图4.179、图4.180；彩版89；图版89）。

图4.179　陶盆（H71：17）外、内、侧面照片

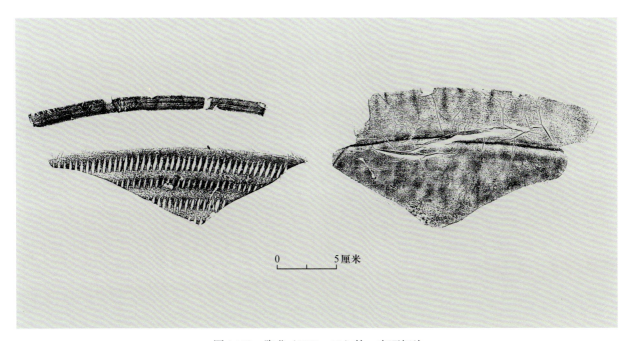

图4.180　陶盆（H71：17）外、内面拓片

（2）罐

2件。

H71：19，残。泥质灰陶。敛口，尖唇，短束颈，肩部斜直外撇，肩部饰一周压印纹，内面素面，轮制痕迹明显。复原口径22.9、沿宽2.3、残长15.9、残宽8.9、残高5、厚1.3厘米（图4.181、图4.182；彩版90；图版90）。

图4.181　陶罐（H71：19）外、内、侧面照片

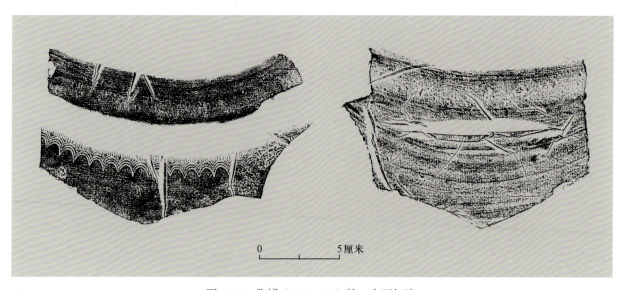

0 　　　　5厘米

图4.182　陶罐（H71：19）外、内面拓片

H71：20，残。泥质灰陶。敛口，平沿，肩部斜直外撇，肩部饰三周压印纹，内面素面，轮制痕迹明显。复原口径21.9、沿宽1.2、残长17.2、残宽11.2、残高5.3、厚0.8厘米（图4.183、图4.184；彩版91；图版91）。

图4.183 陶罐（H71：20）外、内、侧面照片

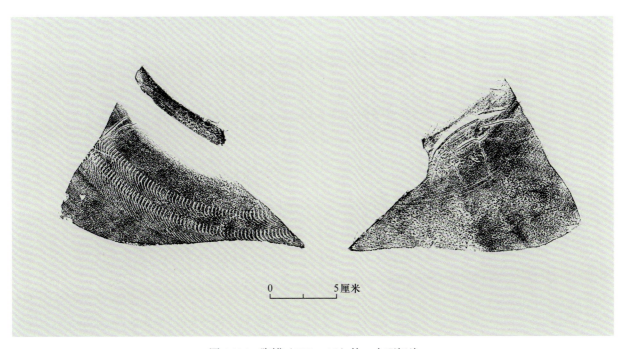

图4.184 陶罐（H71：20）外、内面拓片

（3）器盖

1件。H71：18，残。泥质灰陶。器盖顶部中心位置有一穿孔，孔径1厘米，器盖表面素面，共有五周凹弦纹，内面素面，轮制痕迹明显。复原底径11.8、残长10.8、残宽8.6、残高3.7、底厚0.7厘米（图4.185、图4.186；彩版92；图版92）。

图4.185　器盖（H71：18）外、内、侧面照片

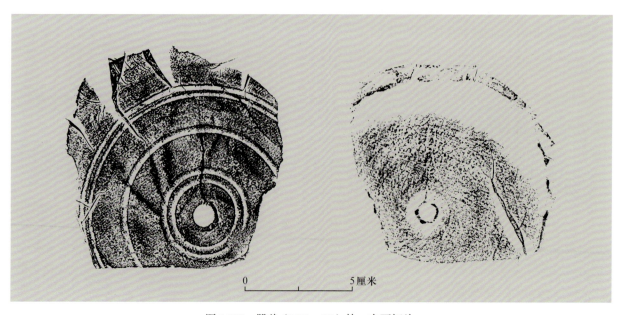

0　　　　　　　　5厘米

图4.186　器盖（H71：18）外、内面拓片

3. 铁器

1件。H71∶3，锈蚀严重。长16.9、宽5.85、厚约0.45厘米（图4.187、图4.188）。

图4.187 铁器（H71∶3）正、侧面照片

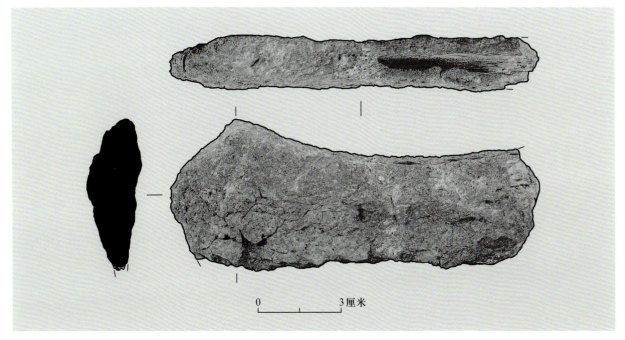

图4.188 铁器（H71∶3）线图

4. 钱币

五铢　2枚。圆形，方穿。正面有轮无郭，背面轮郭俱备。

H71：1-1（图4.189、图4.190）、H71：1-2（图4.191、图4.192），郭径2.6、穿宽0.9～1、厚0.15厘米。

图4.189　五铢（H71：1-1）正、背面照片

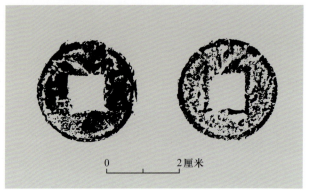

图4.190　五铢（H71：1-1）正、背面拓片

图4.191　五铢（H71：1-2）正、背面照片

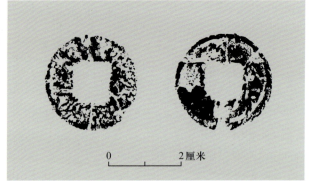

图4.192　五铢（H71：1-2）正、背面拓片

铜钱　1枚。H71：2，锈蚀严重，钱文无法辨识，圆形，圆穿。郭径2.6、穿径0.7、厚0.1厘米（图4.193、图4.194）。

图4.193　铜钱（H71：2）正、背面照片

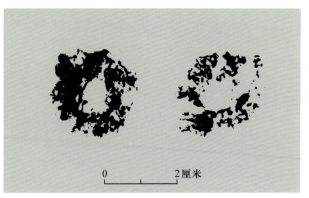

图4.194　铜钱（H71：2）正、背面拓片

5. 骨头

1件。H71：21，残长9.5厘米（图4.195、图4.196）。

图4.195 骨头（H71：21）正、侧面照片

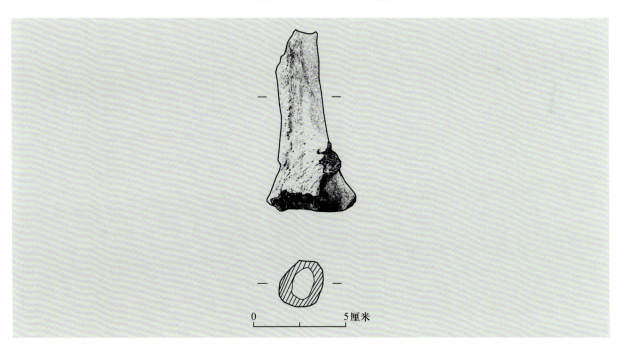

图4.196 骨头（H71：21）线图

（四）H73

位于T7西南角，西、南延伸出探方。开口于第1层下，打破第2层，被H71打破，口距地表0.34米。平面呈不规则形，斜壁，底近平。开口东西发掘长2.2～2.74、南北发掘宽1.93、深0.64米。填土呈灰色，土质软，结构疏松，包含较多瓦片、陶片（图4.197）。

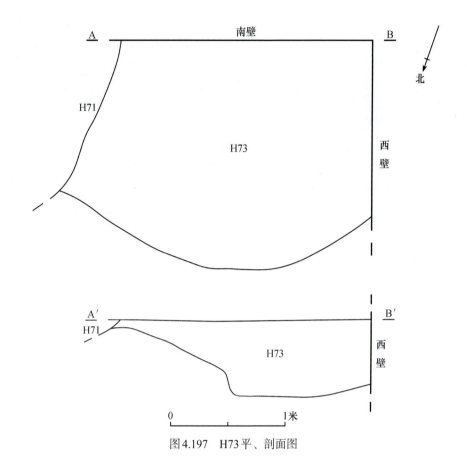

图4.197 H73平、剖面图

出土遗物残块共264块，占探方出土遗物总数的24.98%。据坑内出土遗物残片统计，板瓦占65.9%，其中Aa1型占5.68%，Bb1型占2.27%，Bb9型占1.52%，Bc4型占35.98%，Cb1型占11.36%、Cb9型占1.14%、Cb10型占2.27%、Cc4型占5.68%。筒瓦占15.92%，其中Ba1型占0.38%，Bc4型占14.02%，Cc4型占1.52%。陶片占16.3%，其中印纹占0.76%，竖条纹占0.76%，间断绳纹0.76%，凹弦纹占1.14%，素面占12.88%。陶饼占0.38%。砖块占1.52%，均为素面（表4.10）。

表4.10 H73出土遗物数量统计表

名称	型	灰陶/件	百分比/%	总百分比/%
板瓦	Aa1	15	5.68	65.90
	Bb1	6	2.27	
	Cb1	30	11.36	
	Bc4	95	35.98	
	Cc4	15	5.68	
	Bb9	4	1.52	
	Cb9	3	1.14	
	Cb10	6	2.27	
筒瓦	Bc4	37	14.02	15.92
	Cc4	4	1.52	
	Ba1	1	0.38	

名称	型	灰陶/件	百分比/%	总百分比/%
陶片	印纹	2	0.76	16.30
	竖条纹	2	0.76	
	间断绳纹	2	0.76	
	凹弦纹	3	1.14	
	素面	34	12.88	
砖	素面	4	1.52	1.52
陶饼	/	1	0.38	0.38
合计	/	264		100.00
百分比/%	/	100.00		

出土小件、标本18件，分建筑材料、陶器、铁器三类。分别介绍如下。

1. 建筑材料

根据用途，有砖、板瓦、筒瓦三种。分别介绍如下。

（1）砖

1件。为条砖。H73：16，残。泥质灰陶。一面饰中粗直绳纹，另一面素面。残长19.9、残宽15、厚5.4厘米（图4.198、图4.199）。

图4.198 条砖（H73：16）正、背、侧面照片

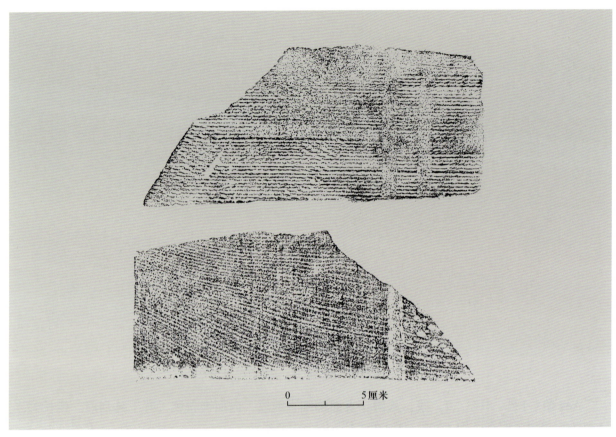

图4.203　Aa4型板瓦（H73：7）表、内面拓片

B型　3件。分三亚型。

Ba4-9型　1件。H73：4，残。灰陶。表面饰中粗交错绳纹，内面饰小菱形纹。残长12、残宽10、厚1～1.5厘米（图4.204、图4.205）。

图4.204　Ba4-9型板瓦（H73：4）表、内面照片

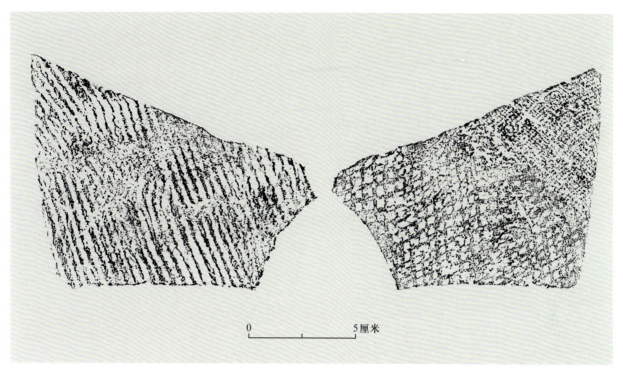

图 4.205　Ba4-9 型板瓦（H73：4）表、内面拓片

Bb1 型　1 件。H73：9，残。灰陶。表面饰中粗斜绳纹，内面素面。残长 8、残宽 10.5、厚 1.3 厘米（图 4.206、图 4.207）。

图 4.206　Bb1 型板瓦（H73：9）表、内面照片

图4.207　Bb1型板瓦（H73：9）表、内面拓片

Bc4型　1件。H73：6，残。灰陶。表面饰中粗直绳纹，内面饰布纹。一端有绳纹抹平部分宽约6、残长14.5、残宽9.3、厚2厘米（图4.208、图4.209）。

图4.208　Bc4型板瓦（H73：6）表、内面照片

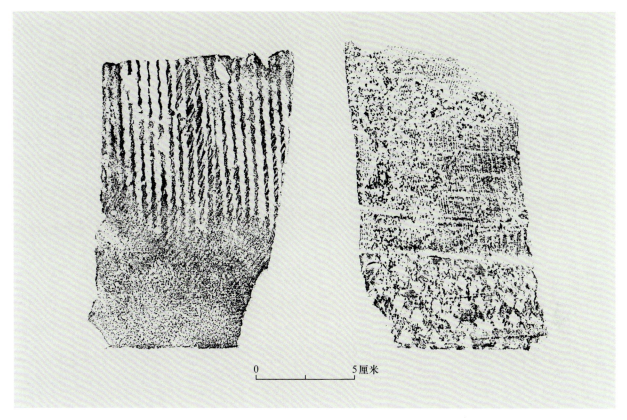

图4.209　Bc4型板瓦（H73∶6）表、内面拓片

C型　5件。分五亚型。

Ca9型　1件。H73∶3，残。灰陶。表面饰粗交错绳纹，内面饰小菱形纹。残长12.8、残宽13.4、厚1.8厘米（图4.210、图4.211）。

图4.210　Ca9型板瓦（H73∶3）表、内面照片

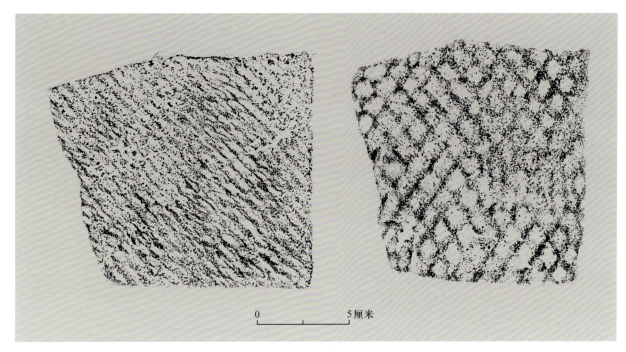

图4.211　Ca9型板瓦（H73∶3）表、内面拓片

Ca9-4型　1件。H73∶2，残。灰陶。表面饰粗交错绳纹，内面饰小菱形纹、布纹。残长13.8、残宽8.5、厚1.6厘米（图4.212、图4.213）。

图4.212　Ca9-4型板瓦（H73∶2）表、内面照片

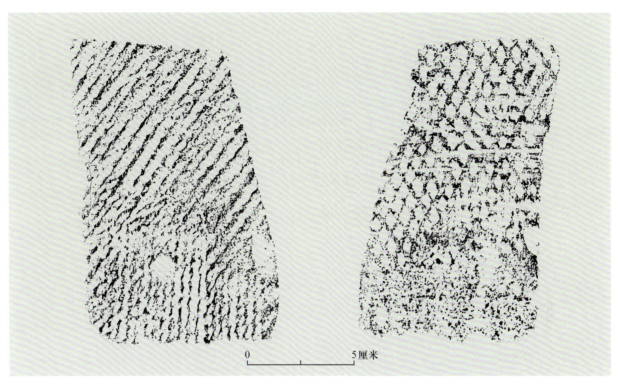

图4.213　Ca9-4型板瓦（H73∶2）表、内面拓片

　　Ca10型　1件。H73∶5，残。灰陶。表面饰粗交错绳纹，内面饰抹平绳纹。残长13.7、残宽14.3、厚1.5厘米（图4.214、图4.215）。

图4.214　Ca10型板瓦（H73∶5）表、内面照片

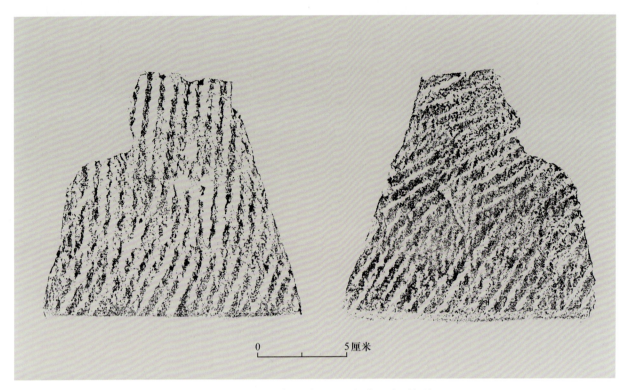

图4.215 Ca10型板瓦（H73：5）表、内面拓片

Cb3型 1件。H73：8，残。灰陶。表面饰粗斜绳纹，内面饰篦纹。残长13.3、残宽15.8、厚1.2厘米（图4.216、图4.217）。

图4.216 Cb3型板瓦（H73：8）表、内面照片

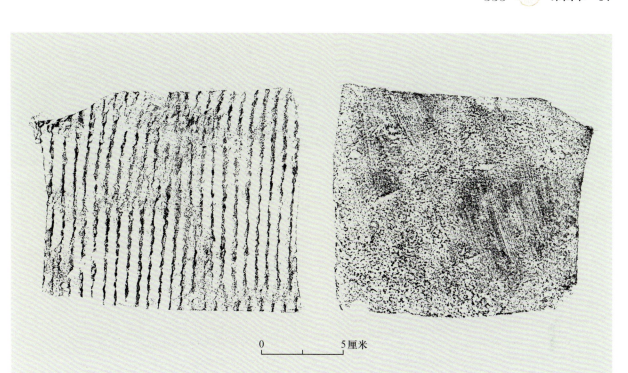

0 5厘米

图4.217 Cb3型板瓦（H73：8）表、内面拓片

Cb4型 1件。H73：10，残。灰陶。表面饰粗斜绳纹，内面饰布纹。残长14.2、残宽18、厚1.1厘米（图4.218、图4.219）。

图4.218 Cb4型板瓦（H73：10）表、内面照片

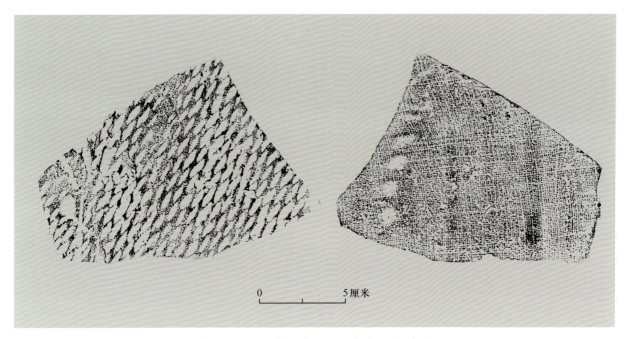

图4.219　Cb4型板瓦（H73：10）表、内面拓片

（3）筒瓦

3件。据表面绳纹粗细，分属A、C两型。分别介绍如下。

A型　2件。均属Ac4型。表面饰细直绳纹，内面饰布纹。

H73：14，残。灰陶。残长15、残径11、厚1.2厘米（图4.220、图4.221）。

图4.220　Ac4型筒瓦（H73：14）表、内面照片

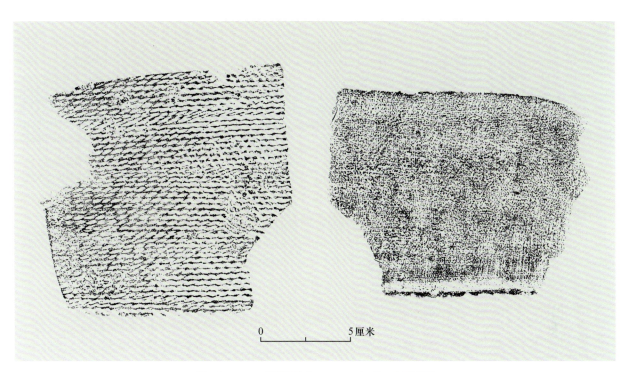

0   5厘米

图4.221　Ac4型筒瓦（H73：14）表、内面拓片

H73：13，残。灰陶。瓦唇向下绳纹抹平部分宽2.4、残长16、残径11.5、厚1.4、唇长4、唇厚1.1厘米（图4.222、图4.223）。

图4.222　Ac4型筒瓦（H73：13）表、内面照片

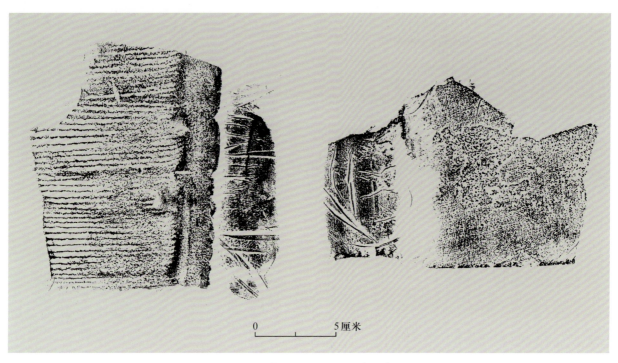

图4.223　Ac4型筒瓦（H73：13）表、内面拓片

C型　1件。属Cc4型。H73：12，残。灰陶。表面饰粗直绳纹，内面饰布纹。残长11、残径11.5、厚1.4厘米（图4.224、图4.225）。

图4.224　Cc4型筒瓦（H73：12）表、内面照片

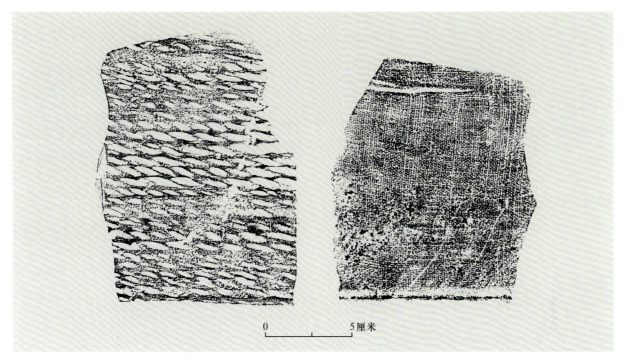

图4.225 Cc4型筒瓦（H73：12）表、内面拓片

2. 陶器

根据用途，有盆、陶饼两种。分别介绍如下。

（1）盆

2件。

H73：17，残。泥质灰陶。侈口，宽平沿外折，方唇，斜弧腹，内外均素面，内面轮制痕迹明显。复原口径40.9、沿宽3.9、残长17.1、残宽6.2、残高7.7、厚0.9厘米（图4.226、图4.227；彩版93；图版93）。

图4.226 陶盆（H73：17）外、内、侧面照片

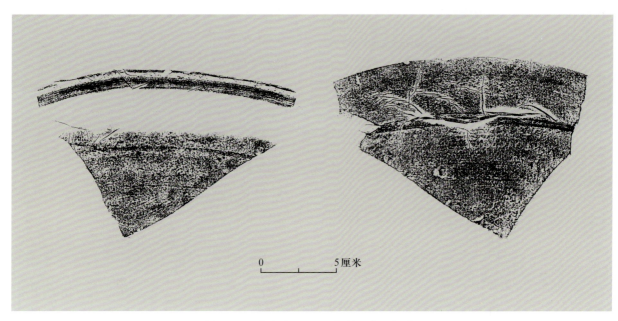

图4.227　陶盆（H73：17）外、内面拓片

　　H73：18，残。泥质灰陶。侈口，宽平沿外折，方唇，斜腹，外面饰间断绳纹，内面素面，轮制痕迹明显。复原口径81.1、沿宽5.1、残长10.6、残宽7.1、残高8.1、厚1厘米（图4.228、图4.229；彩版94；图版94）。

图4.228　陶盆（H73：18）外、内、侧面照片

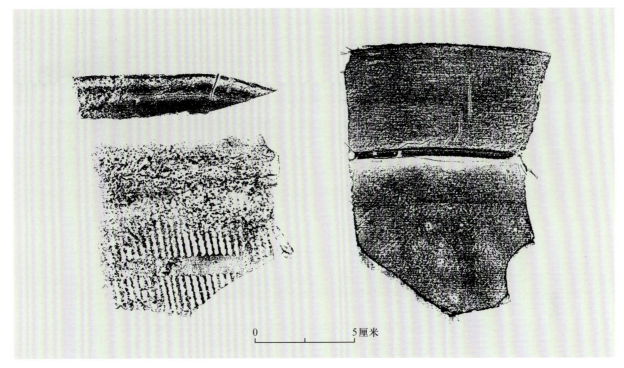

图4.229　陶盆（H73∶18）外、内面拓片

（2）陶饼

1件。H73∶15，残。泥质灰陶。圆形。用残陶片加工而成，外轮边缘打磨较粗糙，两面均素面。径4.5、厚0.7厘米（图4.230、图4.231；彩版95；图版95）。

图4.230　陶饼（H73∶15）正、背面照片

图4.231 陶饼（H73：15）正、背面拓片

3. 铁器

铁犁 1件。H73：1，锈蚀严重。长19.6、宽3.6～6.5、厚1.6厘米（图4.232、图4.233）。

图4.232 铁犁（H73：1）正、背、侧面照片

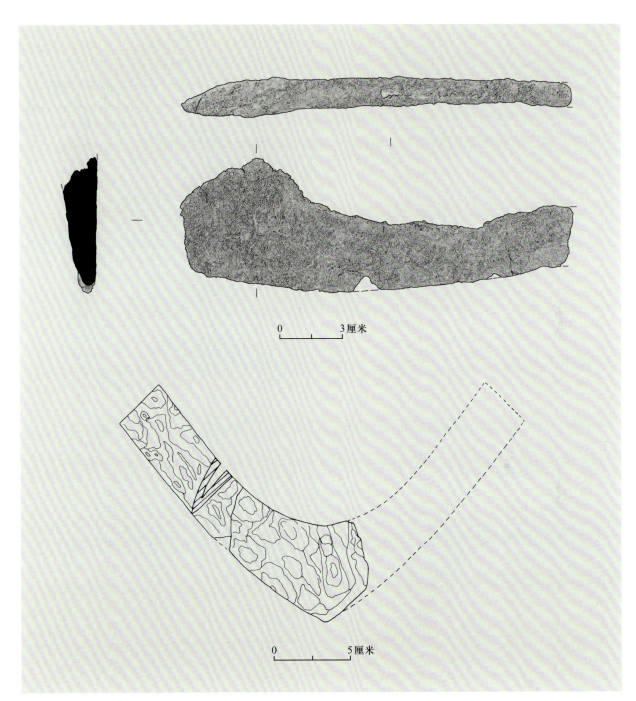

0　　　3厘米

0　　　5厘米

图4.233　铁犁（H73∶1）线图

二、夯土台基

F4

位于T7中部。开口于第4层下，口距地表0.24～0.36米，被H71打破（图4.234）。

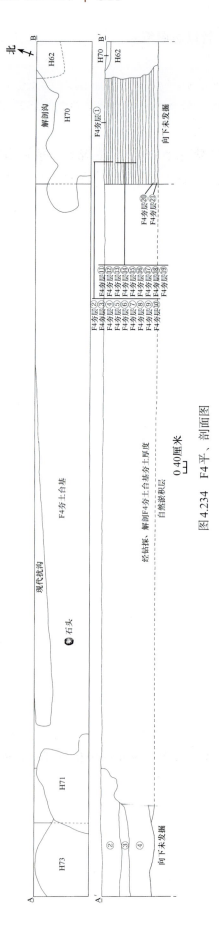

图4.234 F4平、剖面图

受发掘区限制未能完整揭露，暂以房屋编号。据勘探资料，夯土台基为南北向，南北长约80、东西宽约30.7~31米。

探方内发掘台基东西长26.7、厚1.9~1.95米。经解剖，上部夯层薄、底部夯层厚，共21层，厚约0.06~0.12米，表面有较为密集且相互叠压的夯窝，夯窝直径约0.05、深0.03~0.05米。从发掘情况看，夯层一层硬、一层软，每两层土色相近。

出土遗物96块，占探方出土遗物总数9.08%。据统计，板瓦占12.5%，均为Ab1型。筒瓦占6.25%，其中Ab4型占5.21%，Ac2型占1.04%。陶片占81.25%，其中凹弦纹占12.5%，绳纹占29.17%，素面占39.58%（表4.11）。

表4.11 F4夯土层出土遗物数量统计表

名称	型	灰陶/件	百分比/%	总百分比/%
板瓦	Aa1	12	12.50	12.50
筒瓦	Ab4	5	5.21	6.25
	Ac2	1	1.04	
陶片	凹弦纹	12	12.50	81.25
	素面	38	39.58	
	绳纹	28	29.17	
合计	/	96		100.00
百分比/%	/	100.00		

出土小件、标本7件，分建筑材料、陶器、石器三类。分别介绍如下。

1. 建筑材料

根据用途，有板瓦、筒瓦两种。分别介绍如下。

（1）板瓦

3件。均为弧形板瓦，据表面绳纹粗细，分属A、B两型。分别介绍如下。

A型 1件。属Aa1型。F4夯土层：1，残。灰陶。表面饰细交错绳纹，内面素面。残长8、残宽9、厚1厘米（图4.235、图4.236）。

B型 2件。分两亚型。

Ba1型 1件。F4夯土层：7，残。灰陶。表面饰中粗交错绳纹，内面素面。表面有一道宽4厘米的横向凹弦纹、残长21.2、残宽23.5、厚0.9~1.2厘米（图4.237、图4.238）。

Bc1型 1件。F4夯土层：2，残。灰陶。表面饰中粗直绳纹，内面素面。残长5.3、残宽7、厚1.2厘米（图4.239、图4.240）。

（2）筒瓦

1件。属Ab2型。F4夯土层：3，残。灰陶。表面饰细斜绳纹，内面饰麻点纹。一端有绳纹抹平部分残宽4.3厘米、残长9.2、残径8、厚0.9厘米（图4.241、图4.242）。

图4.235　Aa1型板瓦（F4夯土层：1）表、内面照片

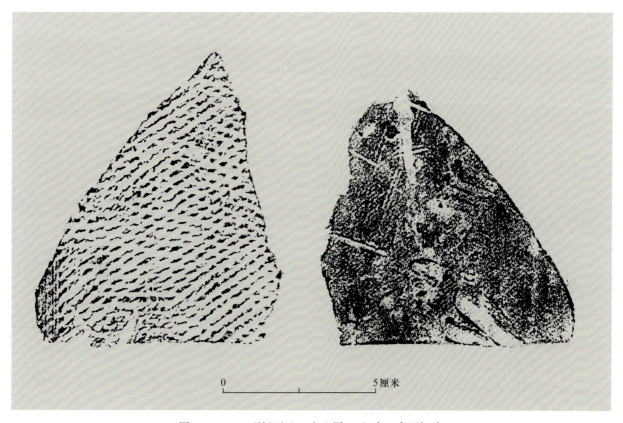

图4.236　Aa1型板瓦（F4夯土层：1）表、内面拓片

图4.237 Ba1型板瓦（F4夯土层：7）表、内面照片

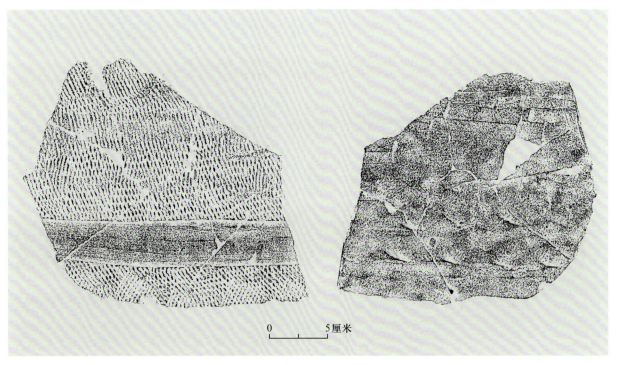

0　　　　5厘米

图4.238 Ba1型板瓦（F4夯土层：7）表、内面拓片

图4.239　Bc1型板瓦（F4夯土层：2）表、内面照片

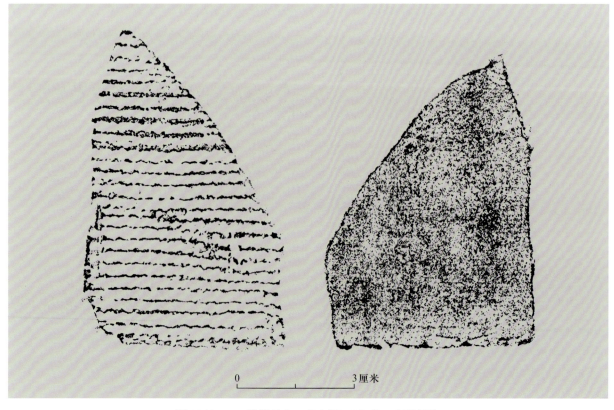

0　　　　　　　　3厘米

图4.240　Bc1型板瓦（F4夯土层：2）表、内面拓片

图4.241　Ab2型筒瓦（F4夯土层：3）表、内面照片

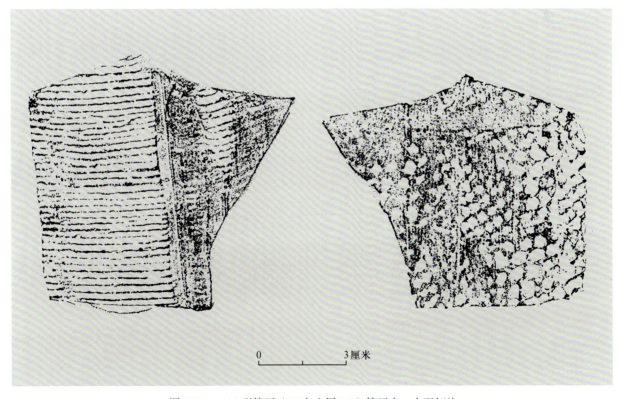

图4.242　Ab2型筒瓦（F4夯土层：3）筒瓦表、内面拓片

2. 陶器

根据用途，有釜、罐两种。分别介绍如下。

（1）釜

1件。F4夯土层：5，残。夹砂灰陶。敛口，外折沿，尖圆唇，斜弧肩，表面饰中粗交错绳纹，内面素面，轮制痕迹明显。复原口径23.5、沿宽1.4、残长10.7、残宽5.4、残高3.7、厚0.8厘米（图4.243、图4.244；彩版96；图版96）。

图4.243　陶釜（F4夯土层：5）外、内、侧面照片

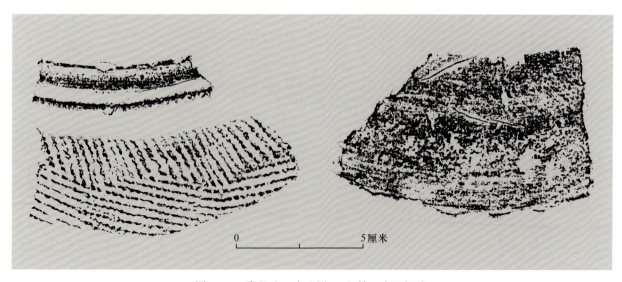

图4.244　陶釜（F4夯土层：5）外、内面拓片

（2）罐

1件。F4夯土层：6，残。泥质灰陶。侈口，外折沿，尖唇，短束颈，斜肩，距颈部4.5厘米处有一周凹弦纹，肩部饰中粗斜绳纹，内面素面，有明显轮制痕迹痕。复原口径10.5、沿宽0.6、残长10.5、残宽14.3、残高5.9、厚1厘米（图4.245、图4.246；彩版97；图版97）。

图4.245　陶罐（F4夯土层：6）外、内、侧面照片

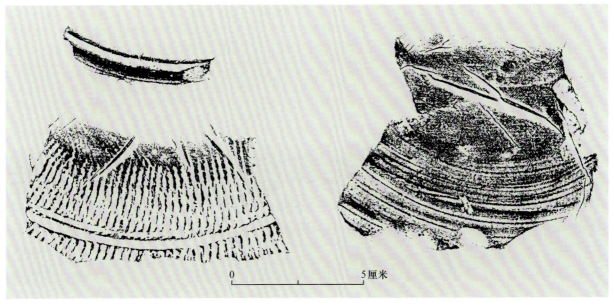

图4.246　陶罐（F4夯土层：6）外、内面拓片

3. 石器

砺石

1件。F4夯土层：4，残。青灰色。表面及背面均有明显打磨痕迹，残长8.5、残宽4.6、厚0.5～1.2厘米（图4.247、图4.248）。

图4.247　砺石（F4夯土层：4）正、背、侧面照片

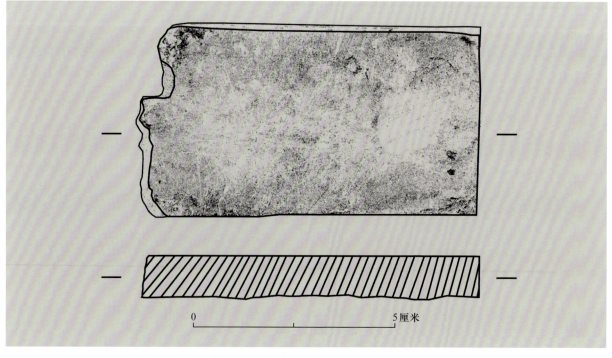

图4.248　砺石（F4夯土层：4）线图

第三节　结　语

　　根据发掘，确认之前在勘探工作中发现的夯土遗存确实存在，但保存较差。受发掘用地的限制，夯土遗存的整体形制尚未明晰。从遗迹开口，打破关系及出土遗物分析，夯土遗存的时代大致与二号古城同时，在西汉中期某一阶段形成，到东汉或略晚逐渐废弃。相关认识，有待今后对遗存开展更多工作后方可逐渐明晰。

中国田野考古报告集

考古学专刊

丁 种 第115号

秦汉栎阳城

2012～2018年考古报告

第二卷

（一号、二号古城试掘）

中 册

中国社会科学院考古研究所
西安市文物保护考古研究院　编著

科学出版社

北 京

内 容 简 介

秦汉栎阳城遗址是战国时期秦献公、孝公时期都城、秦末汉初塞王司马欣、汉王刘邦都城,同时还是都长安之前汉王朝的第一座都城,2001年被国务院公布为全国重点文物保护单位。本报告是中国社会科学院考古研究所与西安市文物保护考古研究院2012年以来持续开展栎阳城考古工作所获成果的系列报告之一。在全面整理考古资料基础上,刊布为确定一号、二号古城而开展发掘的T6、T7、T9、T10、T20、T24~T26等8个探方的全部考古资料。经科学编排,提供给考古学、历史系等相关学科学者使用。

本书可供考古学、文献学、秦汉史方面专家学者参考阅读。

图书在版编目(CIP)数据

秦汉栎阳城. 2012~2018年考古报告. 第二卷, 一号、二号古城试掘:全三册 / 中国社会科学院考古研究所, 西安市文物保护考古研究院编著. -- 北京:科学出版社, 2024.10. -- (中国田野考古报告集). -- ISBN 978-7-03-080162-3

Ⅰ. K872.414

中国国家版本馆CIP数据核字第2024SA4904号

责任编辑:王琳玮 / 责任校对:邹慧卿
责任印制:肖 兴 / 封面设计:张 放

科学出版社 出版
北京东黄城根北街16号
邮政编码:100717
http://www.sciencep.com
北京汇瑞嘉合文化发展有限公司印刷
科学出版社发行 各地新华书店经销

*

2024年10月第 一 版 开本:889×1194 1/16
2024年10月第一次印刷 印张:49 3/4 插页:194
字数:2080 000

定价:1280.00元(全三册)

(如有印装质量问题,我社负责调换)

下编

二号古城

第五章　T20

T20位于西安市阎良区武屯镇西相村关庄组西北300米处，T3北侧，因中间隔一条现代水渠无法打通，故另编号发掘。据勘探资料，此处位于二号城墙内侧，为进一步了解二号城内外堆积情况布设探方。探方南北向，南北长11、东西宽1.5米。发掘工作自2013年11月19日开始，至2013年12月4日发掘结束（图5.1、图5.2）。

图5.1　T20总平面图

图5.2　T20全景照（北—南）

通过发掘，探方内先后确定遗迹三种3个（灰坑1、墓葬1、路1）（表5.1）。出土各类小件、标本65件，分建筑材料、陶器、石器、铁器四类（表5.2）。此外出土各类遗物残片共313块（建筑材料占77.31%，陶器占23.33%、瓷器占0.47%）（表5.3）。

表5.1 **T20遗迹登记表**

编号	形制	开口	打破关系	备注
H10	近椭圆形	第5层下	打破第6、7、8a层、M9	斜壁缓坡底
M9	近梯形	第8a层下	打破第8b、9层，被H10打破	竖穴土坑瓮棺墓
L4	近梯形	第6层下	打破第8b层	路底近平

表5.2 **T20出土小件、标本登记表**

编号	名称	性质	保存情况	重量/千克	分型	规格/厘米		
						长	宽/径	厚
③:1	板瓦	陶	残	0.1	Cb10	8.5	8.7	1.5
③:2	板瓦	陶	残	0.11	Ca3	8	9.5	1.3
③:3	筒瓦	陶	残	0.04	Ab4	5.5	4.5	1
③:4	空心砖	陶	残	0.06	/	残长6.2、残宽6.2、残高3、厚0.8		
④:1	陶饼	陶	残	0.02	/	径4.1、厚0.9		
④:2	板瓦	陶	残	0.13	Bb4	12.5	5	1.7
④:3	板瓦	陶	残	0.07	Aa2	7.5	6	1
④:4	板瓦	陶	残	0.1	Cb1	10	8	1.1
④:5	板瓦	陶	残	0.08	Aa3	7.5	6	1.3
④:6	筒瓦	陶	残	0.08	Cc4	9.3	5	1.4
④:7	筒瓦	陶	残	0.07	Ab1	5.5	5.3	1.1
⑤:1	板瓦	陶	残	0.2	Cb1	11	9.8	1.7
⑤:2	板瓦	陶	残	0.11	Bb4	12	5.3	1.2
⑤:3	筒瓦	陶	残	0.18	Ab2	10.5	9	1.7
⑤:4	筒瓦	陶	残	0.19	Bc4	残长10.2、残径10.5、厚1.1、唇长4、厚1.2		
⑥:1	板瓦	陶	残	0.22	Cb2	13.5	8.5	1.3
⑥:2	板瓦	陶	残	0.18	Ca1	11	8	1.5
⑥:3	板瓦	陶	残	0.24	Ba2	11.5	15	1.4
⑥:4	板瓦	陶	残	0.14	Cb1	8.5	9.5	1.2
⑥:5	板瓦	陶	残	0.16	Cb4-10	7.5	10.5	1.5
⑥:6	筒瓦	陶	残	0.08	D4	7.3	6	1～1.5
⑧:1	陶饼	陶	残	0.05	/	径6.7、厚1.1		
⑧:2	残瓦当	陶	残	0.08	/	9.2	7.7	1.2
⑧:3	铁铲	铁	残	0.18	/	8.96	7.71	0.6
⑧:4	连云纹瓦当	陶	残	0.06	/	当复原径15.4、当厚1.1、边轮宽0.4、缘深0.3		
⑧:5	板瓦	陶	残	0.39	Ca1	12.5	13.5	1.5
⑧:6	板瓦	陶	残	0.1	Ca3	8.5	8	1.2

编号	名称	性质	保存情况	重量/千克	分型	规格/厘米		
						长	宽/径	厚
⑧：7	板瓦	陶	残	0.15	Ca1	10.5	10.2	1.2
⑧：8	板瓦	陶	残	0.17	Ab2	11.5	9.4	1.4
⑧：9	筒瓦	陶	残	0.11	Aa4	10	7.5	1.3
⑧：10	筒瓦	陶	残	0.28	Ab2	8	14	1.4～1.9
⑧：11	空心砖	陶	残	0.1	/	残长9.1、残宽8.5、残高2.2、厚0.7～1.1		
⑧：12	空心砖	陶	残	0.11	/	10.5	9.1	0.7
⑧：13	拱形砖	陶	残	0.18	/	8.2	7.5	2.5～3
⑧：14	陶盆	陶	残	0.11	/	复原口径38.7、沿宽1.8、残长14.3、残宽4.4、残高8.1、厚0.9		
⑧：15	陶釜	陶	残	0.06	/	复原口径27.1、沿宽0.7、残长8.4、残宽5、残高5.8、厚0.8		
⑨：1	陶盒	陶	残	0.51	/	复原口径17.9、沿宽1.1、残长15.7、残宽9.9、残高8.2、厚2.8		
⑨：2	陶片	陶	残	0.56	/	15.8	11	2.3
⑨：3	板瓦	陶	残	0.3	Aa1	7.7	12.5	1.4～2.3
⑨：4	板瓦	陶	残	0.28	Ca1	15	11	1.3
⑨：5	筒瓦	陶	残	0.2	Ba2	15	10	1.4
⑨：6	筒瓦	陶	残	0.21	Bb2	9.5	10	1.5
⑨：7	筒瓦	陶	残	0.14	Ab2	14	9.5	1
⑨：8	筒瓦	陶	残	0.13	Ba4	残长13.3、残径7、厚1.1、唇长2、厚0.7		
⑨：9	筒瓦	陶	残	0.3	D4	9	14.2	1.1～2
⑨：10	拱形砖	陶	残	0.21	/	6	9.5	3.2
⑨：11	弧形砖	陶	残	1.03	/	14.5	12.2	4.1
⑨：12	陶盆	陶	残	0.18	/	复原口径35.7、沿宽1.9、残长9、残宽2.4、残高6、厚0.7		
⑨：13	陶罐	陶	残	0.19	/	复原口径10.7、沿宽0.6、残长12.5、残宽11、残高9.1、厚1.3		
⑨：14	陶罐	陶	残	0.22	/	复原口径19.6、沿宽0.9、残长15.9、残宽10.3、残高9.9、厚1.1		
⑨：15	陶盆	陶	残	0.07	/	复原口径44.4、沿宽1.7、残长6.7、残宽2.2、残高8.4、厚0.7		
⑨：16	陶瓮	陶	残	0.29	/	复原口径86.1、沿宽4.9、残长12、残宽5.4、残高6.3、厚1.7		
⑨：17	筒瓦	陶	残	0.07	D2	6.3	8.1	1.2
⑨：18	陶罐	陶	残	0.25	/	复原口径11.4、沿宽0.9、残长18.1、残宽15、残高9.4、厚0.7		
⑨：19	陶罐	陶	残	0.1	/	复原口径12.4、沿宽0.7、残长9.8、残宽10.6、残高5.2、厚0.7		

续表

编号	名称	性质	保存情况	重量/千克	分型	规格/厘米		
						长	宽/径	厚
⑩：1	石珠	石	残	0.04	/	长3、宽2.4、孔径0.5		
H10：1	板瓦	陶	残	0.07	Bb1	6.9	6	1.3
H10：2	板瓦	陶	残	0.08	Cb3	8	5	1.3
H10：3	筒瓦	陶	残	0.06	Ba4	5.3	6.5	0.9～1.4
H10：4	筒瓦	陶	残	0.07	Cb4	8.7	6.4	1.5
H10：5	陶盆	陶	残	0.04	/	复原口径31.9、沿宽1.5、残长5.8、残宽2、残高6.7、厚0.8		
H10：6	陶釜	陶	残	0.08	/	复原口径28.3、沿宽0.9、残长8.1、残宽4.3、残高5.1、厚0.9		
M9：1	陶盆	陶	残	9.86	/	口径44.2、沿宽2.1、残高16.8、厚1		
M9：2	陶甑	陶	残	5.39	/	口径46.1、沿宽0.9、高26.6、腹径49.3、底径20.1、壁厚1.1		
M9：3	陶盆	陶	残	1.24	/	复原口径45、沿宽1.2、残高16.7、厚0.9		

表5.3　T20出土遗物数量统计表

名称	型	③	④	⑤	⑥	⑧b	⑨	H10	合计	百分比/%	总百分比/%
		灰/件	灰/件	灰/件	灰/件	灰/件	灰/件	灰/件			
板瓦	Ab1	/	/	/	/	/	8	/	8	2.56	56.54
	Bb1	10	2	20	6	5	10	5	58	18.53	
	Ba1	/	/	/	5	5	/	/	10	3.19	
	Cc1	/	/	/	2	/	/	/	2	0.64	
	Cb1	6	12	5	6	10	46	6	91	29.06	
	Bc2	/	1	/	/	/	/	/	1	0.32	
	Bb2	/	/	/	/	1	1	/	2	0.64	
	Bc4	/	1	/	/	/	/	/	1	0.32	
	Bb4	/	/	1	/	/	/	/	1	0.32	
	Cb10	/	/	/	1	/	/	/	1	0.32	
	D4	2	/	/	/	/	/	/	2	0.64	
筒瓦	Ac2	/	/	1	/	4	5	/	10	3.19	18.85
	Ab2	/	/	/	/	/	3	/	3	0.96	
	Bb2	/	/	/	/	/	4	/	4	1.28	
	Ba2	/	/	/	/	/	2	/	2	0.64	
	Bc4	/	3	10	/	5	5	3	26	8.31	
	Bb4	2	/	/	/	/	/	/	2	0.64	
	Cc4	/	1	/	/	/	/	1	2	0.64	
	D4	/	/	/	/	6	4	/	10	3.19	
砖块	素面砖	/	/	/	/	1	2	/	3	0.96	1.92
	空心砖	1	/	/	/	/	2	/	3	0.96	

续表

名称	型	③ 灰/件	④ 灰/件	⑤ 灰/件	⑥ 灰/件	⑧b 灰/件	⑨ 灰/件	H10 灰/件	合计	百分比/%	总百分比/%
陶片	绳纹	/	/	/	/	/	3	/	3	0.96	23.33
	间断绳纹	/	/	/	/	/	2	/	2	0.64	
	印纹	/	/	/	/	/	2	/	2	0.64	
	素面	8	6	7	14	7	17	/	59	18.85	
	凹弦纹	/	/	/	/	1	/	/	1	0.32	
	印纹＋凹弦纹	/	/	/	1	3	/	/	4	1.28	
合计		/	29	26	44	41	48	110	15	313	100.00	100.00
百分比/%		/	9.27	8.31	14.06	13.1	15.34	36.13	4.79			

第一节　地　层

根据土质、土色及包含物的不同，T20内地层堆积分为11层（其中第8层分8a、8b两亚层），地层堆积按四壁介绍，出土遗物以北壁、东壁统计介绍。

一、地　层　堆　积

（一）北壁

第1层：灰褐色土。厚0.18～0.22米。分布全方，堆积近平。土质较软，结构疏松。内含大量的植物根系、少量红色砖渣、小石子。

第2层：浅黄色土。深0.18～0.22、厚0.22～0.3米。分布全方，堆积近平。土质较软，结构稍致密。内含少量植物根系、红色砖渣。

第3层：浅褐色土。深0.42～0.96、厚0.36～0.44米。分布全方，堆积近平。土质较软，结构疏松。内含炭粒、板瓦、筒瓦陶片。本层遍布全方，堆积近平。本层出土遗物残片占探方出土遗物总数的9.27%。据该层出土遗物残片统计，板瓦占62.07%，其中Bb1型占34.48%，Cb1型占20.69%，D4型占6.9%。筒瓦占6.9%，均为Bb4型。陶片占27.58%，均为素面。砖块占3.45%，均为空心砖（表5.4）。

表5.4　T20第3层出土遗物数量统计表

名称	型	灰陶/件	百分比/%	总百分比/%
板瓦	Bb1	10	34.48	62.07
	Cb1	6	20.69	
	D4	2	6.90	

续表

名称	型	灰陶/件	百分比/%	总百分比/%
筒瓦	Bb4	2	6.90	6.90
砖块	空心砖	1	3.45	3.45
陶片	素面	8	27.58	27.58
合计	/	29	100.00	

第4层：浅褐色土。深0.78～0.96、厚0.4～0.56米。分布全方，堆积呈南高北低的坡状。土质较软，结构较疏松。内含少量红烧土颗粒、炭粒、板瓦、筒瓦、陶片。出土遗物残片占探方出土遗物总数的9.31%。据该层出土遗物残片统计，板瓦占61.53%，其中Bb1型占7.69%，Cb1型占46.14%，Bc4型占3.85%，Bc2型占3.85%。筒瓦占15.39%，其中Bc4型占11.54%，Cc4型占3.85%。陶片占23.08%，均为素面（表5.5）。

表5.5　T20第4层出土遗物数量统计表

名称	型	灰陶/件	百分比/%	总百分比/%
板瓦	Bb1	2	7.69	61.53
	Cb1	12	46.14	
	Bc4	1	3.85	
	Bc2	1	3.85	
筒瓦	Bc4	3	11.54	15.39
	Cc4	1	3.85	
陶片	素面	6	23.08	23.08
合计	/	26	100.00	

第5层：黄褐色土。深1.18～1.5、厚0.18～0.44米。分布全方，堆积呈南高北低的坡状。土质较软，结构疏松。内含少量板瓦、筒瓦、陶片。H10开口于此层下。出土遗物残片占探方出土遗物总数的14.06%。据该层出土遗物残片统计，板瓦占60.09%，其中Bb1型占45.46%，Cb1型占11.36%，Bb4型占2.27%。筒瓦占25%，其中Bc4型占22.73%，Ac2型占2.27%。陶片占15.91%，均为素面（表5.6）。

表5.6　T20第5层出土遗物数量统计表

名称	型	灰陶/件	百分比/%	总百分比/%
板瓦	Bb1	20	45.46	59.09
	Cb1	5	11.36	
	Bb4	1	2.27	
筒瓦	Bc4	10	22.73	25.00
	Ac2	1	2.27	
陶片	素面	7	15.91	15.91
合计	/	44	100.00	

第6层：褐色土。深1.52～1.64、厚0.22～0.24米。分布全方，堆积呈南北高，中间低凹。土

质较软，结构疏松。内含板瓦、筒瓦、陶片。L4开口于此层下。出土遗物残片占探方出土遗物总数的13.31%。据该层出土遗物残片统计，板瓦占48.78%，其中Cb1型占14.63%，Cc1型占4.88%，Cb10型占2.44%，Bb1型占14.63%，Ba1占12.2%。筒瓦占14.63%，均为D4型。陶片占36.59%，其中素面占34.15%，凹弦纹＋印纹占2.44%（表5.7）。

表5.7　T20第6层出土遗物数量统计表

名称	型	灰陶/件	百分比/%	总百分比/%
板瓦	Cb1	6	14.63	48.78
	Cc1	2	4.88	
	Cb10	1	2.44	
	Bb1	6	14.63	
	Ba1	5	12.20	
筒瓦	D4	6	14.63	14.63
陶片	凹弦纹＋印纹	1	2.44	36.59
	素面	14	34.15	
合计	/	41	100.00	

第8b层：黄褐色土。深2.3～2.42、厚0.4～0.5米。分布全方，堆积呈南高北低的坡状。土质较软，结构较疏松。内含少量陶片、瓦片。

第10层：黑褐色土。深2.74～2.9、厚0.24～0.36米。分布探方南北两端，堆积近平。土质稍软，结构疏松。内含少量、板瓦、筒瓦、砖块、陶片。出土遗物残片占探方出土遗物总数的15.34%。据该层出土遗物残片统计，板瓦占43.76%，其中Cb1型占20.84%，Bb1型占10.42%，Ba1型占10.42%，Bb2型占2.08%。筒瓦占27.08%，其中Ac2型占8.33%，Bc4型占10.42%，D4型占8.33%。砖占6.25%，其中空心砖占4.17%，素面砖占2.08%。陶片占22.91%，其中素面占14.58%，凹弦纹＋印纹占6.25%，凹弦纹占2.08%（表5.8）。

表5.8　T20第8b层出土遗物数量统计表

名称	型	灰陶/件	百分比/%	总百分比/%
板瓦	Cb1	10	20.84	43.76
	Bb1	5	10.42	
	Ba1	5	10.42	
	Bb2	1	2.08	
筒瓦	Ac2	4	8.33	27.08
	Bc4	5	10.42	
	D4	4	8.33	
砖	空心砖	2	4.17	6.25
	素面砖	1	2.08	
陶片	凹弦纹	1	2.08	22.91
	印纹＋凹弦纹	3	6.25	
	素面	7	14.58	
合计	/	48	100.00	

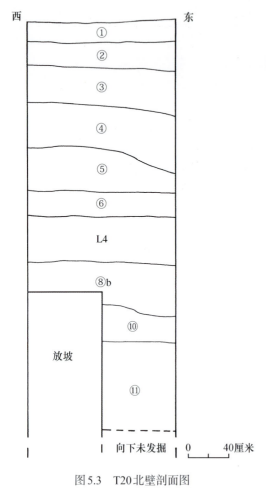

图 5.3　T20 北壁剖面图

第11层：黄色土。深 3.12～3.18、厚 0.92～0.94 米。分布全方，堆积呈南北两端高，中间低凹。土质较软，结构较疏松，无包含物（图 5.3）。在清理确定无包含物后，经钻探 2 米亦同样如此，故未再向下发掘。

（二）东壁

第1层：灰褐色土。厚 0.16～0.22 米。分布全方，堆积近平。土质较软，结构疏松。内含大量的植物根系、少量红色砖渣、小石子。

第2层：浅黄色土。深 0.16～0.22、厚 0.24～0.42 米。分布全方，堆积近平。土质较软，结构稍致密。内含少量植物根系、红色砖渣。

第3层：浅褐色土。深 0.42～0.52、厚 0.38～0.52 米。分布全方，堆积近平。土质较软，结构疏松。内含炭粒、板瓦、筒瓦陶片。本层遍布全方，堆积近平。

第4层：浅褐色土。深 0.82～1.02、厚 0.28～0.54 米。分布全方，堆积呈南高北低的坡状。土质较软，结构较疏松。内含少量红烧土颗粒、炭粒、板瓦、筒瓦、陶片。

第5层：黄褐色土。深 1.22～1.54、厚 0.16～0.5 米。分布全方，堆积呈南高北低的坡状。土质较软，结构疏松。内含少量板瓦、筒瓦、陶片。H10 开口于此层下。

第6层：褐色土。深 1.58～1.9、厚 0～0.7 米。分布全方，堆积呈南北高，中间低凹。土质较软，结构疏松。内含板瓦、筒瓦、陶片。L4 开口于此层下。

第7层：黄色土。深 1.7～2.44、厚 0～0.18 米。分布探方南部，呈南高北低坡状。土质较软，结构较疏松。

第8a层：灰褐色土。深 1.82～2.42、厚 0～0.48 米。分布探方南部，堆积呈南高北低的坡状。土质较软，结构疏松。M9 开口于此层下。

第8b层：黄褐色土。深 2.18～2.5、厚 0.26～0.68 米。分布全方，堆积呈南高北低的坡状。土质较软，结构较疏松。内含少量陶片、瓦片。

第9层：黄褐色土。深 2.58～3、厚 0～1.12 米。分布探方中南大部，只在距北壁 2.5 米长度未分布，堆积南北两端高，中间低凹。土质较软，结构较疏松。内含较多板瓦、筒瓦、陶片。出土遗物残片占探方出土遗物总数的 36.13%。据该层出土遗物残片统计，板瓦占 59.07%，其中 Ab1 型占 7.27%，Bb1 型占 9.09%，Cb1 型占 41.81%，Bb2 型占 0.9%。筒瓦占 17.29%，其中 Bc4 型占 4.55%，Ac2 型占 4.55%，Ab2 型占 2.73%，Bb2 型占 3.64%，Ba2 型占 1.82%。砖占 1.82%，均为素面。陶片占 21.82%，其中素面占 15.45%，印纹占 1.82%，间断绳纹占 1.82%，绳纹占 2.73%（表 5.9）。

表5.9 **T20第9层出土遗物数量统计表**

名称	型	灰陶/件	百分比/%	总百分比/%
板瓦	Ab1	8	7.27	59.07
	Bb1	10	9.09	
	Cb1	46	41.81	
	Bb2	1	0.90	
筒瓦	Bc4	5	4.55	17.29
	Ac2	5	4.55	
	Ab2	3	2.73	
	Bb2	4	3.64	
	Ba2	2	1.82	
砖	素面	2	1.82	1.82
陶片	绳纹	3	2.73	21.82
	间断绳纹	2	1.82	
	印纹	2	1.82	
	素面	17	15.45	
合计	/	110	100.00	

第10层：黑褐色土。深2.98～4.06、厚0～0.28米。分布探方南北两端，堆积近平。土质稍软，结构疏松。内含少量、板瓦、筒瓦、砖块、陶片。

第11层：黄色土。深3.12～3.44、厚0～0.9米。分布全方，堆积呈南北两端高，中间低凹。土质较软，结构较疏松，无包含物（图5.4）。

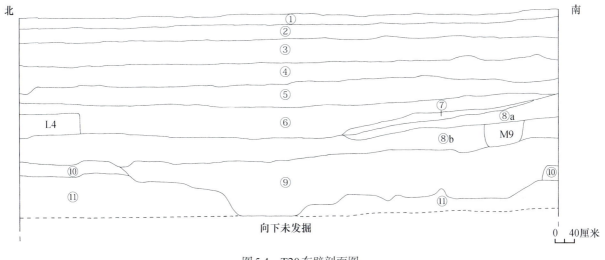

图5.4 T20东壁剖面图

（三）南壁

第1层：灰褐色土。厚0.12～0.14米。分布全方，堆积近平。土质较软，结构疏松。内含大量的植物根系、少量红色砖渣、小石子。

第2层：浅黄色土。深0.12～0.14、厚0.42米。分布全方，堆积近平。土质较软，结构稍致密。内含少量植物根系、红色砖渣。

第3层：浅褐色土。深0.52～0.58、厚0.42～0.46米。分布全方，堆积近平。土质较软，结构疏松。内含炭粒、板瓦、筒瓦陶片。本层遍布全方，堆积近平。

第4层：浅褐色土。深0.96～1.02、厚0.32～0.36米。分布全方，堆积呈南高北低的坡状。土质较软，结构较疏松。内含少量红烧土颗粒、炭粒、板瓦、筒瓦、陶片。

第5层：黄褐色土。深1.32～1.38、厚0.28～0.3米。分布全方，堆积呈南高北低的坡状。土质较软，结构疏松。内含少量板瓦、筒瓦、陶片。H10开口于此层下。

第8a层：灰褐色土。深1.62～1.7、厚0.3～0.46米。分布探方南部，堆积呈南高北低的坡状。土质较软，结构疏松。M9开口于此层下。

第8b层：黄褐色土。深1.94～2.16、厚0.42～0.66米。分布全方，堆积呈南高北低的坡状。土质较软，结构较疏松。内含少量陶片、瓦片。

第9层：黄褐色土。深2.58～2.6、厚0.48～0.58米。分布探方中南大部，只在距北壁2.5米长度未分布，堆积南北两端高，中间低凹。土质较软，结构较疏松。内含较多板瓦、筒瓦、陶片。

第10层：黑褐色土。深3.1～3.16、厚0.24～0.3米。分布探方南北两端，堆积近平。土质稍软，结构疏松。内含少量、板瓦、筒瓦、砖块、陶片。

第11层：黄色土。深3.38～3.46、厚0.54～0.56米。分布全方，堆积呈南北两端高，中间低凹。土质较软，结构较疏松，无包含物（图5.5）。

（四）西壁

第1层：灰褐色土。厚0.08～0.2米。分布全方，堆积近平。土质较软，结构疏松。内含大量的植物根系、少量红色砖渣、小石子。

第2层：浅黄色土。深0.08～0.2、厚0.2～0.44米。分布全方，堆积近平。土质较软，结构稍致密。内含少量植物根系、红色砖渣。

第3层：浅褐色土。深0.34～0.54、厚0.4～0.56米。分布全方，堆积近平。土质较软，结构疏松。内含炭粒、板瓦、筒瓦陶片。本层遍布全方，堆积近平。

第4层：浅褐色土。深0.76～0.96、厚0.4～0.56米。分布全方，堆积呈南高北低的坡状。土质较软，结构较疏松。内含少量红烧土颗粒、炭粒、板瓦、筒瓦、陶片。

第5层：黄褐色土。深1.18～1.4、厚0.08～0.52米。分布全方，堆积呈南高北低的坡状。土质较软，

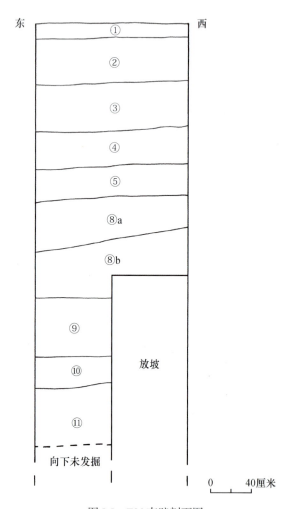

东　　　　　　　　西

① ② ③ ④ ⑤ ⑧a ⑧b ⑨ ⑩ ⑪

放坡

向下未发掘

0　　40厘米

图5.5　T20南壁剖面图

结构疏松。内含少量板瓦、筒瓦、陶片。H10开口于此层下。

第6层：褐色土。深1.6~1.78、厚0~0.78米。分布全方，堆积呈南北高，中间低凹。土质较软，结构疏松。内含板瓦、筒瓦、陶片。L4开口于此层下。

第7层：黄色土。深1.68~2.46、厚0~0.2米。分布探方南部，呈南高北低坡状。土质较软，结构较疏松。

第8a层：灰褐色土。深1.74~2.24、厚0~0.32米。分布探方南部，堆积呈南高北低的坡状。土质较软，结构疏松。M9开口于此层下。

第8b层：黄褐色土。深1.96~2.1、厚0.22~0.66米。分布全方，堆积呈南高北低的坡状。土质较软，结构较疏松。内含少量陶片、瓦片。

第9层：黄褐色土。深2.3~2.84、厚0~1.1米。分布探方中南大部，只在距北壁2.5米长度未分布，堆积南北两端高，中间低凹。土质较软，结构较疏松。内含较多板瓦、筒瓦、陶片。

第10层：黑褐色土。深3.08~3.88、厚0.14~0.36米。分布探方南北两端，堆积近平。土质稍软，结构疏松。内含少量、板瓦、筒瓦、砖块、陶片。

第11层：黄色土。深2.96~3.4、厚0~0.94米。分布全方，堆积呈南北两端高，中间低凹。土质较软，结构较疏松，无包含物（图5.6）。

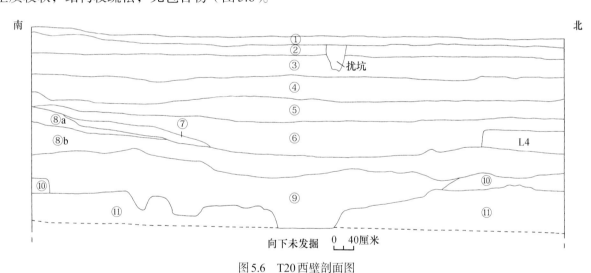

图5.6 T20西壁剖面图

二、出 土 遗 物

出土小件、标本56件，分建筑材料、陶器、石器、铁器四类。分别介绍如下。

（一）建筑材料

根据用途，有砖、板瓦、筒瓦、瓦当四种。分别介绍如下。

1. 砖

6件。据器物形制不同，分三种，分别介绍如下。

（1）空心砖

3件。

③：4，残。呈灰色。夹砂陶。外面饰细绳纹，内面饰布纹。残长6.2、残宽6.2、残高3、厚0.8厘米（图5.7、图5.8）。

图5.7 空心砖（③：4）外、内、侧面照片

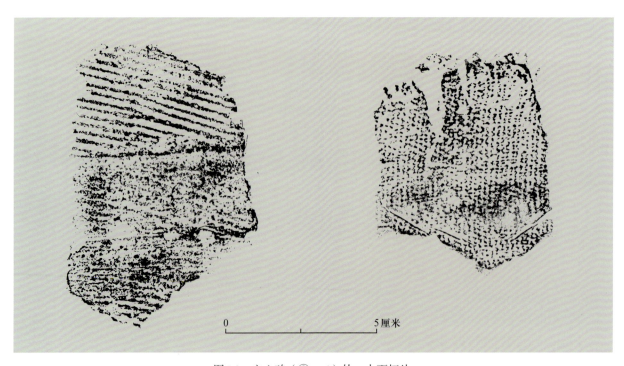

图5.8 空心砖（③：4）外、内面拓片

⑧：11，残。呈灰色。夹砂陶。外面饰细绳纹，内面饰布纹。残长9.1、残宽8.5、残高2.2、厚0.7~1.1厘米（图5.9、图5.10）。

图5.9　空心砖（⑧：11）外、内面照片

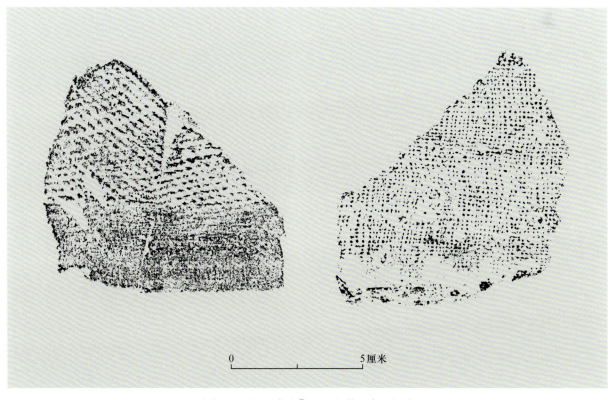

图5.10　空心砖（⑧：11）外、内面拓片

⑧：12，残。呈灰色。夹砂陶。外面饰细绳纹，内面饰布纹。残长10.5、残宽9.1、厚0.7厘米（图5.11、图5.12）。

图5.11　空心砖（⑧：12）外、内面照片

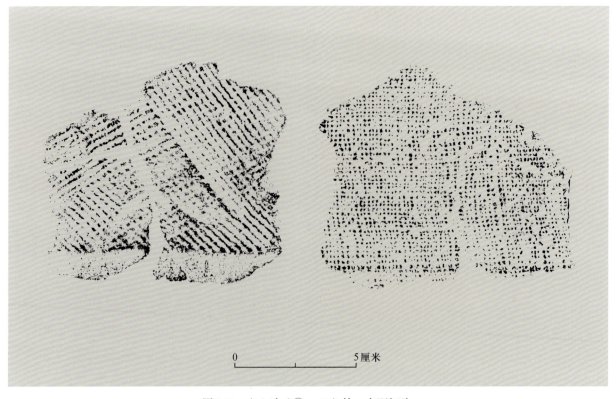

图5.12　空心砖（⑧：12）外、内面拓片

（2）拱形砖

2件。

⑧：13，残。呈灰色。一面饰菱格纹，另一面素面。残长8.2、残宽7.5、厚2.5～3厘米（图5.13、图5.14）。

图5.13　拱形砖（⑧：13）正、背、侧面照片

0　　　　　　　　5厘米

图5.14　拱形砖（⑧：13）正、背面拓片

⑨：10，残。呈灰色。一面饰菱格纹，另一面饰细斜绳纹。残长6、残宽9.5、厚3.2厘米（图5.15、图5.16）。

图5.15　拱形砖（⑨：10）正、背、侧面照片

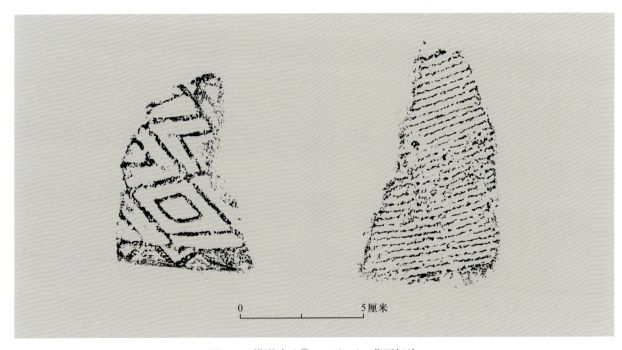

0　　　　　　　　5厘米

图5.16　拱形砖（⑨：10）正、背面拓片

（3）弧形砖

1件。⑨：11，残。呈灰色。一面饰细交错绳纹、乳钉纹，另一面素面。残长14.5、宽12.2、厚4.1、乳钉直径1.6厘米（图5.17、图5.18；彩版98；图版98）。

图5.17　弧形砖（⑨：11）正、背、侧面照片

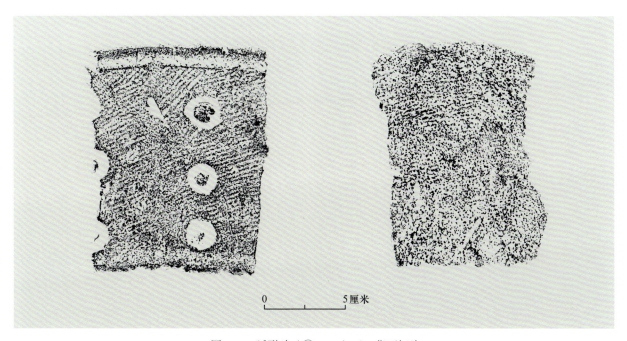

0 ————— 5厘米

图5.18　弧形砖（⑨：11）正、背面拓片

2. 板瓦

19件。均为弧形板瓦。据表面绳纹粗细，分属A、B、C三型。分别介绍如下。

A型　4件。分四亚型。

Aa1型　1件。表面饰细交错绳纹，内面素面。⑨：3，残。灰陶。残长7.7、残宽12.5、厚1.4～2.3厘米（图5.19、图5.20）。

图5.19　Aa1型板瓦（⑨：3）表、内面照片

图5.20　Aa1型板瓦（⑨：3）表、内面拓片

Aa2型 1件。表面饰细交错绳纹，内面饰麻点纹。④：3，残。灰陶。残长7.5、残宽6、厚1厘米（图5.21、图5.22）。

图5.21 Aa2型板瓦（④：3）表、内面照片

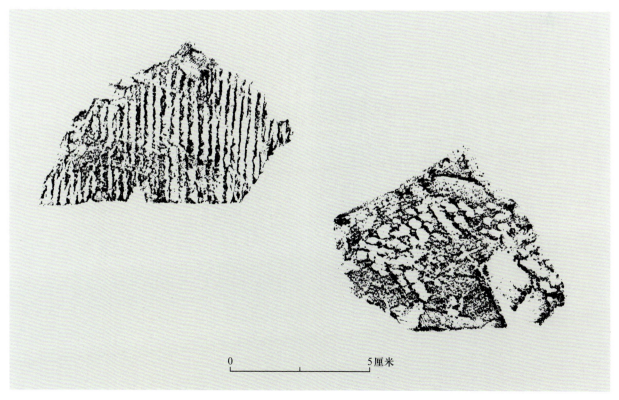

0   5厘米

图5.22 Aa2型板瓦（④：3）表、内面拓片

Aa3型　1件。表面饰细交错绳纹，内面饰篦纹。④：5，残。灰陶。残长7.5、残宽6、厚1.3厘米（图5.23、图5.24）。

图5.23　Aa3型板瓦（④：5）表、内面照片

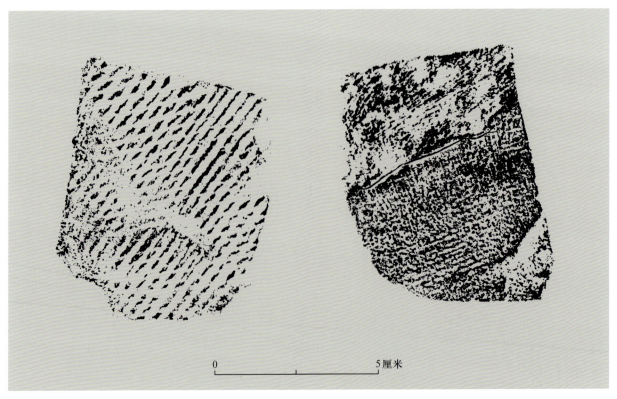

0　　　　　　　　　　　5厘米

图5.24　Aa3型板瓦（④：5）表、内面拓片

　　Ab2型　1件。表面饰细斜绳纹，内面饰麻点纹。⑧：8，残。灰陶。残长11.5、残宽9.4、厚1.4厘米（图5.25、图5.26）。

图5.25　Ab2型板瓦（⑧：8）表、内面照片

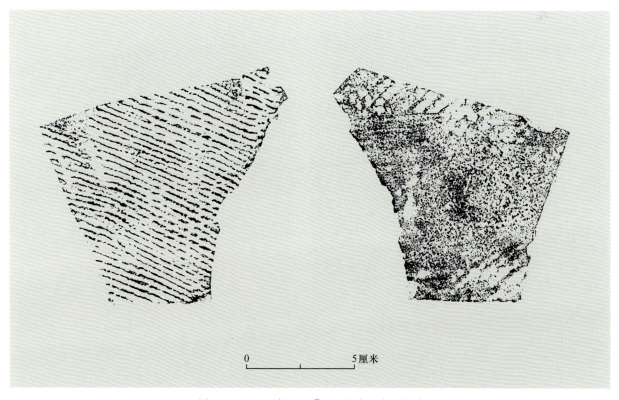

图5.26　Ab2型板瓦（⑧：8）表、内面拓片

B型　3件。分两亚型。

Ba2型　1件。表面饰中粗交错绳纹，内面饰麻点纹。⑥：3，残。灰陶。残长11.5、残宽15、厚1.4厘米（图5.27、图5.28）。

图5.27　Ba2型板瓦（⑥：3）表、内面照片

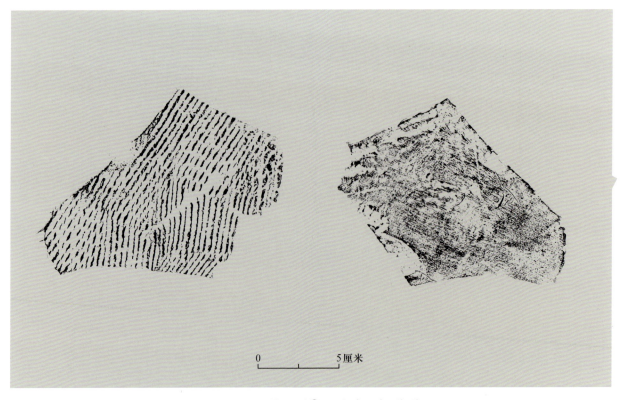

0　　　　　5厘米

图5.28　Ba2型板瓦（⑥：3）表、内面拓片

Bb4型　2件。表面饰中粗斜绳纹，内面饰布纹。

④：2，残。灰陶。残长12.5、残宽5、厚1.7厘米（图5.29、图5.30）。

图5.29　Bb4型板瓦（④：2）表、内面照片

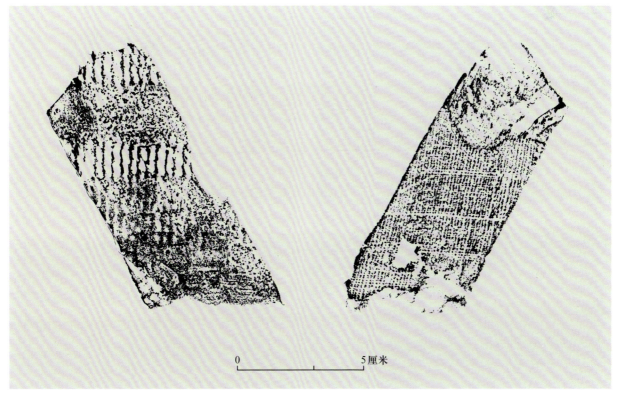

0　　　　　　　　5厘米

图5.30　Bb4型板瓦（④：2）表、内面拓片

⑤：2，残。灰陶。残长12、残宽5.3、厚1.2厘米（图5.31、图5.32）。

图5.31　Bb4型板瓦（⑤：2）表、内面照片

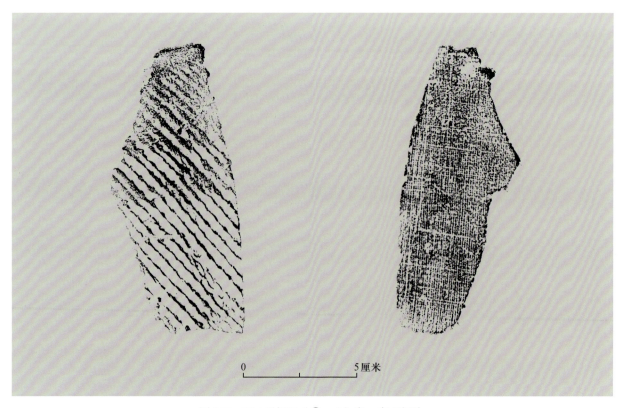

图5.32　Bb4型板瓦（⑤：2）表、内面拓片

C型　12件。分六亚型。

Ca1型　4件。表面饰粗交错绳纹，内面素面。

⑥：2，残。灰陶。残长11、残宽8、厚1.5厘米（图5.33、图5.34）。

图5.33　Ca1型板瓦（⑥：2）表、内面照片

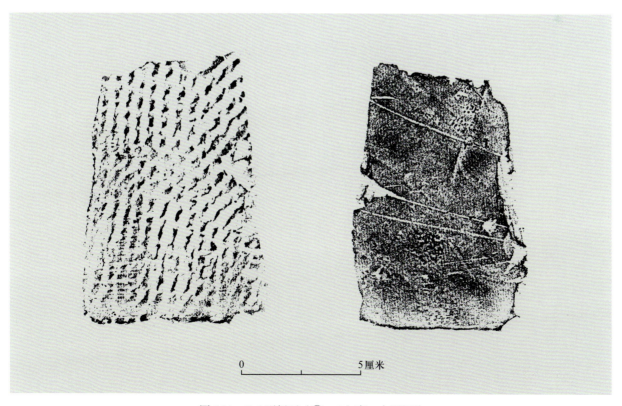

图5.34　Ca1型板瓦（⑥：2）表、内面拓片

⑧：5，残。灰陶。残长12.5、残宽13.5、厚1.5厘米（图5.35、图5.36）。

图5.35　Ca1型板瓦（⑧：5）表、内面照片

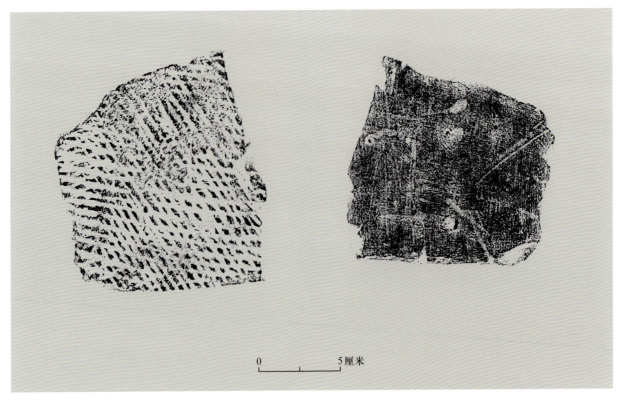

图5.36　Ca1型板瓦（⑧：5）表、内面拓片

⑧：7，残。灰陶。残长10.5、残宽10.2、厚1.2厘米（图5.37、图5.38）。

图5.37　Ca1型板瓦（⑧：7）表、内面照片

0 　　　　　　　5厘米

图5.38　Ca1型板瓦（⑧：7）表、内面拓片

⑨：4，残。灰陶。残长15、残宽11、厚1.3厘米（图5.39、图5.40）。

图5.39　Ca1型板瓦（⑨：4）表、内面照片

0 _____ 5厘米

图5.40　Ca1型板瓦（⑨：4）表、内面拓片

Ca3型 2件。表面饰粗交错绳纹，内面饰篦纹。

③：2，残。灰陶。残长8、残宽9.5、厚1.3厘米（图5.41、图5.42）。

图5.41 Ca3型板瓦（③：2）表、内面照片

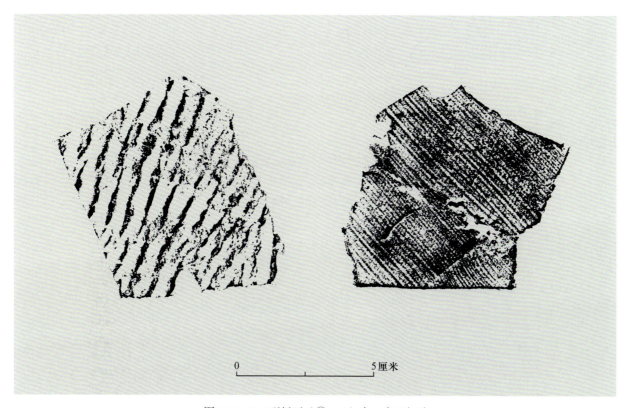

0   5厘米

图5.42 Ca3型板瓦（③：2）表、内面拓片

⑧：6，残。灰陶。残长8.5、残宽8、厚1.2厘米（图5.43、图5.44）。

图5.43　Ca3型板瓦（⑧：6）表、内面照片

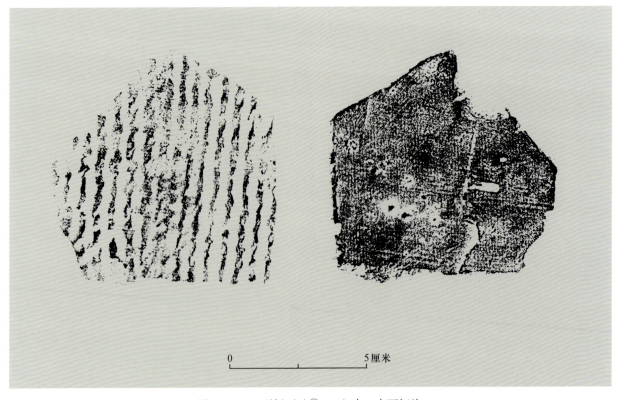

图5.44　Ca3型板瓦（⑧：6）表、内面拓片

Cb1型　3件。表面饰粗斜绳纹，内面素面。

④：4，残。灰陶。残长10、残宽8、厚1.1厘米（图5.45、图5.46）。

图5.45　Cb1型板瓦（④：4）表、内面照片

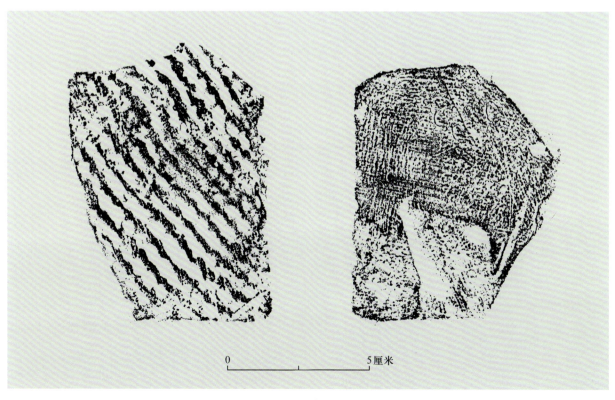

0　　　　　　　　　5厘米

图5.46　Cb1型板瓦（④：4）表、内面拓片

⑤：1，残。灰陶。残长11、残宽9.8、厚1.7厘米（图5.47、图5.48）。

图5.47　Cb1型板瓦（⑤：1）表、内面照片

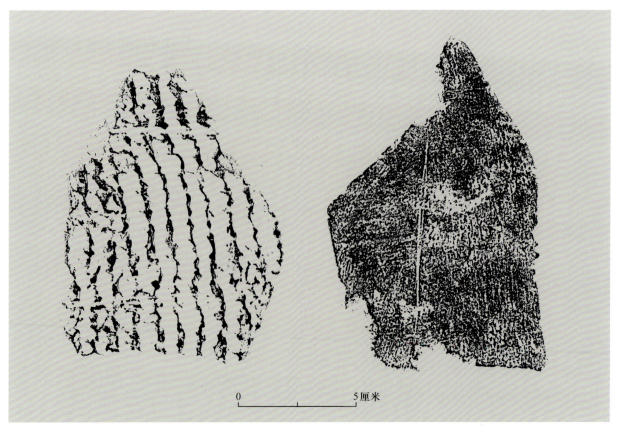

图5.48　Cb1型板瓦（⑤：1）表、内面拓片

⑥：4，残。灰陶。残长8.5、残宽9.5、厚1.2厘米（图5.49、图5.50）。

图5.49　Cb1型板瓦（⑥：4）表、内面照片

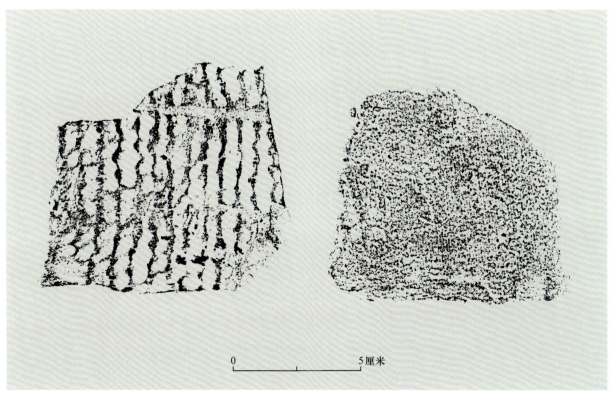

0　　　　　　　　　5厘米

图5.50　Cb1型板瓦（⑥：4）表、内面拓片

Cb2型　1件。表面饰粗斜绳纹，内面饰麻点纹。⑥：1，残。灰陶。残长13.5、残宽8.5、厚1.3厘米（图5.51、图5.52）。

图5.51　Cb2型板瓦（⑥：1）表、内面照片

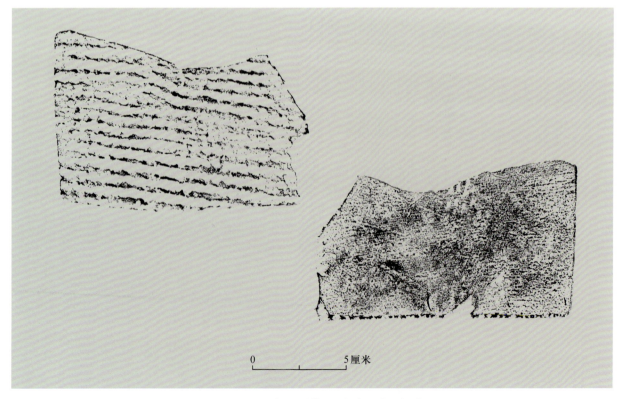

0　　　　　　　　5厘米

图5.52　Cb2型板瓦（⑥：1）表、内面拓片

Cb10型 1件。表面饰粗斜绳纹，内面饰抹平绳纹。③：1，残。灰陶。残长8.5、残宽8.7、厚1.5厘米（图5.53、图5.54）。

图5.53 Cb10型板瓦（③：1）表、内面照片

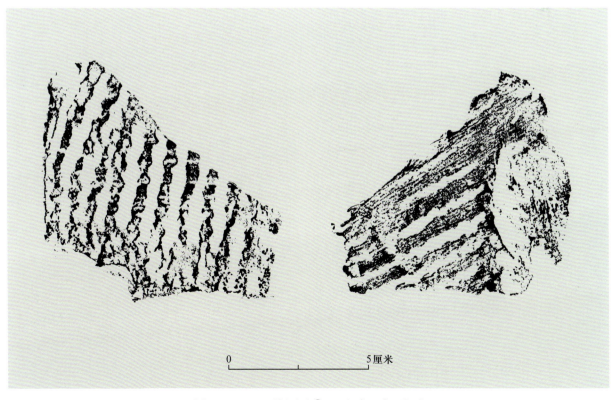

0   5厘米

图5.54 Cb10型板瓦（③：1）表、内面拓片

Cb4-10型　1件。表面饰粗斜绳纹，内面饰布纹、抹平绳纹。⑥：5，残。灰陶。残长7.5、残宽10.5、厚1.5厘米（图5.55、图5.56）。

图5.55　Cb4-10型板瓦（⑥：5）表、内面照片

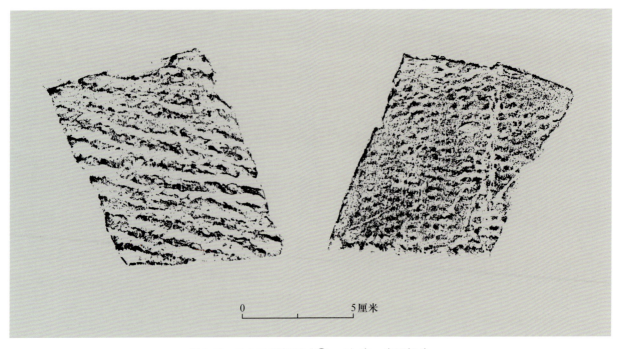

图5.56　Cb4-10型板瓦（⑥：5）表、内面拓片

3. 筒瓦

14件。据表面绳纹粗细，分属A、B、C、D四型。分别介绍如下。

A型　6件。分四亚型。

Aa4型　1件。表面饰细交错绳纹，内面饰布纹。⑧：9，残。灰陶。残长10、残径7.5、厚1.3厘米（图5.57、图5.58）。

图5.57　Aa4型筒瓦（⑧：9）表、内面照片

0　　　　　5厘米

图5.58　Aa4型筒瓦（⑧：9）表、内面拓片

　　Ab1型　1件。表面饰细斜绳纹，内面素面。④：7，残。灰陶。残长5.5、残径5.3、厚1.1厘米（图5.59、图5.60）。

图5.59　Ab1型筒瓦（④：7）表、内面照片

图5.60　Ab1型筒瓦（④：7）表、内面拓片

Ba4型　1件。表面饰中粗细交错绳纹，内面饰布纹。⑨：8，残。灰陶。瓦唇后有绳纹抹平部分宽7.5厘米。残长13.3、残径7、厚1.1、唇长2、厚0.7厘米（图5.73、图5.74）。

图5.73　Ba4型筒瓦（⑨：8）表、内面照片

0　　　　　5厘米

图5.74　Ba4型筒瓦（⑨：8）表、内面拓片

　　Bc4型　1件。表面饰中粗直绳纹，内面饰布纹。⑤：4，残。灰陶。瓦唇向下绳纹抹平部分宽2.5厘米。残长10.2、残径10.5、厚1.1、唇长4、厚1.2厘米（图5.75、图5.76）。

图5.75　Bc4型筒瓦（⑤：4）表、内面照片

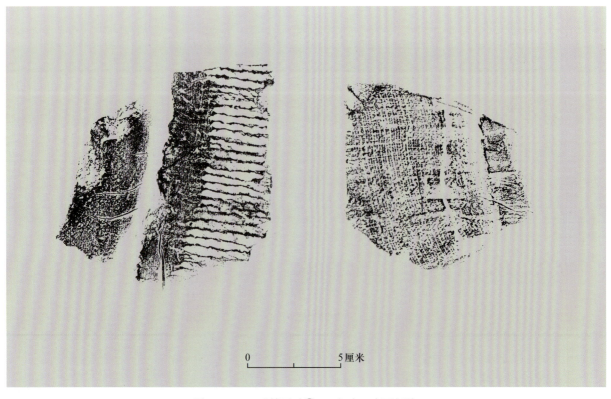

0　　　　　5厘米

图5.76　Bc4型筒瓦（⑤：4）表、内面拓片

C型 1件。属Cc4型。表面饰粗直绳纹，内面饰布纹。④：6，残。灰陶。残长9.3、残径5、厚1.4厘米（图5.77、图5.78）。

图5.77 Cc4型筒瓦（④：6）表、内面照片

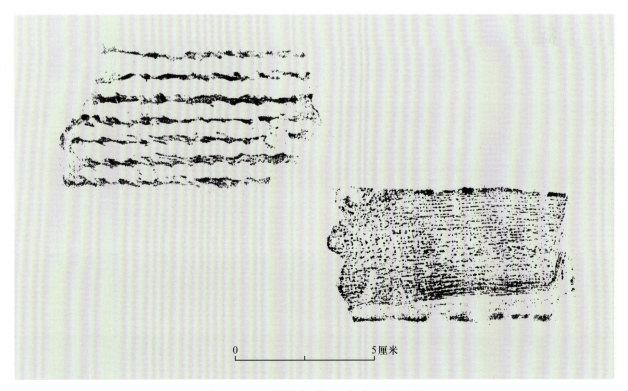

图5.78 Cc4型筒瓦（④：6）表、内面拓片

D型　3件。分两亚型。

D2型　1件。表面素面，内面饰麻点纹。⑨：17，残。灰陶。残长6.3、残径8.1、厚1.2厘米。表面有一方形戳印，戳印长1.2厘米，文字为"任界"，阳文（图5.79、图5.80；彩版99；图版99）。

图5.79　D2型筒瓦（⑨：17）表、内面及戳印陶文照片

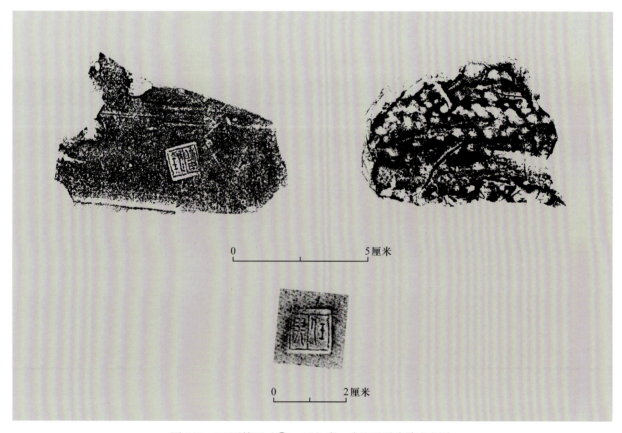

图5.80　D2型筒瓦（⑨：17）表、内面及戳印陶文拓片

D4型　2件。表面素面，内面饰布纹。

⑥：6，残。灰陶。残长7.3、残径6、厚1～1.5厘米（图5.81、图5.82）。

图5.81　D4型筒瓦（⑥：6）表、内面照片

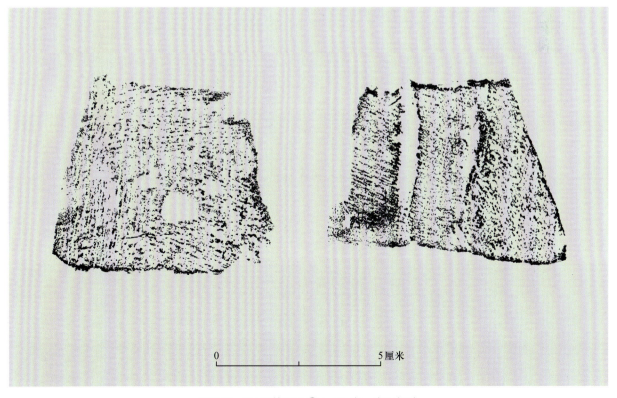

0　　　　　　　　　　　5厘米

图5.82　D4型筒瓦（⑥：6）表、内面拓片

⑨：9，残。灰陶。残长9、残径14.2、厚1.1～2厘米（图5.83、图5.84）。

图5.83　D4型筒瓦（⑨：9）表、内面照片

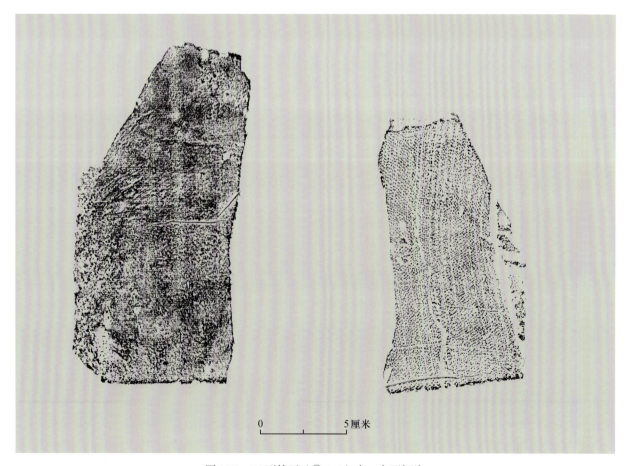

图5.84　D4型筒瓦（⑨：9）表、内面拓片

4. 瓦当

2件。1件残甚，1件饰连云纹。

残瓦当　1件。⑧：2，残。灰色。当面残存云纹。当心中部饰小方格纹、外一圆，外饰小斜方格纹，外围小方格纹、外一圆。当背面不平整。残长9.2、残宽7.7、厚1.2厘米（图5.85、图5.86；彩版100；图版100）。

图5.85　残瓦当（⑧：2）正、背面照片

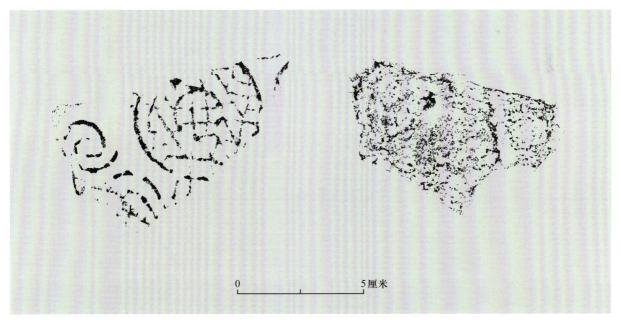

图5.86　残瓦当（⑧：2）正、背面拓片

连云纹瓦当　1件。⑧：4，残。灰陶。边轮有凸弦纹，当面有一竹形界格纹穿过当心圆，当心纹饰不明，当面纹饰不完整，似界格线两侧单卷云纹末端穿过界格线相连接。当背面凹凸不平。当复原径15.4、当厚1.1、边轮宽0.4、缘深0.3厘米（图5.87、图5.88；彩版101；图版101）。

图5.87　连云纹瓦当（⑧∶4）正、背面照片

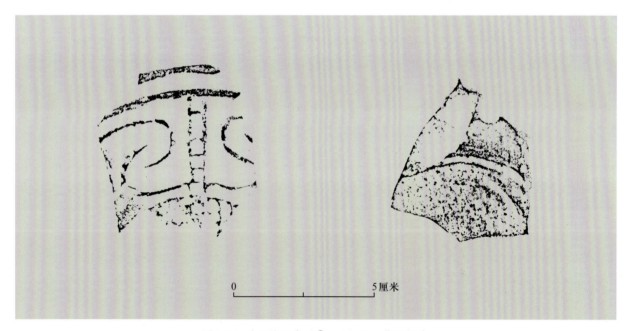

0　　　　　　　　5厘米

图5.88　连云纹瓦当（⑧∶4）正、背面拓片

（二）陶器

根据用途，有盆、釜、罐、瓮、盒、陶饼六种，另有陶片1件。分别介绍如下。

1.盆

3件。

⑧∶14，残。泥质灰陶。侈口，窄平沿外折，方唇，斜弧腹，腹部微鼓，腹部以下斜内收，

腹部饰一周凹弦纹，内面素面，轮制痕迹明显。复原口径38.7、沿宽1.8、残长14.3、残宽4.4、残高8.1、厚0.9厘米（图5.89、图5.90；彩版102；图版102）。

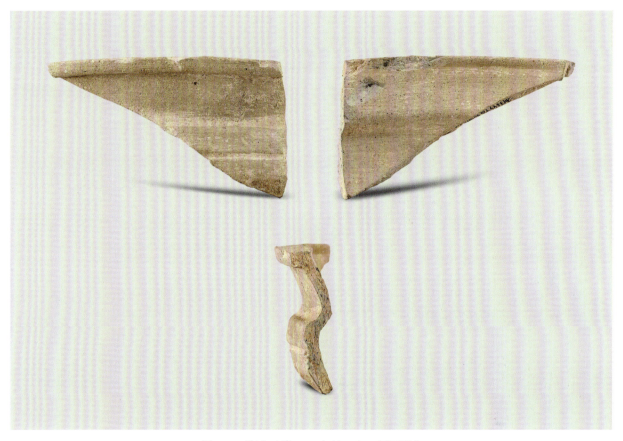

图5.89　陶盆（⑧：14）外、内、侧面照片

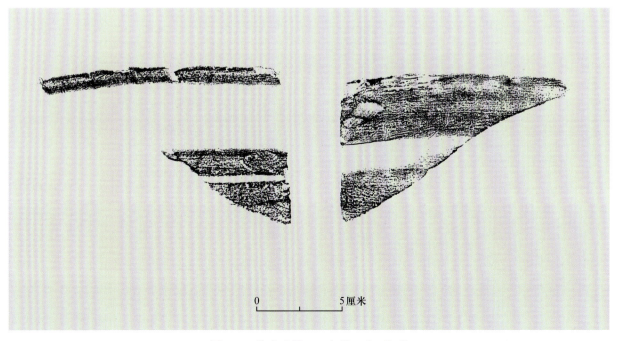

0　　　　　　　5厘米

图5.90　陶盆（⑧：14）外、内面拓片

⑨：12，残。泥质灰陶。敛口，窄平沿外折，方唇，斜弧腹，腹部饰一周凹弦纹，其下饰一周柳叶状虫蛹形纹，内面素面，轮制痕迹明显。复原口径35.7、沿宽1.9、残长9、残宽2.4、残高6、厚0.7厘米（图5.91、图5.92；彩版103；图版103）。

图5.91　陶盆（⑨：12）外、内、侧面照片

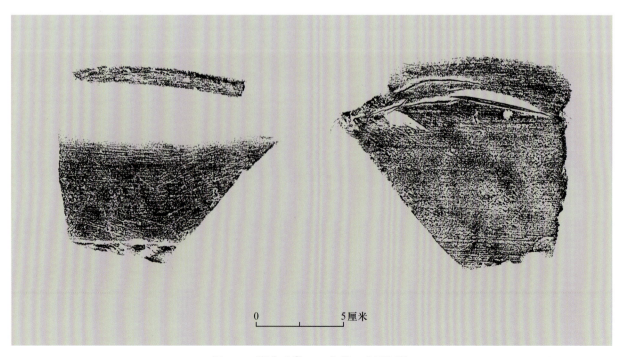

图5.92　陶盆（⑨：12）外、内面拓片

⑨：15，残。泥质灰陶。敛口，窄平沿外折，尖唇，斜弧腹，腹部饰细绳纹，内面素面，轮制痕迹明显。复原口径44.4、沿宽1.7、残长6.7、残宽2.2、残高8.4、厚0.7厘米（图5.93、图5.94；彩版104；图版104）。

图5.93　陶盆（⑨：15）外、内、侧面照片

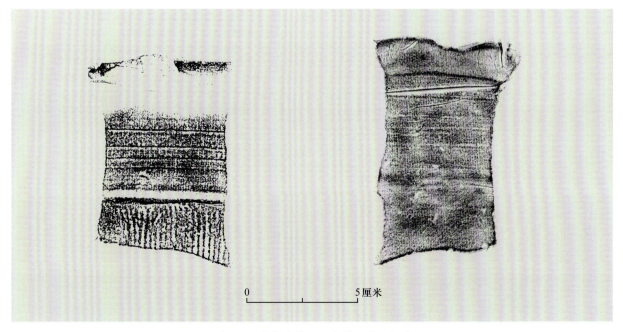

图5.94　陶盆（⑨：15）外、内面拓片

2. 釜

1件。⑧：15，残。夹砂灰陶。直口，平沿，斜弧肩，内外均素面，内面轮制痕迹明显。复原口径27.1、沿宽0.7、残长8.4、残宽5、残高5.8、厚0.8厘米（图5.95、图5.96；彩版105；图版105）。

图5.95　陶釜（⑧：15）外、内、侧面照片

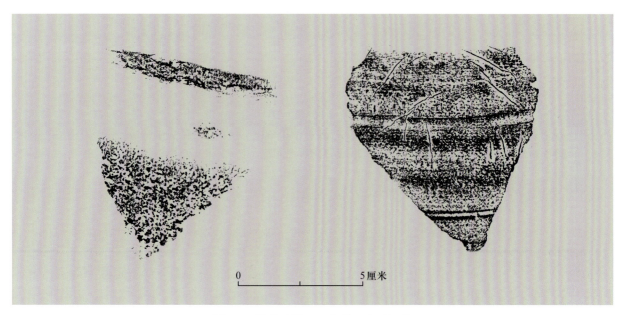

图5.96　陶釜（⑧：15）外、内面拓片

3. 罐

4件。

⑨：13，残。泥质灰陶。侈口，窄沿，短束颈，广肩，肩部饰细绳纹，细绳纹上饰两周凹弦纹将绳纹分隔成三部分，内面素面，轮制痕迹明显。复原口径10.7、沿宽0.6、残长12.5、残宽11、残高9.1、厚1.3厘米（图5.97、图5.98；彩版106；图版106）。

图5.97　陶罐（⑨：13）外、内、侧面照片

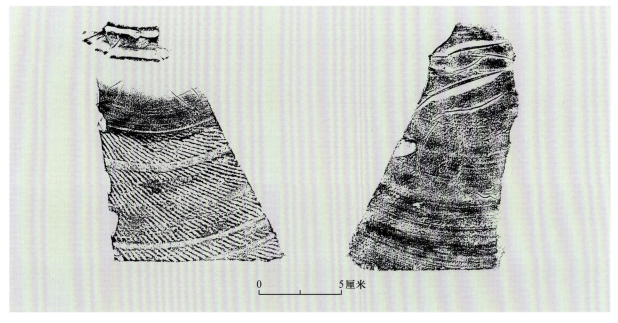

0　　　　　　5厘米

图5.98　陶罐（⑨：13）外、内面拓片

⑨：14，残。泥质灰陶。侈口，窄沿，广肩，肩部饰中粗交错绳纹，内面素面，轮制痕迹明显。复原口径19.6、沿宽0.9、残长15.9、残宽10.3、残高9.9、厚1.1厘米（图5.99、图5.100；彩版107；图版107）。

图5.99　陶罐（⑨：14）外、内、侧面照片

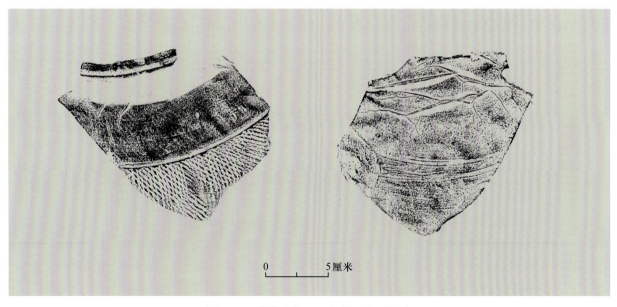

0　　　　　5厘米

图5.100　陶罐（⑨：14）外、内面拓片

　　⑨：18，残。泥质灰陶。侈口，窄沿外折，方唇，短束颈，广肩，肩部饰细绳纹，内面素面，轮制痕迹明显。复原口径11.4、沿宽0.9、残长18.1、残宽15、残高9.4、厚0.7厘米。肩部有一长方形戳印，字不可辨识，戳印残长3.2、宽1.7厘米（图5.101、图5.102；彩版108；图版108）。

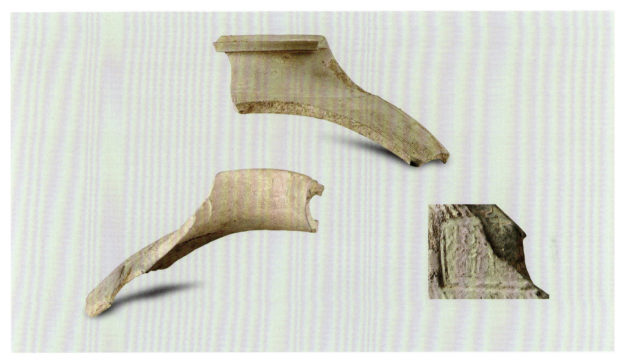

图5.101　陶罐（⑨:18）外、内面及戳印陶文照片

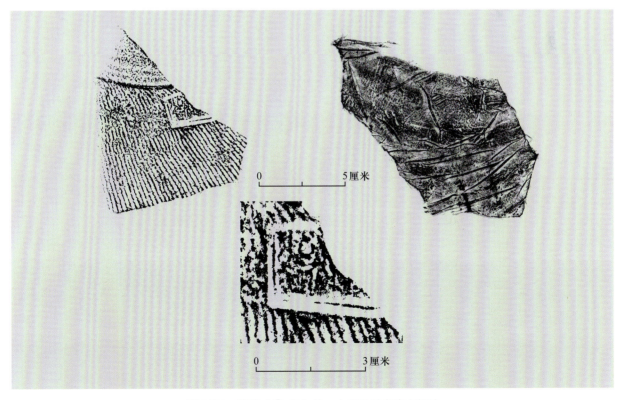

图5.102　陶罐（⑨:18）外、内面及戳印陶文拓片

⑨：19，泥质灰陶。侈口，窄沿外折，方唇，短束颈，广肩，肩部饰细绳纹，内面素面，轮制痕迹明显。复原口径12.4、沿宽0.7、残长9.8、残宽10.6、残高5.2、厚0.7厘米。肩部有一长方形戳印，字不可辨识，戳印长2.3、残宽1.2厘米（图5.103、图5.104；彩版109；图版109）。

图5.103　陶罐（⑨:19）外、侧面及戳印陶文照片

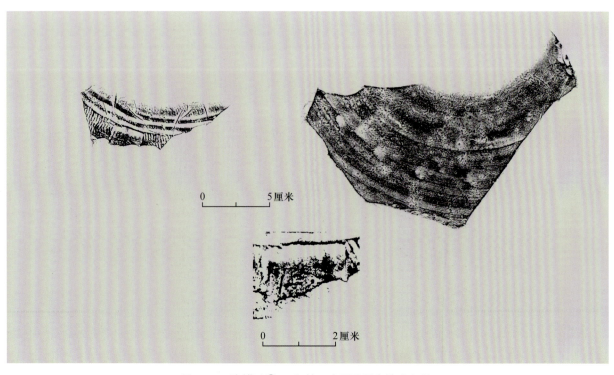

图5.104　陶罐（⑨:19）外、内面及戳印陶文拓片

4. 瓮

1件。⑨：16，残。泥质灰陶。直口，宽沿，颈部稍外斜，内外均素面，内面轮制痕迹明显。复原口径86.1、沿宽4.9、残长12、残宽5.4、残高6.3、厚1.7厘米（图5.105、图5.106；彩版110；图版110）。

图5.105　陶瓮（⑨：16）外、内、侧面照片

0　　　　　　　5厘米

图5.106　陶瓮（⑨：16）外、内面拓片

5. 盒

1件。⑨：1，残。泥质灰陶。子母口，鼓圆腹，平底，外面素面，底部、内部火烧痕迹明显。复原口径17.9、沿宽1.1、残长15.7、残宽9.9、残高8.2、厚2.8厘米（图5.107、图5.108；彩版111；图版111）。

图5.107 陶盒（⑨：1）外、内、侧面照片

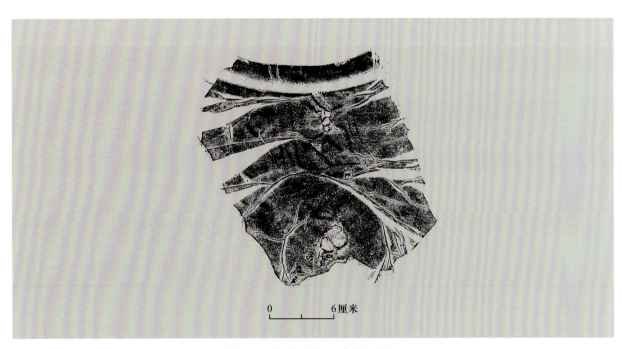

0   6厘米

图5.108 陶盒（⑨：1）外面拓片

6. 陶饼

2件。

④：1，灰色。圆形。一面素面，另一面有轮制痕迹。为利用残陶片二次加工而成。径4.1、厚0.9厘米（图5.109、图5.110；彩版112；图版112）。

图5.109 陶饼（④：1）正、背、侧面照片

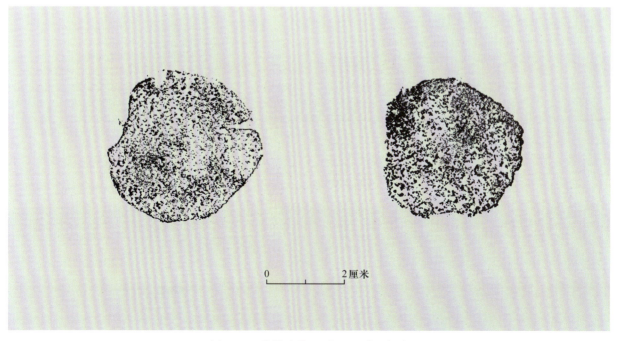

0   2厘米

图5.110 陶饼（④：1）正、背面拓片

⑧：1，灰色。圆形。一面饰中粗交错绳纹，另一面素面。当利用残瓦片二次加工而成。径6.7、厚1.1厘米（图5.111、图5.112；彩版113；图版113）。

图5.111　陶饼（⑧：1）正、背、侧面照片

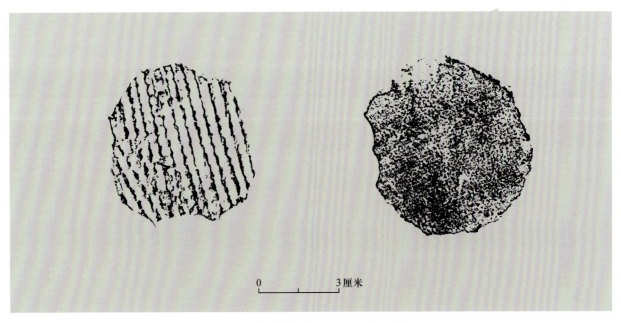

0　　　　　　　3厘米

图5.112　陶饼（⑧：1）正、背面拓片

7. 陶片

1件。⑨：2，残。泥质灰陶。表面饰细交错绳纹，内麻点纹，有工具戳痕，泥条盘筑痕迹明显，推测其可能为陶瓮或陶缸腹部残片。残长15.8、残宽11、厚2.3厘米（图5.113、图5.114）。

图5.113 陶片（⑨：2）表、内面照片

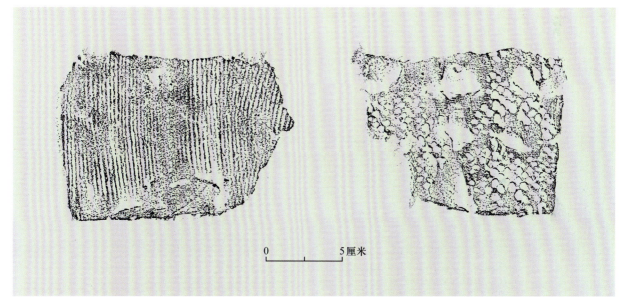

0   5厘米

图5.114 陶片（⑨：2）表、内面拓片

（三）石器

1件。为石珠。⑩：1，椭圆形球体。花岗岩。中部有一圆孔，孔径0.5厘米。钻孔方式为两面对钻，表面光滑。长3、宽2.4厘米（图5.115、图5.116）。

（四）铁器

1件。为铁铲。⑧：3，残。锈蚀严重。内部中空。残长8.7、宽6.5、厚3厘米，中空区域残深4.5、长5.2、宽1.8厘米（图5.117、图5.118）。

图5.115　石珠（⑩：1）正、侧面照片

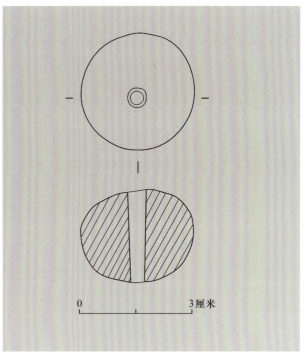

图5.116　石珠（⑩：1）线图

图5.117　铁铲（⑧：3）正、背、侧面照片

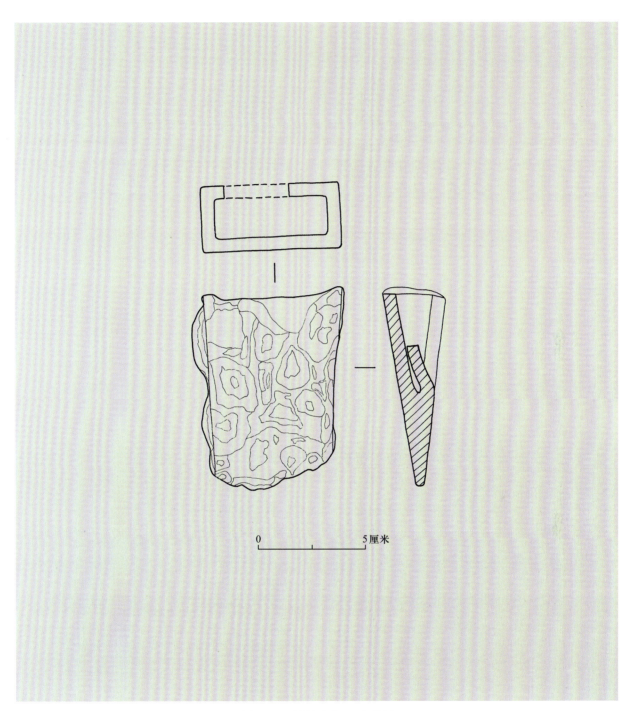

图5.118 铁铲（⑧：3）线图

第二节 遗 迹

清理遗迹三种3个（表5.1），包括灰坑1座、墓葬1座、道路1条。分别介绍如下（图5.119～图5.121）。

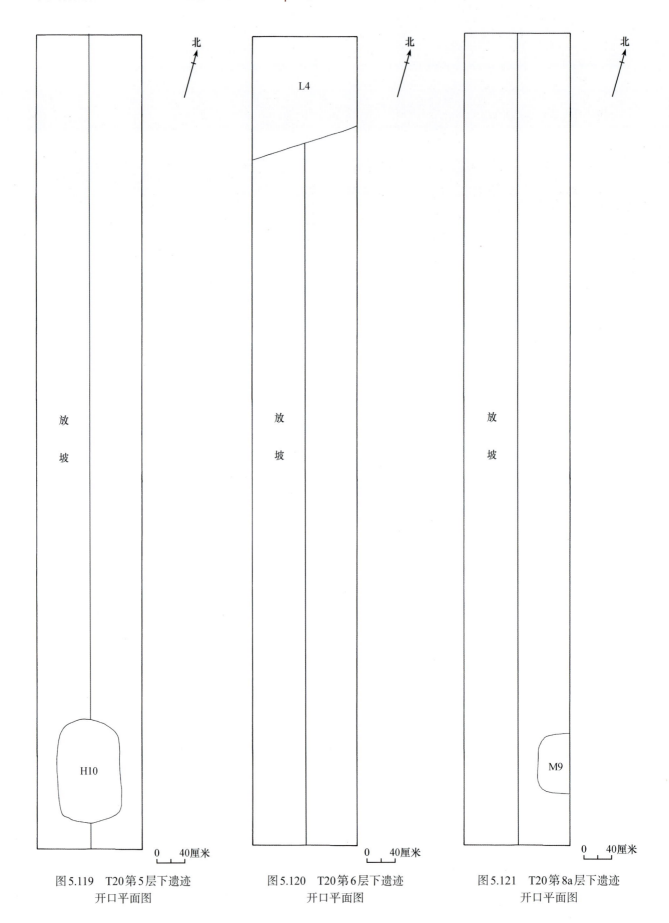

图 5.119　T20 第 5 层下遗迹
开口平面图

图 5.120　T20 第 6 层下遗迹
开口平面图

图 5.121　T20 第 8a 层下遗迹
开口平面图

一、灰　　坑

H10

位于T20南部。第5层下开口，打破第6、7、8a层及M9。开口距地表1.6米。平面呈近椭圆形。斜壁，呈北高南低缓坡底。开口南北长1.51、东西宽0.94、坑深0.29～0.35米。填土呈灰褐色，无分层现象，土质较软，结构疏松，内含少量的炭粒、兽骨、板瓦、筒瓦、陶片（图5.122）。

出土遗物残片占探方出土遗物总数的4.79%。灰坑内出土遗物残片中，板瓦占73.33%，其中Bb1型占33.33%，Cb1型占40%。筒瓦占26.67%，其中Bc4型占20%，Cc4型占6.67%（表5.10）。

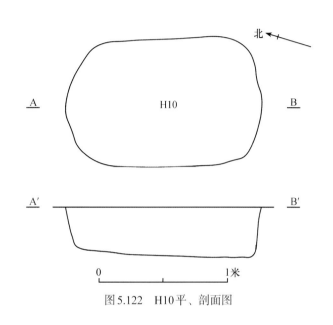

图5.122　H10平、剖面图

表5.10　H10出土遗物数量统计表

名称	型	灰陶/件	百分比/%	总百分比/%
板瓦	Bb1	5	33.33	73.33
	Cb1	6	40.00	
筒瓦	Bc4	3	20.00	26.67
	Cc4	1	6.67	
合计	/	15	100.00	

出土标本共6件，分建筑材料、陶器两类。分别介绍如下。

1. 建筑材料

根据用途，有板瓦、筒瓦两种。分别介绍如下。

（1）板瓦

2件。据表面绳纹粗细，分属B、C两型。分别介绍如下。

B型　1件。属Bb1型。表面饰中粗斜绳纹，内面素面。H10：1，残。灰陶。残长6.9、残宽6、厚1.3厘米（图5.123、图5.124）。

图5.123　Bb1型板瓦（H10∶1）表、内面照片

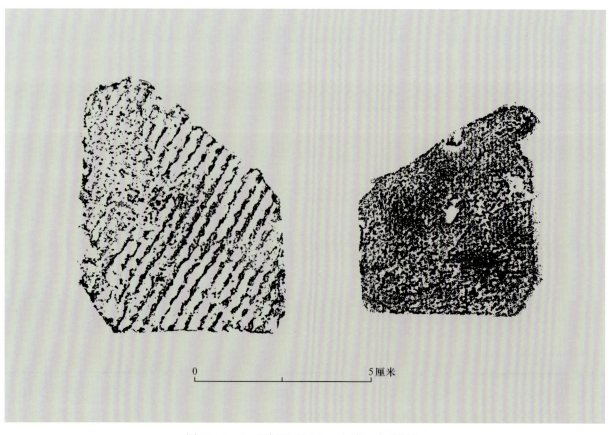

图5.124　Bb1型板瓦（H10∶1）表、内面拓片

C型 1件。属Cb3型。表面饰粗斜绳纹，内面饰篦纹。H10：2，残。灰陶。残长8、残宽5、厚1.3厘米（图5.125、图5.126）。

图5.125 Cb3型板瓦（H10：2）表、内面照片

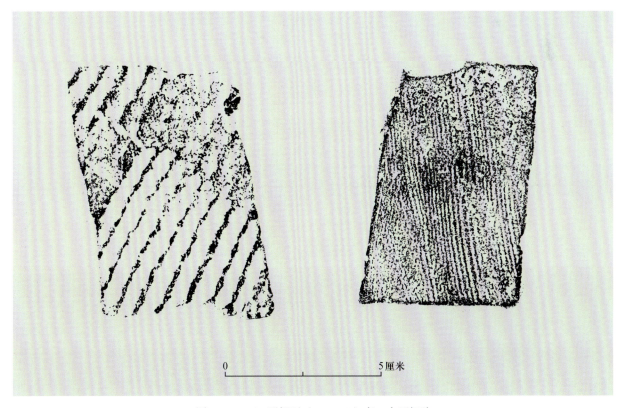

图5.126 Cb3型板瓦（H10：2）表、内面拓片

（2）筒瓦

2件。根据表面绳纹粗细，分属B、C两型。分别介绍如下。

B型　1件。属Ba4型。表面饰中粗交错绳纹，内面饰布纹，H10：3，残。灰陶。瓦呈灰色，残长5.3、残径6.5、厚0.9～1.4厘米（图5.127、图5.128）。

图5.127　Ba4型筒瓦（H10：3）表、内面照片

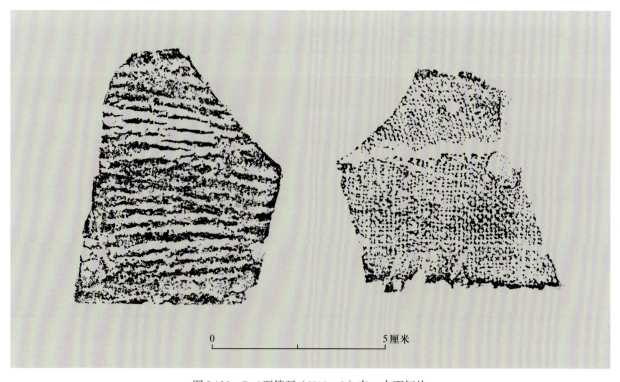

0　　　　　　　　　5厘米

图5.128　Ba4型筒瓦（H10：3）表、内面拓片

C型　1件。属Cb4型。表面饰粗斜绳纹，内面饰布纹。H10：4，残。灰陶。残长8.7、残径6.4、厚1.5厘米（图5.129、图5.130）。

图5.129　Cb4型筒瓦（H10：4）表、内面照片

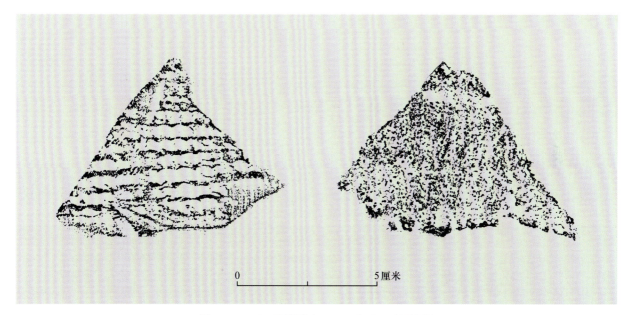

图5.130　Cb4型筒瓦（H10：4）表、内面拓片

2. 陶器

根据用途，有盆、釜两种。分别介绍如下。

（1）盆

1件。H10：5，残。泥质灰陶。敛口，外折沿，方唇，斜弧腹，腹部微鼓，腹部饰一周凹弦纹，内面素面，轮制痕迹明显。复原口径31.9、沿宽1.5、残长5.8、残宽2、残高6.7、厚0.8厘米（图5.131、图5.132；彩版114；图版114）。

图5.131　陶盆（H10：5）外、内、侧面照片

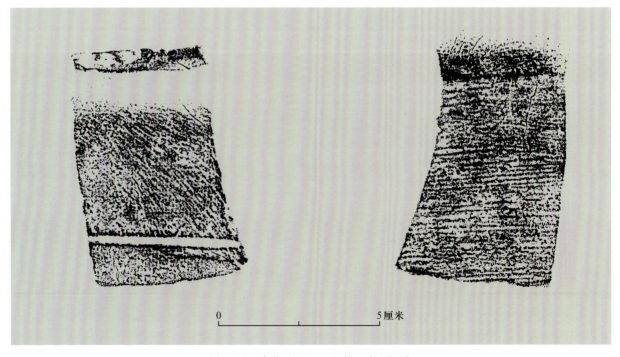

0 _____ 5厘米

图5.132　陶盆（H10：5）外、内面拓片

（2）釜

1件。H10∶6，残。夹砂灰陶。敛口，平沿，圆唇，斜弧肩，肩部饰细斜绳纹，内面素面，轮制痕迹明显。复原口径28.3、沿宽0.9、残长8.1、残宽4.3、残高5.1、厚0.9厘米（图5.133、图5.134；彩版115；图版115）。

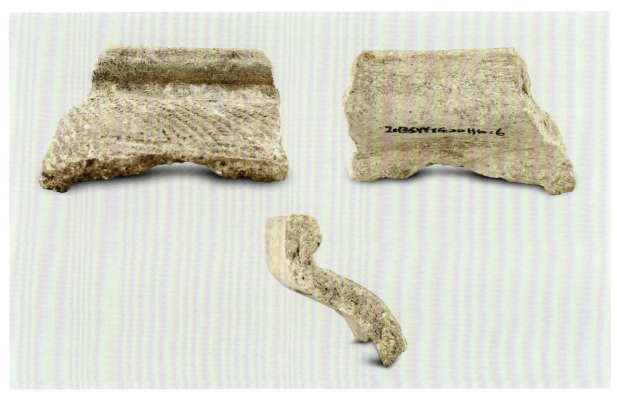

图5.133　陶釜（H10∶6）外、内、侧面照片

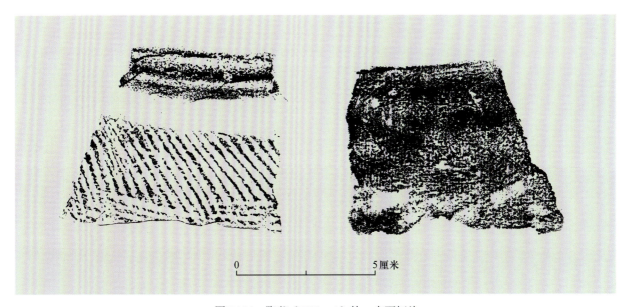

图5.134　陶釜（H10∶6）外、内面拓片

二、墓 葬

M9

位于T20东南部，其东部延伸出探方东壁。第8a层下开口，打破第8b、9层，被H10打破。墓口距地表2.2米。竖穴土坑墓，方向345°。墓口呈近梯形，墓壁向下斜收，墓底呈南高北低的斜坡状。墓口南北长0.85、东西宽0.46米，墓底南北长0.68、东西宽0.39、墓深0.45米。墓内填黑褐色土，土质较软，结构较疏松，内含少量的炭粒、陶片。该墓葬式为瓮棺葬，葬具破碎严重，根据陶器碎片推测，原应为陶盆、甑对扣放置（图5.135）。

出土小件3件，均为陶器，有陶盆、陶甑两种。分别介绍如下。

1.盆

2件。

M9：1，残。泥质灰陶。敛口，外折沿，方唇，斜弧腹，腹部饰两周柳叶状虫蛹形纹，三周凹弦纹，内面素面，轮制痕迹明显。口径44.2、沿宽2.1、残高16.8、厚1厘米（图5.136、图5.137）。

M9：3，残。泥质灰陶。敛口，外折沿，斜方唇，斜弧腹，腹部饰两周柳叶状虫蛹纹及三周凹弦纹，内面素面，轮制痕迹明显。复原口径45、沿宽1.2、残高16.7、厚0.9厘米（图5.138、图5.139）。

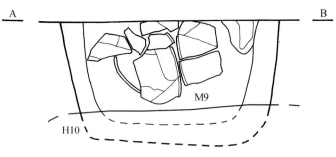

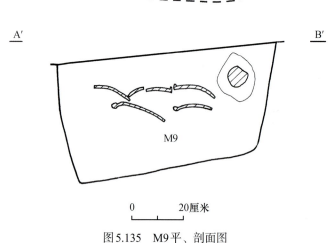

图5.135　M9平、剖面图

2.甑

1件。M9：2，残。泥质灰陶。敛口，外折沿，斜方唇，斜直腹，腹部饰两周柳叶状虫蛹纹及三周凹弦纹，内面素面，轮制痕迹明显，底部有小孔10个，孔径1.1厘米。口径46.1、沿宽0.9、高26.6、腹径49.3、底径20.1、壁厚1.1厘米（图5.140、图5.141；彩版116；图版116）。

图 5.136 陶盆（M9：1）正面照片

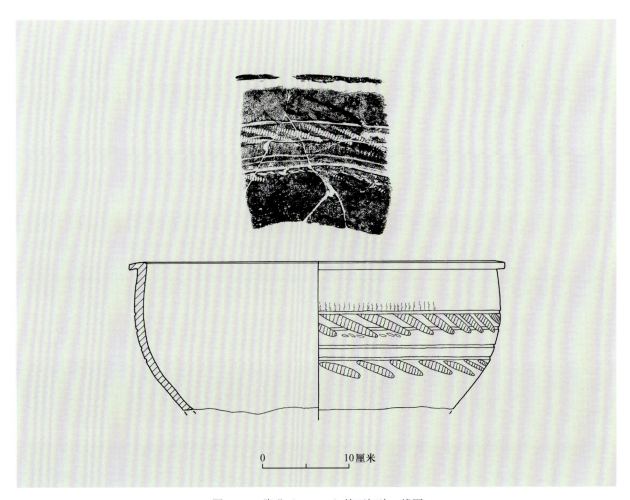

0　　　　　　10厘米

图 5.137 陶盆（M9：1）外面拓片、线图

图5.138　陶盆（M9：3）外、内、侧面照片

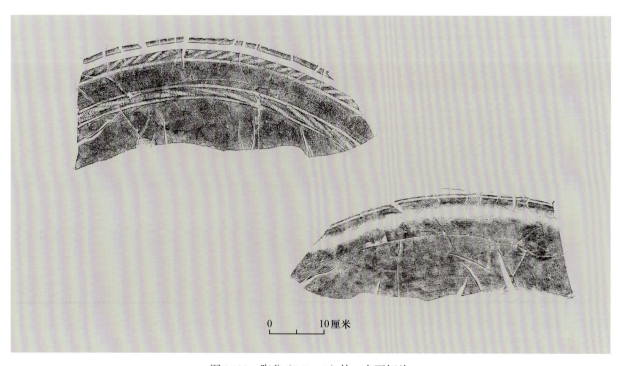

0　　　　10厘米

图5.139　陶盆（M9：3）外、内面拓片

图5.140 陶甑（M9：2）正、内面照片

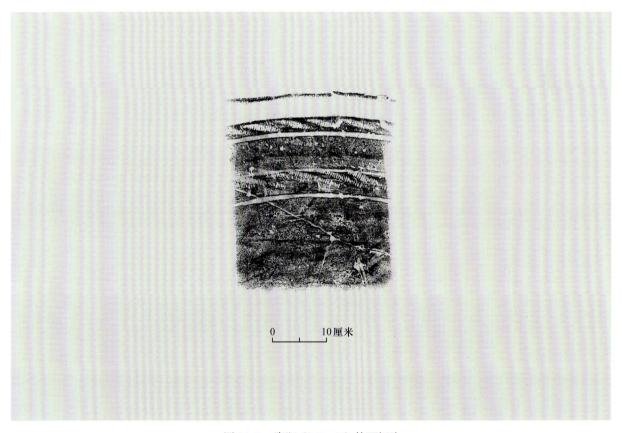

0   10厘米

图5.141 陶甑（M9：2）外面拓片

三、道　路

L4

位于T20北部，其北、东、西部均延伸出探方北、东、西壁。方向东西向。第6层下开口，打破第8b层。路面距地表1.93米。揭露面积呈近梯形。开口东西发掘长1.27～1.76、南北发掘宽1.5、厚0.52～0.6米。剖面呈近长方形带状，路底近平。路内为灰褐色路土，土质硬，结构致密，碾压分层明显。内含少量的陶质颗粒、小石粒（图5.142），为二号城内侧的东西向道路。

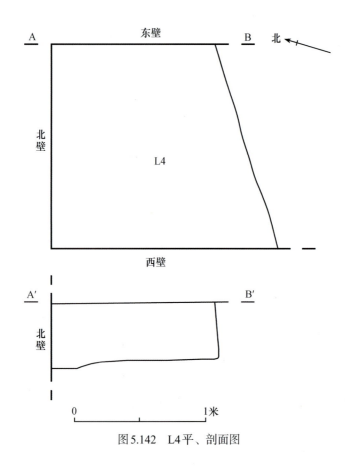

图 5.142　L4平、剖面图

第三节　结　语

从发掘情况看，该地点位于二号古城南墙北侧，未发现其他夯土遗存，验证二号城南墙的位置尚在其南的判断。城内道路的发现，为下一步二号古城内外路网的复原及进一步地考古勘探和发掘提供了重要线索。

第六章　T24

T24位于西安市阎良区新兴街道南康桥村的西北，北距石川河约150米。据勘探资料，此处发现疑似二号城西墙，为确定勘探遗存的性质与时代布设本探方。探方东西向，东西长29、南北宽2米。发掘工作从2014年7月7日开始，至2014年8月22日发掘结束（图6.1、图6.2）。

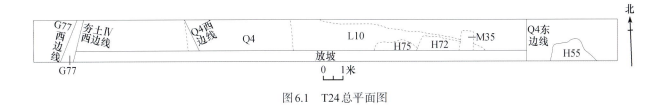

图6.1　T24总平面图

图6.2　T24全景照（东—西）

清理遗迹五种7个（灰坑3、墓葬1、路1、墙1、沟1）（表6.1）。出土各类小件、标本186件，分建筑材料、陶器、玉器、石器、铜器、钱币六类（表6.2）。此外还出土各类遗物残片共1102块（建筑材料占47.26%、陶器占52.61%、管道占0.09%）（表6.3）。

表6.1　T24遗迹登记表

编号	形制	开口	打破关系	备注
H55	不规则形	东第4层下	打破下部淤土	斜壁底近平
H72	不规则形	L10下	打破第7层、H75，被L10、M35打破	斜壁凹底
H75	不规则形	L10下	打破第7层，被L10、H72打破	斜壁底近平
M35	近长方形	Q4下	打破第7层、L10、H72，被Q4打破	近直壁平底
L10	长条状	Q4下	打破H72、H75、第7层，被Q4、M35打破	碾压板结层次明显
Q4	长条状	西第6层下	打破L10、M35	斜壁，剖面梯形
G77	长条形	Q4下	打破第8～16层，被夯土IV打破	斜壁、坡底

表6.2　T24出土小件、标本登记表

编号	名称	性质	保存情况	重量/千克	分型	规格/厘米		
						长	宽/径	厚
②：1	板瓦	陶	残	0.48	Ba1	18.5	15	1.5
②：2	板瓦	陶	残	0.17	Ca3	12	7.9	1.2
②：3	板瓦	陶	残	0.16	Ba1	10.8	8	1.2
②：4	筒瓦	陶	残	0.07	Aa4	6.8	7	1
②：5	筒瓦	陶	残	0.14	Ba2	8.5	7	1.6
②：6	陶饼	陶	完整	0.06	/	径6.2、厚1.1		
②：7	陶盆	陶	残	0.13	/	复原口径36.8、沿宽0.7、残长9.6、残宽3.4、残高10、厚1.1		
②：8	陶盆	陶	残	0.1	/	复原口径25.1、沿宽1.2、残长11.4、残宽2.9、残高5.3、厚1.1		
②：9	陶盆	陶	残	0.16	/	复原口径43.1、沿宽1.2、残长13.2、残宽5.5、残高10.1、厚0.9		
②：10	陶釜	陶	残	0.19	/	复原口径32.4、沿宽1.5、残长14.3、残宽7.3、残高7.5、厚0.9		
②：11	陶盆	陶	残	0.31	/	复原口径42、沿宽1.6、残长19.5、残宽5.8、残高12.3、厚1		
②：12	陶盆	陶	残	0.06	/	复原口径66、沿宽2.1、残长9.8、残宽2.5、残高3.5、厚0.8		
②：13	陶盆	陶	残	0.05	/	复原口径27.2、沿宽2.1、残长9.3、残宽2.5、残高6.1、厚0.7		
②：14	陶片	陶	残	0.09	/	复原底径24.7、底厚0.9、残长8.7、残宽8.4、残高3.6、厚0.9		
西③a：1	板瓦	陶	残	0.18	Ba1	8	11.2	1.1
西③a：2	板瓦	陶	残	0.13	Ca1	14	8.5	1
西③a：3	筒瓦	陶	残	0.18	Ba4	残长14、残径9.5、厚1.2、唇长2、厚0.5		
西③a：4	筒瓦	陶	残	0.3	Ba4	20	9.5	1.2
西③a：5	陶罐	陶	残	0.1	/	复原口径10、沿宽0.8、残长10.8、残宽6.5、残高7.3、厚1		
西③a：6	陶罐	陶	残	0.05	/	复原口径36.6、沿宽1.5、残长7.3、残宽2.8、残高4.1、厚1.1		
西④：1	板瓦	陶	残	0.14	Bb3	9.5	9.5	1.1
西④：2	板瓦	陶	残	0.35	Ba3	11.7	14.2	1.3
西④：3	板瓦	陶	残	0.52	Ca3	16.5	21	1.6
西④：4	板瓦	陶	残	0.43	Cb3	15	12.2	1.6
西④：5	板瓦	陶	残	0.1	Cb3-10	7.5	6.5	1.4
西④：6	筒瓦	陶	残	0.1	Ba2	8	7	1.2
西④：7	筒瓦	陶	残	0.07	Ba1	9.9	5.5	0.9

编号	名称	性质	保存情况	重量/千克	分型	规格/厘米		
						长	宽/径	厚
西④:8	筒瓦	陶	残	0.07	Aa4	5.5	9	1
西④:9	筒瓦	陶	残	0.32	Ba4	残长12.5、残径12.5、厚1.3、唇长2、厚0.6		
西④:10	筒瓦	陶	残	0.11	Aa4	10	7.5	1
西④:11	陶饼	陶	完整	0.09	/	径7.7、厚1.4		
西④:12	空心砖	陶	残	0.08	/	残长4.6、残宽7.9、残高2.1、厚1.1~1.5		
西④:13	陶盆	陶	残	0.12	/	复原口径43.4、沿宽2.2、残长11.4、残宽3.3、残高8.4、厚0.9		
西④:14	陶盆	陶	残	0.05	/	复原口径40.5、沿宽1.5、残长5.9、残宽2.2、残高7.9、厚0.9		
西④:15	陶盆	陶	残	0.43	/	复原口径93.3、沿宽2.3、残长20.2、残宽14.4、残高18.5、厚1		
西④:16	陶盆	陶	残	0.03	/	复原口径23.5、沿宽1.5、残长8.8、残宽2.3、残高5.1、厚0.6		
西④:17	璧形玉	玉	完整	0.002	/	径2.2、厚0.2		
东④:1	半两	钱币	完整	3.9g	/	郭径3.1、穿宽0.9、厚0.1		
西⑤:1	板瓦	陶	残	0.12	Ba1	6.5	8.7	1.5
西⑤:2	板瓦	陶	残	0.21	Bb3	10	13.5	1.5
西⑤:3	陶球	陶	残	0.01		径1.7		
西⑥:1	陶纺轮	陶	残	0.05		径5.4、厚2.4		
西⑥:2	板瓦	陶	残	0.42	Ca1	22	12	1.2
西⑥:3	板瓦	陶	残	0.13	Ca3	7	9.5	1.3
西⑥:4	筒瓦	陶	残	0.09	Aa4	8.5	7.5	1
西⑥:5	空心砖	陶	残	0.33	/	残长15.1、残宽15.5、残高1.5、厚0.8~1.2		
西⑥:6	陶片	陶	残	0.06	/	8	7.3	0.8
⑬:1	陶片	陶	残	0.04	/	7	5.6	0.4~0.7
⑬:2	陶片	陶	残	0.18	/	11.3	10.5	0.6~1.2
⑭:1	陶钵	陶	残	0.02	/	复原口径24.9、沿宽0.5、残长6.4、残宽3.2、残高4.4、厚0.8		
⑭:2	陶盆	陶	残	0.05	/	复原口径27.4、沿宽2.2、残长4.9、残宽4.5、残高6.5、厚0.7		
⑭:3	陶片	陶	残	0.05	/	8	7.5	0.4~0.7
⑭:4	陶片	陶	残	0.03	/	7.5	5	0.6
⑭:5	陶片	陶	残	0.02	/	6.1	5.1	0.4
⑭:6	陶片	陶	残	0.06	/	7.4	7.1	0.7
⑯:1	陶罐	陶	残	0.05	/	复原口径60.1、沿宽1.8、残长6.4、残宽4.7、残高3.3、厚0.8		
⑯:2	陶钵	陶	残	0.04	/	复原口径23.9、沿宽0.5、残长8.3、残宽2.5、残高5.8、厚0.7		
⑯:3	陶钵	陶	残	0.02	/	复原口径38.4、沿宽0.8、残长4.8、残宽3.4、残高3.6、厚0.5		
⑯:4	陶釜	陶	残	0.05	/	复原口径24.8、沿宽1、残长7.7、残宽2.7、残高3.9、厚1.2		
⑯:5	陶片	陶	残	0.01	/	4.4	3.2	0.4
⑰:1	陶片	陶	残	0.04	/	8.3	6.5	0.5
H55:1	空心砖	陶	残	0.14		残长8.7、残宽6.6、残高3、厚1.4		
H55:2	板瓦	陶	残	0.18	Bb1	12.5	9	1.4
H55:3	板瓦	陶	残	0.27	Ba2	12	14.3	1.3
H55:4	板瓦	陶	残	0.22	Bb3	12	14	1~1.4
H55:5	板瓦	陶	残	0.2	Cb1	9	14.5	1.2
H55:6	板瓦	陶	残	0.35	Ca3	15	11.5	1.2

续表

编号	名称	性质	保存情况	重量/千克	分型	规格/厘米		
						长	宽/径	厚
H55：7	板瓦	陶	残	0.11	Cb3	11.4	10	1.1
H55：8	筒瓦	陶	残	0.17	Bb4	残长10、残径11.5、厚0.9、唇长2、厚0.7		
H55：9	筒瓦	陶	残	0.17	Ba4	11.4	11.3	0.8～1.2
H55：10	筒瓦	陶	残	0.43	Ba4	26	11.6	0.9～1.4
H72：1	板瓦	陶	残	0.24	Ba1	10.7	11	1.4
H72：2	板瓦	陶	残	0.1	Ba3	7	8.8	1
H72：3	筒瓦	陶	残	0.09	Ba2	7	7	1.2
H72：4	陶釜	陶	残	0.17	/	复原口径27.8、沿宽1.1、残长12.1、残宽7.2、残高5.6、厚1.2		
H72：5	陶盆	陶	残	0.34	/	复原口径40.7、沿宽2.4、残长18.1、残宽6.7、残高13.4、厚0.8		
H72：6	陶盆	陶	残	0.12	/	复原口径39.2、沿宽2.5、残长10.9、残宽3.3、残高6.2、厚1.2		
H72：7	陶盆	陶	残	0.07	/	复原口径41.5、沿宽2.5、残长11.5、残宽3、残高4.8、厚0.8		
H75：1	板瓦	陶	残	0.13	Ba1	9.5	6.5	1.4
H75：2	陶片	陶	残	0.04	/	6.3	4.5	0.9～1.2
H75：3	陶釜	陶	残	0.31	/	复原口径24.3、沿宽1、残长18.6、残宽7、残高11.8、厚1.2		
H75：4	陶盆	陶	残	0.09	/	复原口径49.8、沿宽2.2、残长10.8、残宽2.7、残高5.1、厚0.9		
H75：5	陶罐	陶	残	0.02	/	复原口径10.8、沿宽0.7、残长6.3、残宽3、残高4.7、厚0.6		
M35：1	板瓦	陶	残	0.5	Ba2	15.8	19.5	1.1
M35：2	板瓦	陶	残	2.45	Ba1	36.5	34	1.1
M35：3	板瓦	陶	残	2.25	Ca3	36.5	46	1
M35：4	板瓦	陶	残	1.2	Ba3	31.5	20	1.2
M35：5	板瓦	陶	残	1.3	Ca3	30	25	1.4
M35：6	板瓦	陶	残	1	Ca2-3	25	30	1.2
M35：7	板瓦	陶	残	0.6	Ba3	17	21.5	1.3
M35：8	筒瓦	陶	残	1.5	Ba4	长51.2、径14.5～15.5、厚1.1、唇长2、厚0.4		
M35：9	筒瓦	陶	残	1.75	Ba4	残长47.5、径15～15.3、厚1～1.5、唇残长1.5、厚0.5		
M35：10	筒瓦	陶	残	0.75	Ba4	残长30.3、残径14、厚0.9～1.5、唇长2、厚0.6		
M35：11	筒瓦	陶	残	0.5	Aa4	26.5	11.5	1
M35：12	筒瓦	陶	残	0.65	Ba4	24	14	1.2
M35：13	菱格纹砖	陶	残	0.28	/	9.8	7.7	3.2
M35：14	陶盆	陶	残	0.11	/	复原口径68.7、沿宽2.4、残长9、残宽3.2、残高9、厚1		
M35：15	陶瓮	陶	残	3.6	/	复原口径29.1、沿宽1.9、残长47.9、残宽26.4、残高24.7、厚1.4		
L10：1	板瓦	陶	残	0.09	Bb3	8.5	7.2	1.1
L10：2	板瓦	陶	残	0.11	Ca10	9.5	7	1.4
L10：3	筒瓦	陶	残	0.1	D4	7	7.5	1.3
L10：4	筒瓦	陶	残	0.06	Aa4	5.5	7.3	1.1
L10：5	陶盆	陶	残	0.29	/	复原口径26、沿宽1.1、残长22.9、残宽8.8、残高6.6、厚1		
L10：6	陶釜	陶	残	0.1	/	复原口径32.8、沿宽2、残长8.7、残宽5.7、残高3.5、厚1.8		
L10：7	陶釜	陶	残	0.07	/	复原口径29.1、沿宽1.4、残长7.9、残宽5.1、残高4.3、厚1.4		
L10：8	陶盆	陶	残	0.09	/	复原口径52.5、沿宽1.6、残长7.9、残宽2.3、残高8.3、厚1.1		
L10：9	陶饼	陶	残	0.05	/	径5.7、厚1.1		

续表

编号	名称	性质	保存情况	重量/千克	分型	规格/厘米		
						长	宽/径	厚
L10∶10	陶饼	陶	残	0.01	/	径3.8、厚0.8		
夯土Ⅰ∶1	板瓦	陶	残	0.14	Ba1	13	8	1.2
夯土Ⅰ∶2	板瓦	陶	残	0.06	Ba1	8.5	6	1
夯土Ⅰ∶3	筒瓦	陶	残	0.03	D4	6.5	5	0.9
夯土Ⅰ∶4	拱形砖	陶	残	0.28	/	12.1	9.4	1.8~2.8
夯土Ⅰ∶5	陶饼	陶	完整	0.06	/	径7、厚1.1		
夯土Ⅰ∶6	陶饼	陶	完整	0.03	/	径4.7、厚1.4		
夯土Ⅰ∶7	陶饼	陶	完整	0.03	/	径4.5、厚1.1		
夯土Ⅰ∶8	砺石	陶	残	0.18	/	8.3	5.2	1.9~2.6
夯土Ⅰ∶9	陶盆	陶	残	0.09	/	复原口径43.4、沿宽1.6、残长11.5、残宽3.5、残高4.2、厚1.2		
夯土Ⅰ∶10	陶盆	陶	残	0.09	/	复原口径40、沿宽2.1、残长9.2、残宽4.3、残高7.9、厚1.2		
夯土Ⅰ∶11	陶罐	陶	残	0.05	/	复原口径11.2、沿宽1.2、残长9.5、残宽3.4、残高4.2、厚0.9		
夯土Ⅱ∶1	半两	钱币	完整	0.008	/	郭径3.2、穿宽0.9、厚0.1		
夯土Ⅱ∶2	璧形玉	玉	残	0.004	/	径3.1、厚0.3		
夯土Ⅱ∶3	璧形玉	玉	残	0.01	/	径3.4、厚0.4		
夯土Ⅱ∶4	板瓦	陶	残	0.2	Ba2	11.2	12.5	1.2
夯土Ⅱ∶5	板瓦	陶	残	0.16	Ba1	9.3	11.3	1.2
夯土Ⅱ∶6	板瓦	陶	残	0.16	Cb3	10	13	1.1
夯土Ⅱ∶7	板瓦	陶	残	0.12	Cb3	11.2	8.5	1.2
夯土Ⅱ∶8	板瓦	陶	残	0.14	Ca3	10.7	10.5	1.2
夯土Ⅱ∶9	筒瓦	陶	残	0.09	Bb4	残长10、残径8、厚0.9、唇长2、厚0.7		
夯土Ⅱ∶10	云纹瓦当	陶	残	0.03	/	当复原径16.2、边轮宽0.7、缘深0.3、边轮厚1.5、当厚0.7		
夯土Ⅱ∶11	陶盆	陶	残	0.08	/	复原口径37.2、沿宽2.1、残长9.4、残宽3.2、残高7.1、厚0.9		
夯土Ⅱ∶12	陶罐	陶	残	0.06	/	复原口径11.4、沿宽1.5、残长7.5、残宽6.2、残高6.3、厚0.9		
夯土Ⅱ∶13	陶盆	陶	残	0.2	/	复原口径32.8、沿宽2、残长15.7、残宽5.5、残高10.5、厚1		
夯土Ⅱ∶14	卵石	石	残	5.65	/	径22、短径20、厚10		
夯土Ⅲ∶1	板瓦	陶	残	0.33	Ba1	12.5	17	1.2
夯土Ⅲ∶2	板瓦	陶	残	0.15	Ba3	11	9.5	1
夯土Ⅲ∶3	板瓦	陶	残	0.16	Ba3	8.5	13	1
夯土Ⅲ∶4	筒瓦	陶	残	0.07	Bc4	残长7、残径5.5、厚1、唇长2、厚0.8		
夯土Ⅲ∶5	筒瓦	陶	残	0.12	Ba4	9.5	7.5	1
夯土Ⅲ∶6	筒瓦	陶	残	0.09	Ba4	7.5	10	1.1
夯土Ⅲ∶7	陶盆	陶	残	0.12	/	复原口径41.3、沿宽1.4、残长9.3、残宽4.4、残高8.2、厚0.9		
夯土Ⅲ∶8	陶盆	陶	残	0.07	/	复原口径42.6、沿宽1.9、残长11.5、残宽3.2、残高5.4、厚1.1		
夯土Ⅳ∶1	铅条	铅	残	0.068	/	10.6	1	0.7
夯土Ⅳ∶2	璧形玉	玉	残	0.002	/	残径1.2、厚0.4		
夯土Ⅳ∶3	残玉器	玉	残	0.013	/	2.7	2.2	1.4
夯土Ⅳ∶4	璧形玉	玉	残	0.004	/	径2、厚0.5		
夯土Ⅳ∶6	砺石	石	残	0.09	/	7.5	4	1.9
夯土Ⅳ∶7	铜片	铜	残	0.006	/	2.8	2.4	0.3

续表

编号	名称	性质	保存情况	重量/千克	分型	规格/厘米		
						长	宽/径	厚
夯土Ⅳ：8	板瓦	陶	残	0.12	Aa3	8.7	8.3	1.3
夯土Ⅳ：9	板瓦	陶	残	0.9	Ba1	21	22.5	1.1
夯土Ⅳ：10	板瓦	陶	残	0.47	Ba1	16	21	1.2
夯土Ⅳ：11	板瓦	陶	残	0.46	Ba2-3	18	14.7	1.3
夯土Ⅳ：12	板瓦	陶	残	0.2	Ba3	11.5	11	1.2
夯土Ⅳ：13	板瓦	陶	残	0.3	Ca3	13.5	13	1.3
夯土Ⅳ：14	板瓦	陶	残	0.39	Ba1	15	15	1.2
夯土Ⅳ：15	板瓦	陶	残	0.23	Ba1	8.8	14	1.3
夯土Ⅳ：16	板瓦	陶	残	0.37	Ba3	11	16.5	1.3
夯土Ⅳ：17	板瓦	陶	残	0.29	Ba3	14.3	9.5	1.2
夯土Ⅳ：18	筒瓦	陶	残	0.53	Ba4	残长22.3、残径22、厚1.4、唇长2.3、厚0.6		
夯土Ⅳ：19	筒瓦	陶	残	0.45	Ba4	残长13.3、径14.5、厚1.2、唇长2、厚0.7		
夯土Ⅳ：20	筒瓦	陶	残	0.35	Aa4	13.8	13.8	1.3
夯土Ⅳ：21	筒瓦	陶	残	0.27	Ba4	17	11	1.3
夯土Ⅳ：22	筒瓦	陶	残	0.23	Aa4	16.8	8	1.1
夯土Ⅳ：23	筒瓦	陶	残	0.11	D4	8.5	6.5	1
夯土Ⅳ：24	拱形砖	陶	残	0.6	/	13.3	9.1～10.3	3.2
夯土Ⅳ：25	拱形砖	陶	残	0.24	/	10.3	8～8.8	3.2
夯土Ⅳ：26	拱形砖	陶	残	0.28	/	10	8.3～8.8	2.5～2.8
夯土Ⅳ：27	拱形砖	陶	残	0.17	/	5	10	3.1～3.5
夯土Ⅳ：28	空心砖	陶	残	0.29	/	残长16.5、残宽9.9、残高4.8、厚0.8～1.2		
夯土Ⅳ：29	空心砖	陶	残	0.27	/	14	13.7	0.7～1.4
夯土Ⅳ：30	空心砖	陶	残	0.22	/	残长11.1、残宽12、残高2.5、厚0.8～1.9		
夯土Ⅳ：31	陶饼	陶	完整	0.1	/	径7.9、厚1.5		
夯土Ⅳ：32	陶饼	陶	完整	0.11	/	径8.6、厚1.4		
夯土Ⅳ：33	陶饼	陶	完整	0.09	/	径7.2、厚1.4		
夯土Ⅳ：34	陶饼	陶	完整	0.07	/	径6.9、厚1.4		
夯土Ⅳ：35	陶饼	陶	完整	0.03	/	径4.6、厚1		
夯土Ⅳ：36	陶饼	陶	完整	0.02	/	径4.3、厚1		
夯土Ⅳ：37	陶饼	陶	完整	0.01	/	径3.3、厚1		
夯土Ⅳ：38	陶饼	陶	完整	0.02	/	径3.8、厚1.1		
夯土Ⅳ：39	陶鬲	陶	残	0.1	/	复原口径30.1、沿宽1.2、残长9.7、残宽6.2、残高4.8、厚0.7		
夯土Ⅳ：40	陶釜	陶	残	0.1	/	复原口径20.4、沿宽1、残长10.7、残宽2.6、残高8.9、厚0.8		
夯土Ⅳ：41	陶釜	陶	残	0.07	/	复原口径27.6、沿宽0.8、残长12.1、残宽5.7、残高5.3、厚0.8		
夯土Ⅳ：42	陶盆	陶	残	0.11	/	复原口径28.5、沿宽1.7、残长13.7、残宽4、残高7、厚0.7		
夯土Ⅳ：43	陶盆	陶	残	0.08	/	复原口径26、沿宽1.6、残长10.3、残宽4.8、残高7.7、厚0.6		
夯土Ⅳ：44	陶盆	陶	残	0.07	/	复原口径34.9、沿宽2.2、残长12.8、残宽3、残高5、厚0.9		
夯土Ⅳ：45	陶盆	陶	残	0.07	/	复原口径39.7、沿宽1.5、残长11.3、残宽2.3、残高7.2、厚0.7		
夯土Ⅳ：46	陶鬲	陶	残	0.27	/	残长10.4、残宽7.9、残高12.8、厚1.1～1.5		

表 6.3　T24 出土遗物数量统计表

名称	类型	② 灰/件	西③a 灰/件	西④ 灰/件	西⑤ 灰/件	西⑥ 灰/件	⑬ 灰/件	⑬ 红/件	⑭ 灰/件	⑭ 红/件	⑯ 灰/件	⑯ 红/件	⑰ 灰/件	⑰ 红/件	H72 灰/件	H75 灰/件	L10 灰/件	M35 灰/件	夯土I 灰/件	夯土II 灰/件	夯土III 件	夯土IV 件	合计	百分比/%	总百分比/%
板瓦	Aa1	/	/	/	/	/	/	/	/	/	/	/	/	/	1	/	/	/	/	/	/	/	1	0.09	32.39
	Ba1	/	/	8	1	3	/	/	/	/	/	/	/	/	/	/	6	33	1	/	12	181	245	22.23	
	Bb1	1	/	1	/	/	/	/	/	/	/	/	/	/	/	1	/	/	/	/	2	4	9	0.82	
	Bc1	/	/	/	/	/	/	/	/	/	/	/	/	/	2	/	/	/	/	/	/	18	20	1.81	
	Ca1	3	6	18	/	/	/	/	/	/	/	/	/	/	/	/	/	/	/	/	1	/	28	2.54	
	Cb1	2	9	15	1	3	/	/	/	/	/	/	/	/	1	/	/	12	/	/	/	/	43	3.90	
	Cb2	/	/	1	/	/	/	/	/	/	/	/	/	/	/	/	/	/	/	/	/	/	1	0.09	
	Cc1	/	/	10	/	/	/	/	/	/	/	/	/	/	/	/	/	/	/	/	/	/	10	0.91	
筒瓦	Aa4	/	/	/	/	2	/	/	/	/	/	/	/	/	/	/	/	/	/	/	/	/	2	0.18	10.42
	Ac4	/	/	1	/	/	/	/	/	/	/	/	/	/	/	/	/	/	/	/	/	/	1	0.09	
	Ba1	/	/	1	/	/	/	/	/	/	/	/	/	/	/	/	/	/	/	/	/	/	1	0.09	
	Ba2	/	/	5	/	/	/	/	/	/	/	/	/	/	/	/	/	/	/	/	/	/	5	0.45	
	Ba4	/	8	14	/	/	/	/	/	/	/	/	/	/	/	/	/	5	/	/	2	27	56	5.08	
	Bc4	3	/	/	/	/	/	/	/	/	/	/	/	/	/	/	/	/	/	/	/	/	3	0.27	
	D2	1	/	/	/	/	/	/	/	/	/	/	/	/	/	/	/	/	/	/	/	/	1	0.09	
	D4	/	/	/	/	2	/	/	/	/	/	/	/	/	/	/	/	/	/	/	4	40	46	4.17	
砖	空心砖	/	/	1	/	1	/	/	/	/	/	/	/	/	/	/	/	/	/	/	6	40	48	4.36	4.45
	素面	/	/	/	/	/	/	/	/	/	/	/	/	/	/	/	/	/	/	/	1	/	1	0.09	
管道	/	/	/	/	/	/	/	/	/	/	/	/	/	/	/	/	/	1	/	/	/	/	1	0.09	0.09

续表

名称	类型	②灰/件	西③a灰/件	西④灰/件	西⑤灰/件	西⑥灰/件	⑬灰/件	⑬红/件	⑭灰/件	⑭红/件	⑯灰/件	⑯红/件	⑰红/件	H72灰/件	H75灰/件	L10灰/件	M35灰/件	夯土Ⅰ灰/件	夯土Ⅱ灰/件	夯土Ⅲ灰/件	夯土Ⅳ灰/件	合计	百分比/%	总百分比/%
陶器	绳纹	2	2	1	/	1	/	3	/	18	/	8	4	/	1	10	/	/	1	/	36	87	7.89	52.43
	间断绳纹	4	/	4	/	/	/	/	/	/	/	/	/	/	/	8	3	/	1	5	7	32	2.90	
	绳纹+回弦纹	1	/	/	/	/	/	/	/	/	/	/	/	/	/	/	/	/	/	/	/	1	0.09	
	印纹+回弦纹	2	/	3	/	/	/	/	/	/	/	/	/	1	/	6	/	/	/	3	/	15	1.36	
	素面	8	5	13	4	4	5	7	8	27	2	10	2	13	4	22	7	/	/	7	188	336	30.49	
	凹弦纹	1	/	9	/	/	/	/	/	/	/	/	/	2	/	2	/	2	1	2	12	31	2.81	
	暗刻划纹	/	1	/	/	/	/	/	/	/	/	/	/	/	/	/	/	/	/	/	/	1	0.09	
	印纹	/	/	/	/	/	/	/	/	/	/	/	/	/	/	6	/	/	2	/	25	33	2.99	
	篮纹	/	/	/	/	/	/	4	1	30	/	7	/	/	/	/	/	/	/	/	/	42	3.81	
陶饼	/	1	/	1	/	/	/	/	/	/	/	/	/	/	/	/	/	/	/	/	/	2	0.18	0.18
合计	/	29	31	106	6	16	5	14	9	75	2	25	6	20	6	60	61	3	5	45	578	1102	100.00	100.00
百分比/%	/	2.63	2.81	9.62	0.54	1.45	0.45	1.27	0.82	6.71	0.18	2.27	0.54	1.81	0.54	5.44	5.54	0.27	0.45	4.08	52.45			
总百分比/%	/	2.63	2.81	9.62	0.54	1.45	1.72		7.53		2.45		0.54	1.81	0.54	5.44	5.54	0.27	0.45	4.08	52.45			100.00

第一节　地　　层

　　根据土质、土色及包含物及二号古城西墙（编号为Q4）东西两侧地层堆积的差异，T24内地层堆积共分为17层（其中第3层分第3a、3b、3c、3d四亚层），Q4东侧地层分为4层（其中第3层分第3a、3b、3c、3d四亚层），Q4西侧地层分为6层（其中第3层分第3a、3b两亚层），地层堆积按四壁介绍，出土遗物以北壁统计介绍。

一、地　层　堆　积

（一）北壁

　　第1层：浅灰色土。厚0.13～0.3米。分布全方，堆积近平。土质较软，结构疏松。内含大量的植物根系、塑料、近现代砖瓦砾。

　　第2层：黄褐色土。深0.13～0.3、厚0.14～0.24米。分布全方，堆积近平。土质稍硬，结构稍致密。内含少量炭粒、红烧土粒、瓦片、陶片。本层出土遗物残片占探方出土遗物总数的2.63%。据该层内出土遗物残片统计，板瓦占20.69%，其中Bb1型占3.45%，Ca1型占10.34%，Cb1型占6.9%。筒瓦占13.79%，其中BC4型占10.34%，D2型占3.45%。陶饼占3.45%。陶片占62.07%，其中绳纹占6.9%，间断绳纹占13.79%，绳纹＋凹弦纹占3.45%，印纹＋凹弦纹占6.9%，素面占27.58%，凹弦纹占3.45%（表6.4）。

表6.4　T24第2层出土遗物数量统计表

名称	型	灰陶	百分比/100%	总百分比/100%
板瓦	Bb1	1	3.45	20.69
	Ca1	3	10.34	
	Cb1	2	6.90	
筒瓦	Bc4	3	10.34	13.79
	D2	1	3.45	
陶饼	/	1	3.45	3.45
陶片	绳纹	2	6.90	62.07
	间断绳纹	4	13.79	
	绳纹＋凹弦纹	1	3.45	
	印纹＋凹弦纹	2	6.90	
	素面	8	27.58	
	凹弦纹	1	3.45	
合计	/	29	10.00	100.00
百分比/100%	/	100.00		

Q4东侧地层堆积：

东第3a层：浅黄色土。深0.38～0.46、厚0.14～0.24米。分布探方东部，堆积近平。土质较软，结构疏松。

东第3b层：浅黄色土。深0.6～0.66、厚0.26～0.38米。分布探方东部，堆积近平。土质较软，结构疏松。

东第3c层：浅褐色土。深0.86～0.94、厚0.22～0.36米。分布探方东部，堆积近平。土质较软，结构疏松。

东第3d层：浅黄色土。深1.2～1.26、厚0～0.2米。分布探方东部，堆积呈西高东低的缓坡状。土质较软，结构疏松。

东第4层：浅灰褐色土。深1.18～1.82、厚0.08～0.52米。分布探方东部，堆积呈西高东低的缓坡状。土质稍软，结构较疏松。内含少量的炭粒、红烧土粒。H55开口于此层下。

Q4西侧地层堆积：

西第3a层：浅黄褐色土。深0.32～0.38、厚0～1.2米。分布探方西部，堆积呈东高西低坡状。土质较软，结构较疏松。内含少量炭粒、红烧土粒、板瓦、陶片。本层出土遗物残片占探方出土遗物总数的2.81%。据该层内出土遗物残片统计，板瓦占48.39%，其中Cb1型占29.04%，Ca1型占19.35%。筒瓦占25.81%，均为Ba4型。陶片占25.8%，其中绳纹占6.45%，暗刻划纹占3.22%，素面占16.13%（表6.5）。

表6.5　T24西第3a层出土遗物数量统计表

名称	型	灰陶/件	百分比/%	总百分比/%
板瓦	Cb1	9	29.04	48.39
	Ca1	6	19.35	
筒瓦	Ba4	8	25.81	25.81
陶片	绳纹	2	6.45	25.80
	暗刻划纹	1	3.22	
	素面	5	16.13	
合计	/	31	100.00	100.00

西第3b层：浅黄色土。深1.06～1.38、厚0～0.3米。分布探方西部，堆积呈为东高西低坡状。土质较软，结构疏松。

西第4层：浅褐色土。深0.36～0.4、厚0～0.9米。分布探方西部，堆积呈西高东低坡状。土质较软，结构疏松。内含较多板瓦、筒瓦、陶片、砖。本层出土遗物残片占探方出土遗物总数的9.62%。据该层内出土遗物残片统计，板瓦占50.02%，其中Bb1型占0.94%，Ba1型占7.55%，Cc1型占9.43%，Cb1型占14.15%，Ca1型占17.01%，Cb2型占0.94%。筒瓦占19.81%，其中Ba1型占0.94%，Ba4型占13.21%，Ac4型占0.94%，Ba2型占4.72%。空心砖占0.94%。陶饼占0.94%。陶片占28.29%，其中凹弦纹占8.49%，印纹＋凹弦纹占2.83%，间断绳纹占3.77%，绳纹占0.94%，素面占12.26%（表6.6）。

表6.6 T24西第4层出土遗物数量统计表

名称	型	灰陶	百分比/100%	总百分比/100%
板瓦	Bb1	1	0.94	50.02
	Ba1	8	7.55	
	Cc1	10	9.43	
	Cb1	15	14.15	
	Ca1	18	17.01	
	Cb2	1	0.94	
筒瓦	Ba1	1	0.94	19.81
	Ba4	14	13.21	
	Ac4	1	0.94	
	Ba2	5	4.72	
陶片	凹弦纹	9	8.49	28.29
	印纹+凹弦纹	3	2.83	
	间断绳纹	4	3.77	
	绳纹	1	0.94	
	素面	13	12.26	
空心砖	/	1	0.94	0.94
陶饼	/	1	0.94	0.94
合计	/	106	100.00	100.00

西第5层：浅黄灰色土。深0.92~1.08、厚0~0.3米。分布探方西部，堆积呈东高西低坡状。土质较软，结构疏松。内含少量板瓦、陶片。本层出土遗物残片占探方出土遗物总数的0.54%。据该层内出土遗物残片统计，板瓦占33.34%，其中Ba1型占16.67%，Cb1型占16.67%。陶片占66.66%，均为素面（表6.7）。

表6.7 T24西第5层出土遗物数量统计表

名称	型	灰陶/件	百分比/%	总百分比/%
板瓦	Ba1	1	16.67	33.34
	Cb1	1	16.67	
陶片	素面	4	66.66	66.66
合计	/	6	100.00	100.00
百分比/100%	/	100.00		

西第6层：浅褐色土。深1.35~1.68、厚0~0.44米。分布探方西部，堆积呈东高西低坡状。土质较软，结构疏松。内含少量炭粒、瓦片、陶片。本层出土遗物残片占探方出土遗物总数的1.45%。据该层内出土遗物残片统计，板瓦占27.5%，其中Ba1型占18.75%，Cb1型占18.75%。筒瓦占25%，其中Aa4型占12.5%，D4型占12.5%。空心砖占6.25%。陶片占31.25%，其中绳纹占

6.25%，素面占25%（表6.8）。

表6.8　T24西第6层出土遗物数量统计表

名称	型	灰陶/件	百分比/%	总百分比/%
板瓦	Ba1	3	18.75	37.50
	Cb1	3	18.75	
筒瓦	Aa4	2	12.50	25.00
	D4	2	12.50	
空心砖	/	1	6.25	6.25
陶器	绳纹	1	6.25	31.25
	素面	4	25.00	
合计	/	16	100.00	

第8层：浅黄色土。深1.1～1.28、厚0.04～0.7米。分布于Q4下，堆积近平。土质稍软，结构较疏松。

在Q4西部做解剖沟，清理第9～17层，分别介绍如下。

第9层：浅黄色土。深1.82～1.94、厚0.48～0.56米。分布解剖沟东部，堆积呈东高西低缓坡状。土质较软，结构疏松。

第10层：浅灰褐色土。深2.28～2.6、厚0.36～0.56米。分布解剖沟东部，堆积呈东高西低缓坡状。土质稍硬，结构稍疏松。

第11层：浅黄色土。深2.8～3.02、厚0.58～1.02米。分布解剖沟东部，堆积呈东高西低坡状。土质较软，结构疏松。

第12层：浅灰褐色土。深3.36～3.98、厚0.34～0.5米。分布解剖沟东部，堆积呈东高西低坡状。土质稍硬，结构较疏松。

第13层：浅褐色土。深4.1～4.44、厚0.08～0.26米。分布解剖沟中部，堆积呈东高西低坡状。土质较软，结构疏松。内含大量的红烧土粒、少量的烧土块、炭粒、陶片。本层出土遗物残片占探方出土遗物总数的1.72%。据该层内出土遗物残片统计，均为陶片，其中素面占63.16%，篦纹占21.05%，绳纹占15.79%（表6.9）。

表6.9　T24第13层出土遗物数量统计表

名称	型	灰陶/件	红陶/件	合计	百分比/%
陶片	素面	5	7	12	63.16
	篦纹	/	4	4	21.05
	绳纹	/	3	3	15.79
合计	/	5	14	19	100.00
百分比/100%	/	26.31	73.69	100.00	

第14层：浅灰色土。深4.2～4.7、厚0.06～0.18米。分布解剖沟中部，堆积呈东高西低坡状。土质较软，结构疏松。内含少量的炭粒、红烧土粒、大量的草木灰烬、陶片。本层出土遗物残片

占探方出土遗物总数的7.53%。据该层内出土遗物残片统计，均为陶片，其中篦纹占36.9%，绳纹占21.43%，素面占41.67%（表6.10）。

表6.10 T24第14层出土遗物数量统计表

名称	型	灰陶/件	红陶/件	合计	百分比/%
陶片	篦纹	1	30	31	36.90
	绳纹	/	18	18	21.43
	素面	8	27	35	41.67
合计	/	9	75	84	100.00
百分比/100%	/	10.71	89.29	100.00	

第15层：浅黄褐色土。深4.3～5、厚0～0.24米。分布解剖沟中部，堆积呈东高西低坡状。土质较硬，结构稍致密。内含少量的炭粒、红烧土粒。

第16层：浅灰褐色土。深4.6～5.16、厚0～0.28米。分布解剖沟中部，堆积呈东高西低坡状。土质较硬，结构较致密。内含少量的炭粒、红烧土粒、陶片。本层出土遗物残片占探方出土遗物总数的2.45%。据该层内出土遗物残片统计，均为陶片，其中素面占44.44%，篦纹占25.93%，绳纹占29.63%（表6.11）。

表6.11 T24第16层出土遗物数量统计表

名称	型	灰陶/件	红陶/件	合计	百分比/%
陶片	素面	2	10	12	44.44
	篦纹	/	7	7	25.93
	绳纹	/	8	8	29.63
合计	/	2	25	27	100.00
百分比/100%	/	7.41	92.59	100.00	

第17层：浅褐色土。深3.6～4.06、厚0.4～0.54米。分布解剖沟东部，堆积呈东高西低缓坡状。土质较硬，结构较致密。内含少量的炭粒、红烧土粒、陶片。因发掘面较深，为安全起见则停止向下清理。本层出土遗物残片占探方出土遗物总数量的0.54%。据该层内出土遗物残片统计，均为陶片，其中素面占33.33%，绳纹占66.67%（图6.3；表6.12）。

表6.12 T24第17层出土遗物数量统计表

名称	型	红陶/件	百分比/%	总百分比/%
陶片	素面	2	33.33	100.00
	绳纹	4	66.67	
合计	/	6	100.00	

（二）东壁

第1层：浅灰色土。厚0.12～0.16米。分布全方，堆积近平。土质较软，结构疏松。内含大量的植物根系、塑料、现代砖瓦砾。

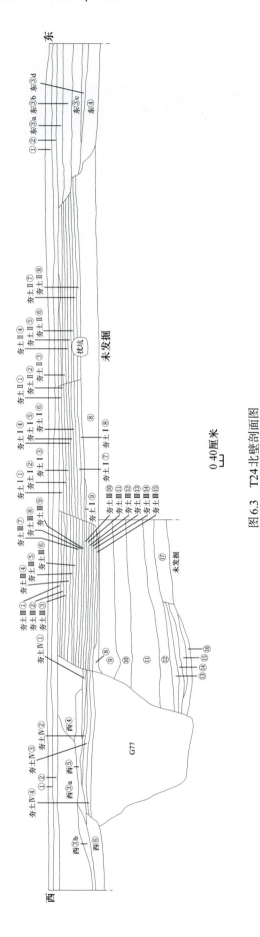

图6.3　T24北壁剖面图

第2层：黄褐色土。深0.12~0.16、厚0.11~0.14米。分布全方，堆积近平。土质稍硬，结构稍致密。内含少量炭粒、红烧土粒、瓦片、陶片。

东第3a层：浅黄色土。深0.28~0.3、厚0.2~0.28米。分布探方东部，堆积近平。土质较软，结构疏松。

东第3b层：浅黄色土。深0.48~0.56、厚0.3~0.42米。分布探方东部，堆积近平。土质较软，结构疏松。

东第3c层：浅褐色土。深0.86~0.9、厚0.3~0.36米。分布探方东部，堆积近平。土质较软，结构疏松。

东第3d层：浅黄色土。深1.16~1.18、厚0.2~0.28米。分布探方东部，堆积呈西高东低的缓坡状。土质较软，结构疏松。

东第4层：浅灰褐色土。深1.38~1.46、厚0.36~0.44米。分布探方东部，堆积呈西高东低的缓坡状。土质稍软，结构较疏松。内含少量的炭粒、红烧土粒（图6.4）。向下未发掘。

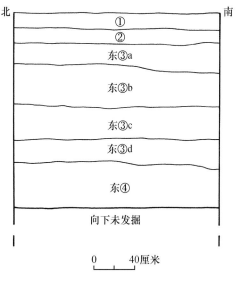

图6.4　T24东壁剖面图

（三）南壁

第1层：浅灰色土。厚0.1~0.28米。分布全方，堆积近平。土质较软，结构疏松。内含大量的植物根系、塑料、近现代砖瓦砾。

第2层：黄褐色土。深0.1~0.28、厚0~0.28米。基本分布全方，堆积近平。土质稍硬，结构稍致密。内含少量炭粒、红烧土粒、瓦片、陶片。

Q4东侧地层堆积：

东第3a层：浅黄色土。深0.26~0.32、厚0.22~0.28米。分布探方东部，堆积近平。土质较软，结构疏松。

东第3b层：浅黄色土。深0.56~0.58、厚0.26~0.34米。分布探方东部，堆积近平。土质较软，结构疏松。

东第3c层：浅褐色土。深0.56~0.88、厚0.3~0.35米。分布探方东部，堆积近平。土质较软，结构疏松。

东第3d层：浅黄色土。深1.2~1.26、厚0.04~0.28米。分布探方东部，堆积为西高东低的缓坡状。土质较软，结构疏松。

东第4层：浅灰褐色土。深1.24~1.46、厚0.08~0.52米。分布探方东部，堆积呈西高东低的缓坡状。土质稍软，结构较疏松。内含少量的炭粒、红烧土粒。

Q4西侧地层堆积：

西第3a层：浅黄褐色土。深0.3~0.37、厚0~1.18米。分布探方西部，堆积呈东高西低坡状。土质较软，结构较疏松。内含少量炭粒、红烧土粒、板瓦、陶片。

西第3b层：浅黄色土。深0.98～1.52、厚0～0.38米。分布探方西部，堆积呈东高西低坡状。土质较软，结构疏松。

西第4层：浅褐色土。深0.24、厚0～0.98米。分布探方西部，堆积呈西高东低坡状。土质较软，结构疏松。内含较多板瓦、筒瓦、陶片、砖。

西第5层：浅黄灰色土。深0.94～0.98、厚0～0.28米。分布探方西部，堆积呈东高西低坡状。土质较软，结构疏松。内含少量板瓦、陶片。

西第6层：浅褐色土。深1.42～1.68、厚0～0.36米。分布探方西部，堆积呈东高西低坡状。土质较软，结构疏松。内含少量炭粒、瓦片、陶片。

第7层：浅黄褐色土。深1.06～1.4、厚0～0.5米。分布Q4下，堆积呈东高西低坡状。土质稍软，结构较疏松。

在Q4西部做解剖沟发现第8～17层，描述如下。

第8层：浅黄色土。深1.6～1.76、厚0.1～0.18米。分布解剖沟东部，堆积呈西高东低缓坡状。土质稍软，结构较疏松。

第9层：浅黄色土。深1.72～1.9、厚0.5～0.58米。分布解剖沟东部，堆积呈西高东低缓坡状。土质较软，结构疏松。

第10层：浅灰褐色土。深2.28～2.42、厚0.44～0.7米。分布解剖沟东部，堆积呈东高西低缓坡状。土质稍硬，结构稍疏松。

第11层：浅黄色土。深2.66～3.02、厚0.5～0.98米。分布解剖沟东部，堆积呈东高西低坡状。土质较软，结构疏松。

第12层：浅灰褐色土。深3.15～3.88、厚0.3～0.45米。分布解剖沟东部，堆积呈东高西低坡状。土质稍硬，结构较疏松。

第13层：浅褐色土。深3.8～4.34、厚0.14～0.32米。分布解剖沟中部，堆积呈东高西低坡状。土质较软，结构疏松。内含大量的红烧土粒、少量的烧土块、炭粒、陶片。

第14层：浅灰色土。深4.12～4.53、厚0.12～0.24米。分布解剖沟中部，堆积呈东高西低坡状。土质较软，结构疏松。内含少量的炭粒、红烧土粒、大量的草木灰烬、陶片。

第15层：浅黄褐色土。深4.16～4.76、厚0～0.17米。分布解剖沟中部，堆积呈东高西低坡状。土质较硬，结构稍致密。内含少量的炭粒、红烧土粒。

第16层：浅灰褐色土。深4.5～5.16、厚0～0.2米。分布解剖沟中部，堆积呈东高西低坡状。土质较硬，结构较致密。内含少量的炭粒、红烧土粒、陶片。

第17层：浅褐色土。深3.72～3.96、厚0.44～0.56米。分布解剖沟东部，堆积呈东高西低坡状。土质较硬，结构较致密。内含少量的炭粒、红烧土粒、陶片（图6.5）。

第17层向下钻探2米均为黄色土，无包含物，未继续向下发掘。

（四）西壁

第1层：浅灰色土。厚0.14～0.16米。分布全方，堆积近平。土质较软，结构疏松。内含大量的植物根系、塑料、现代砖瓦砾。

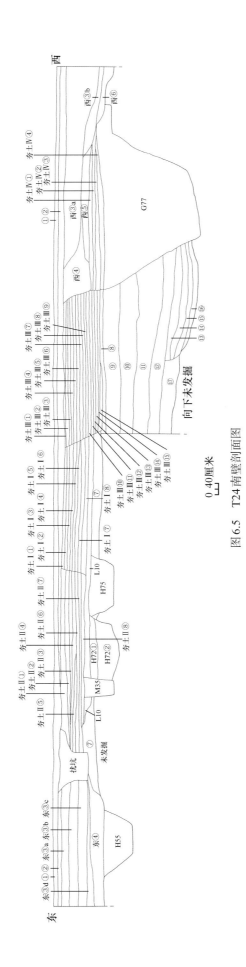

図6.5 T24南壁剖面図

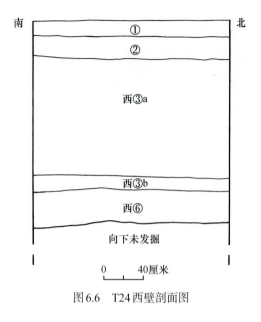

图 6.6 T24 西壁剖面图

第 2 层：黄褐色土。深 0.14～0.16、厚 0.2～0.23 米。基本分布全方，堆积近平。土质稍硬，结构稍致密。内含少量炭粒、红烧土粒、瓦片、陶片。

西第 3a 层：浅黄褐色土。深 0.34～0.38、厚 1.14～1.18 米。分布探方西部，堆积呈东高西低坡状。土质较软，结构较疏松。内含少量炭粒、红烧土粒、板瓦、陶片。

西第 3b 层：浅黄色土。深 1.51～1.56、厚 0.12～0.16 米。分布探方西部，堆积呈东高西低坡状。土质较软，结构疏松。

西第 6 层：浅褐色土。深 1.64～1.68、厚 0.3～0.36 米。分布探方西部，堆积呈东高西低坡状。其下为地面，未向下继续清理。土质较软，结构疏松。内含少量炭粒、瓦片、陶片（图 6.6）。未向下发掘。

二、出 土 遗 物

出土小件、标本 61 件，分建筑材料、陶器、玉器、钱币四类。分别介绍如下。

（一）建筑材料

根据用途，有砖、板瓦、筒瓦三种。分别介绍如下。

1. 砖

2 件。均为空心砖。

西④：12，残。呈灰色。表面饰中粗交错绳纹，内面饰布纹。残长 4.6、残宽 7.9、残高 2.1、厚 1.1～1.5 厘米（图 6.7、图 6.8）。

西⑥：5，残。呈灰色。表面饰细斜绳纹，内面饰布纹。残长 15.1、残宽 15.5、残高 1.5、厚 0.8～1.2 厘米（图 6.9、图 6.10）。

2. 板瓦

14 件。均为弧形板瓦。据表面绳纹粗细，分属为 B、C 两型。分别介绍如下。

B 型　7 件。分三亚型。

Ba1 型　4 件。表面饰中粗交错绳纹，内面素面。

②：1，残。灰陶。残长 18.5、残宽 15、厚 1.5 厘米（图 6.11、图 6.12）。

②：3，残。灰陶。残长 10.8、残宽 8、厚 1.2 厘米（图 6.13、图 6.14）。

图6.7 空心砖（西④：12）外、内、侧面照片

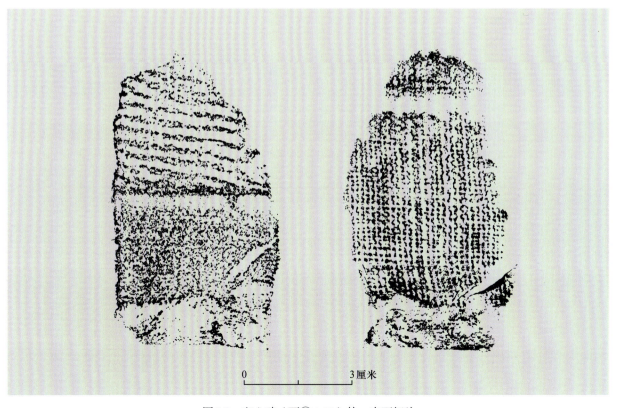

0 3厘米

图6.8 空心砖（西④：12）外、内面拓片

图6.9　空心砖（西⑥：5）外、内面照片

0 ____ 5厘米

图6.10　空心砖（西⑥：5）外、内面拓片

图6.11　Ba1型板瓦（②∶1）表、内面照片

图6.12　Ba1型板瓦（②∶1）表、内面拓片

图6.13　Ba1型板瓦（②：3）表、内面照片

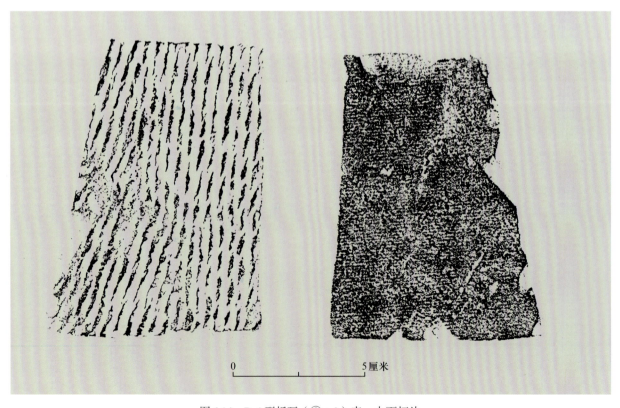

0　　　　　　　　　5厘米

图6.14　Ba1型板瓦（②：3）表、内面拓片

西③a：1，残。灰陶。残长8、残宽11.2、厚1.1厘米（图6.15、图6.16）。

西⑤：1，残。灰陶。残长6.5、残宽8.7、厚1.5厘米（图6.17、图6.18）。

Ba3型　1件。表面饰中粗交错绳纹，内面饰篦纹。西④：2，残。灰陶。残长11.7、残宽14.2、厚1.3厘米（图6.19、图6.20）。

图6.15　Ba1型板瓦（西③a：1）表、内面照片

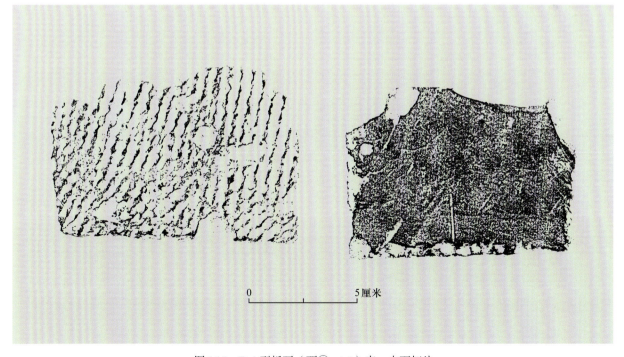

0   5厘米

图6.16　Ba1型板瓦（西③a：1）表、内面拓片

图6.17　Ba1型板瓦（西⑤：1）表、内面照片

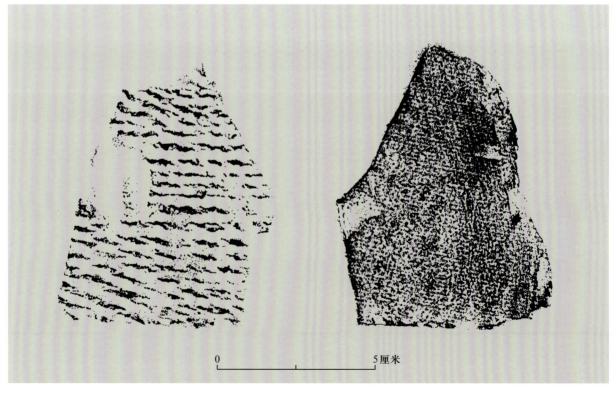

0　　　　　　　　　　　5厘米

图6.18　Ba1型板瓦（西⑤：1）表、内面拓片

图6.19 Ba3型板瓦（西④∶2）表、内面照片

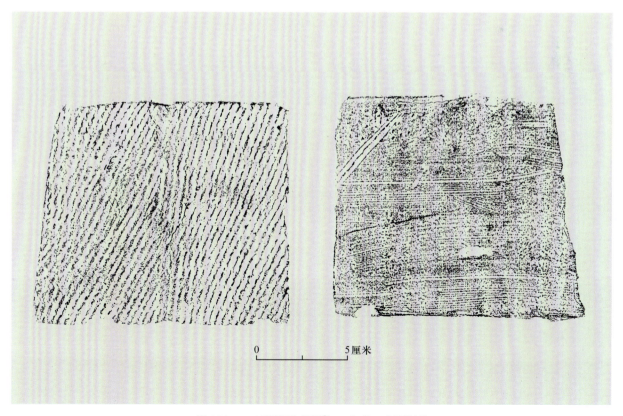

图6.20 Ba3型板瓦（西④∶2）表、内面拓片

Bb3型 2件。表面饰中粗斜绳纹，内面饰篦纹。

西④：1，残。灰陶。残长9.5、残宽9.5、厚1.1厘米（图6.21、图6.22）。

西⑤：2，残。灰陶。一端有绳纹抹平部分宽8.5厘米，表面有一横向凹弦纹，将绳纹分隔成两部分。残长13.5、残宽10、厚1.5厘米（图6.23、图6.24）。

图6.21 Bb3型板瓦（西④：1）表、内面照片

0　　　　　　　5厘米

图6.22 Bb3型板瓦（西④：1）表、内面拓片

图6.23　Bb3型板瓦（西⑤：2）表、内面照片

0　　　　　　　5厘米

图6.24　Bb3型板瓦（西⑤：2）表、内面拓片

C型　7件。分四亚型。

Ca1型　2件。表面饰粗交错绳纹，内面素面。

西③a：2，残。灰陶。残长14、残宽8.5、厚1厘米（图6.25、图6.26）。

图6.25　Ca1型板瓦（西③a：2）表、内面照片

0　　　　　5厘米

图6.26　Ca1型板瓦（西③a：2）表、内面拓片

西⑥：2，残。灰陶。内面有数道工具划痕。残长22、残宽12、厚1.2厘米（图6.27、图6.28）。

图6.27　Ca1型板瓦（西⑥：2）表、内面照片

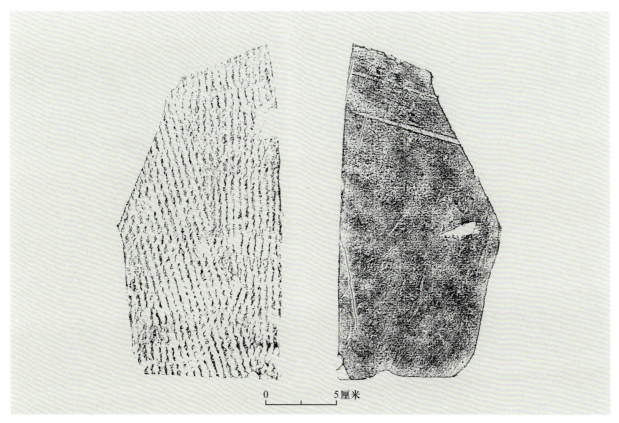

0　　　　　5厘米

图6.28　Ca1型板瓦（西⑥：2）表、内面拓片

Ca3型　3件。表面饰粗交错绳纹，内面饰箅纹。

②：2，残。灰陶。残长12、残宽7.9、厚1.2厘米（图6.29、图6.30）。

图6.29　Ca3型板瓦（②：2）表、内面照片

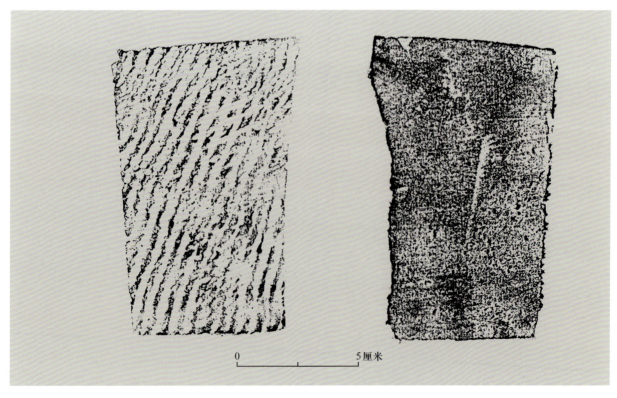

图6.30　Ca3型板瓦（②：2）表、内面拓片

西④：3，残。灰陶。残长16.5、残宽21、厚1.6厘米（图6.31、图6.32）。

图6.31　Ca3型板瓦（西④：3）表、内面照片

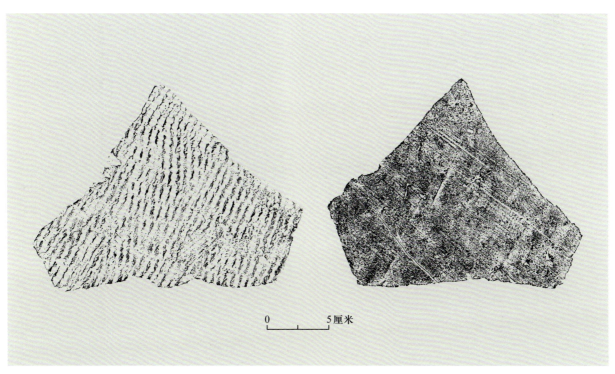

0 —— 5厘米

图6.32　Ca3型板瓦（西④：3）表、内面拓片

西⑥：3，残。灰陶。残长7、残宽9.5、厚1.3厘米（图6.33、图6.34）。

图6.33　Ca3型板瓦（西⑥：3）表、内面照片

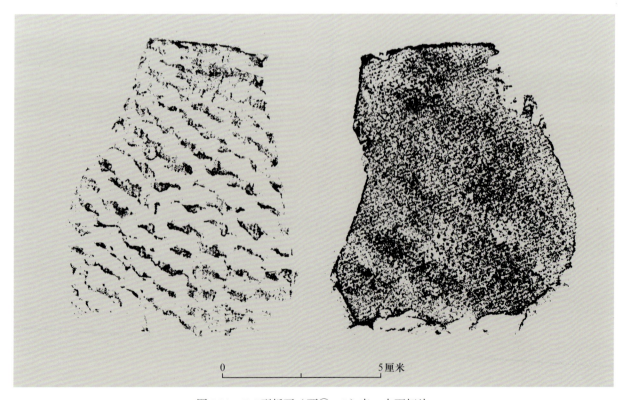

图6.34　Ca3型板瓦（西⑥：3）表、内面拓片

Cb3型　1件。表面饰粗斜绳纹，内面饰篦纹。西④：4，残。灰陶。残长15、残宽12.2、厚1.6厘米（图6.35、图6.36）。

图6.35　Cb3型板瓦（西④：4）表、内面照片

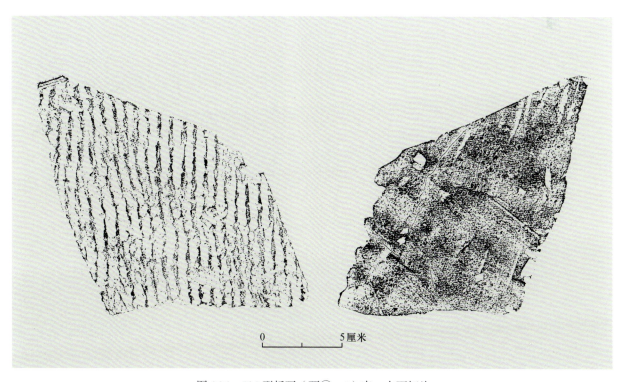

图6.36　Cb3型板瓦（西④：4）表、内面拓片

Cb3-10型　1件。表面饰粗斜绳纹，内面饰篦纹、抹平绳纹。西④：5，残。灰陶。残长7.5、残宽6.5、厚1.4厘米（图6.37、图6.38）。

图6.37　Cb3-10型板瓦（西④：5）表、内面照片

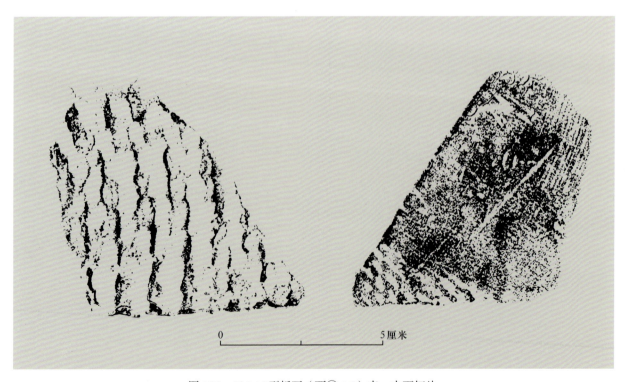

图6.38　Cb3-10型板瓦（西④：5）表、内面拓片

3. 筒瓦

10件。据表面绳纹粗细，分属A、B两型。分别介绍如下。

A型　4件。均属Aa4型。表面饰细交错绳纹，内面饰布纹。

②：4，残。灰陶。残长6.8、残径7、厚1厘米（图6.39、图6.40）。

图6.39　Aa4型筒瓦（②：4）表、内面照片

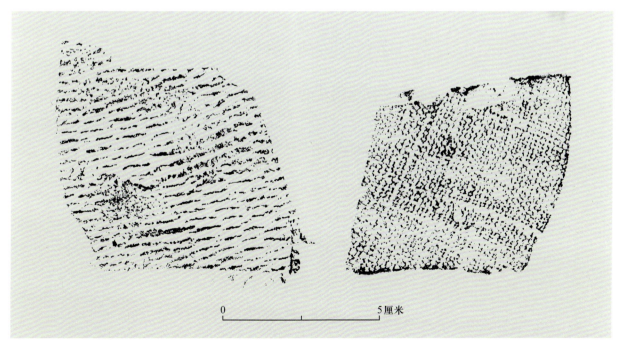

图6.40　Aa4型筒瓦（②：4）表、内面拓片

西④：8，残。灰陶。残长5.5、残径9、厚1厘米（图6.41、图6.42）。

图6.41　Aa4型筒瓦（西④：8）表、内面照片

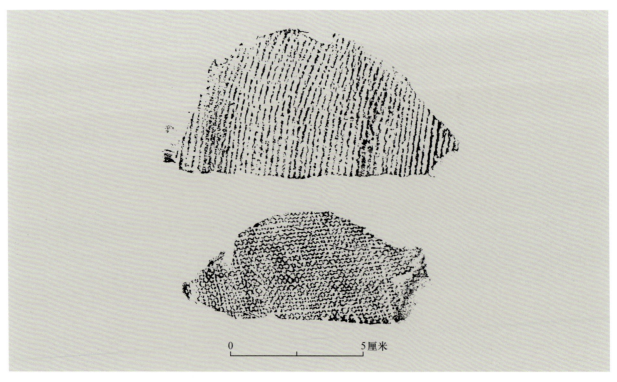

图6.42　Aa4型筒瓦（西④：8）表、内面拓片

西④：10，残。灰陶。残长10、残径7.5、厚1厘米（图6.43、图6.44）。

图6.43　Aa4型筒瓦（西④：10）表、内面照片

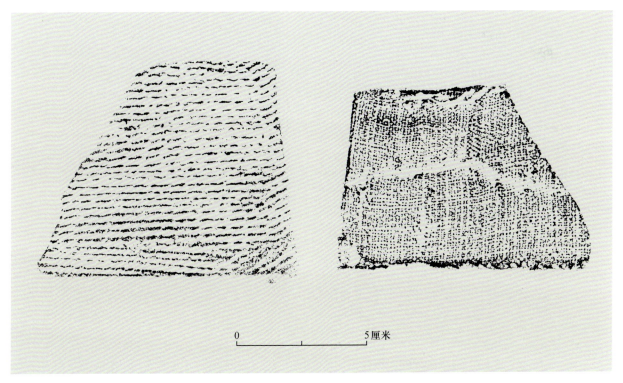

图6.44　Aa4型筒瓦（西④：10）表、内面拓片

西⑥：4，残。灰陶。有绳纹抹平部分残宽2厘米。残长8.5、残径7.5、厚1厘米（图6.45、图6.46）。

图6.45　Aa4型筒瓦（西⑥：4）表、内面照片

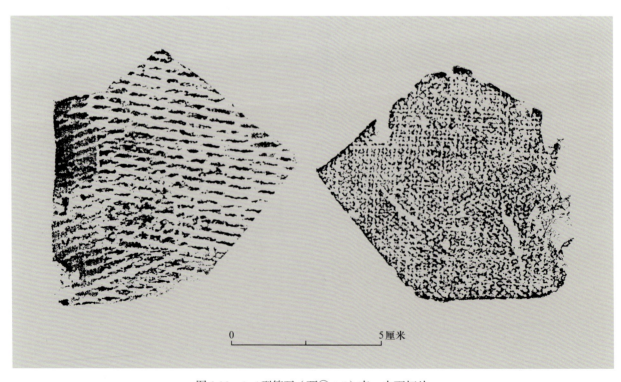

0　　　　　　　　5厘米

图6.46　Aa4型筒瓦（西⑥：4）表、内面拓片

B型　6件。分三亚型。

Ba1型　1件。表面饰中粗交错绳纹，内面素面。西④：7，残。灰陶。残长9.9、残径5.5、厚0.9厘米（图6.47、图6.48）。

图6.47　Ba1型筒瓦（西④：7）表、内面照片

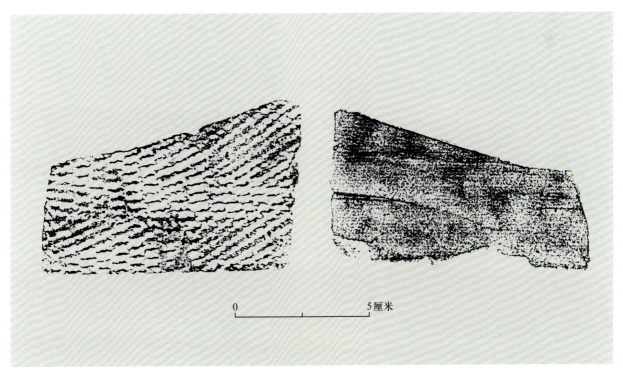

0　　　　　　5厘米

图6.48　Ba1型筒瓦（西④：7）表、内面拓片

Ba2型　2件。表面饰中粗交错绳纹，内面饰麻点纹。

②：5，残。灰陶。残长8.5、残径7、厚1.6厘米（图6.49、图6.50）。

图6.49　Ba2型筒瓦（②：5）表、内面照片

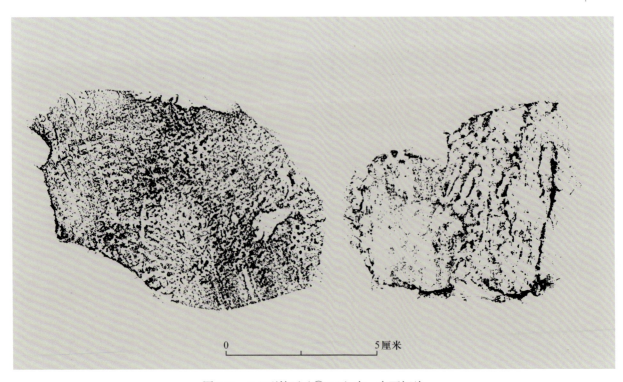

图6.50　Ba2型筒瓦（②：5）表、内面拓片

西④：6，残。灰陶。残长8、残径7、厚1.2厘米（图6.51、图6.52）。

图6.51　Ba2型筒瓦（西④：6）表、内面照片

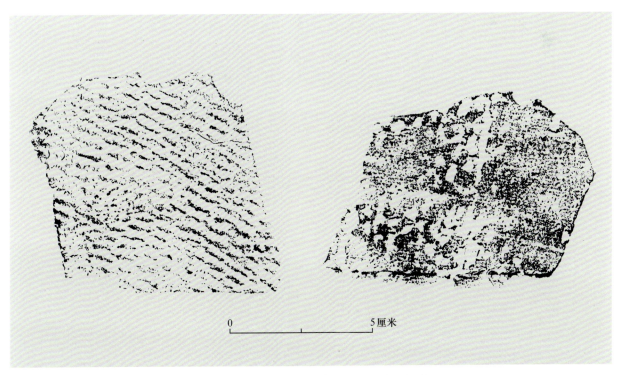

0　　　　　　　　5厘米

图6.52　Ba2型筒瓦（西④：6）表、内面拓片

Ba4型　3件。表面饰中粗交错绳纹，内面饰布纹。

西③a：3，残。灰陶。瓦唇后有绳纹抹平部分宽4厘米。残长14、残径9.5、厚1.2、唇长2、厚0.5厘米（图6.53、图6.54）。

图6.53　Ba4型筒瓦（西③a：3）表、内面照片

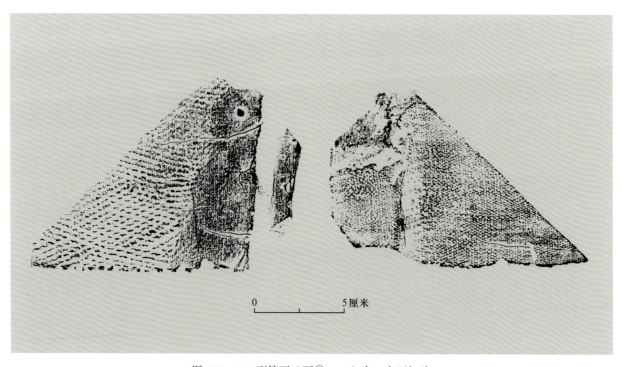

0　　　　　5厘米

图6.54　Ba4型筒瓦（西③a：3）表、内面拓片

西③a：4，残。灰陶。残长20、残径9.5、厚1.2厘米（图6.55、图6.56）。

图6.55 Ba4型筒瓦（西③a：4）表、内面照片

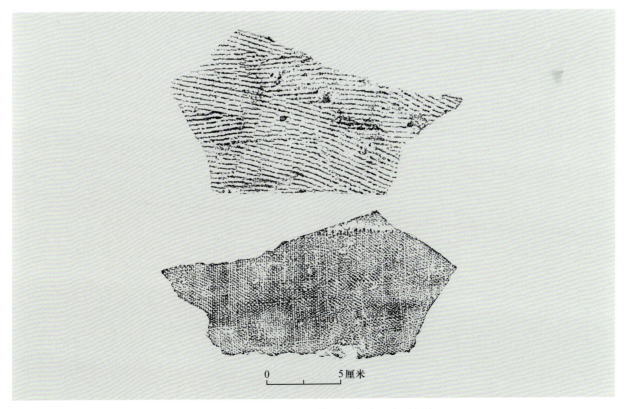

0   5厘米

图6.56 Ba4型筒瓦（西③a：4）表、内面拓片

西④：9，残。灰陶。瓦唇后有绳纹抹平部分宽6厘米。残长12.5、残径12.5、厚1.3、唇长2、厚0.6厘米（图6.57、图6.58）。

图6.57　Ba4型筒瓦（西④：9）表、内面照片

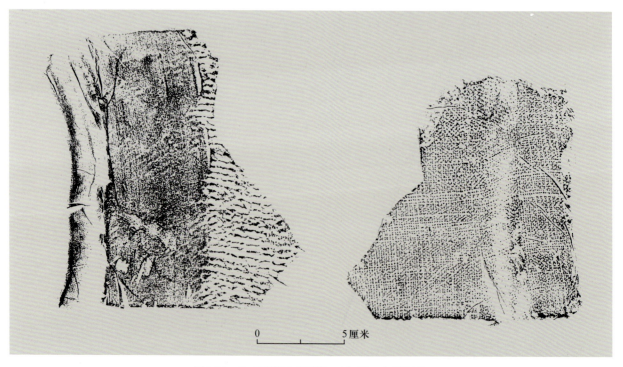

0 ⊢——————⊣ 5厘米

图6.58　Ba4型筒瓦（西④：9）表、内面拓片

（二）陶器

根据用途，有盆、罐、钵、釜、陶片、陶饼、纺轮、陶球八种，另有器形不可辨陶片10件。分别介绍如下。

1. 盆

10件。

②：7，残。泥质灰陶。敛口，窄沿，斜方唇，斜弧腹，腹部微鼓，腹下斜内收，腹部饰一周柳叶状虫蛹形纹，柳叶状虫蛹纹下饰两周凹弦纹，内面素面，轮制痕迹明显。复原口径36.8、沿宽0.7、残长9.6、残宽3.4、残高10、厚1.1厘米（图6.59、图6.60；彩版117；图版117）。

图6.59 陶盆（②：7）外、内、侧面照片

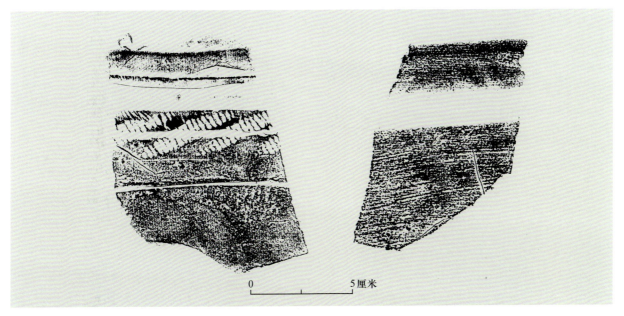

图6.60 陶盆（②：7）外、内面拓片

②：8，残。泥质灰陶。侈口，外折沿，方唇，斜弧腹，腹部饰三周凸弦纹，内面素面，轮制痕迹明显。复原口径25.1、沿宽1.2、残长11.4、残宽2.9、残高5.3、厚1.1厘米（图6.61、图6.62；彩版118；图版118）。

图6.61　陶盆（②：8）外、内、侧面照片

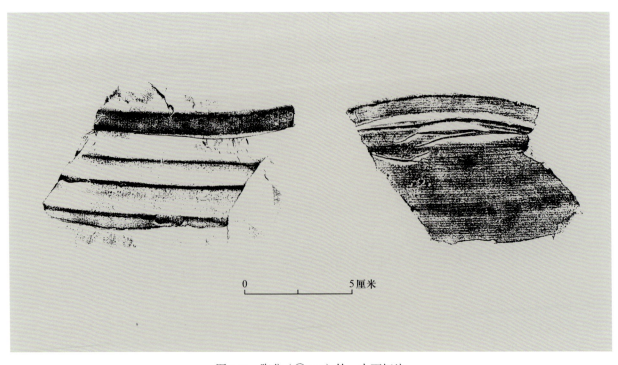

图6.62　陶盆（②：8）外、内面拓片

②：9，残。泥质灰陶。敛口，外折沿，斜方唇，斜弧腹，腹部微鼓，腹下斜内收，腹部饰细斜绳纹，局部绳纹被抹平，内面素面，轮制痕迹明显。复原口径43.1、沿宽1.2、残长13.2、残宽5.5、残高10.1、厚0.9厘米（图6.63、图6.64；彩版119；图版119）。

图6.63　陶盆（②：9）外、内、侧面照片

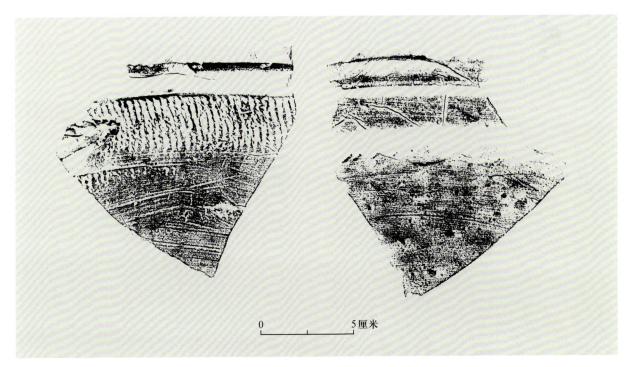

图6.64　陶盆（②：9）外、内面拓片

②：11，残。泥质灰陶。敛口，外折沿，方唇，鼓圆腹，腹下斜内收，腹部饰细斜绳纹，细斜绳纹被两周凹弦纹将绳纹分隔成三部分，腹部钻有一圆孔，孔径0.5厘米，内面素面，轮制痕迹明显。复原口径42、沿宽1.6、残长19.5、残宽5.8、残高12.3、厚1厘米（图6.65、图6.66；彩版120；图版120）。

图6.65　陶盆（②：11）外、内、侧面照片

图6.66　陶盆（②：11）外、内面拓片

②：12，残。泥质红陶。侈口，平沿外折，方唇，斜腹，内外均素面，内面轮制痕迹明显。复原口径66、沿宽2.1、残长9.8、残宽2.5、残高3.5、厚0.8厘米（图6.67、图6.68；彩版121；图版121）。

图6.67　陶盆（②：12）外、内、侧面照片

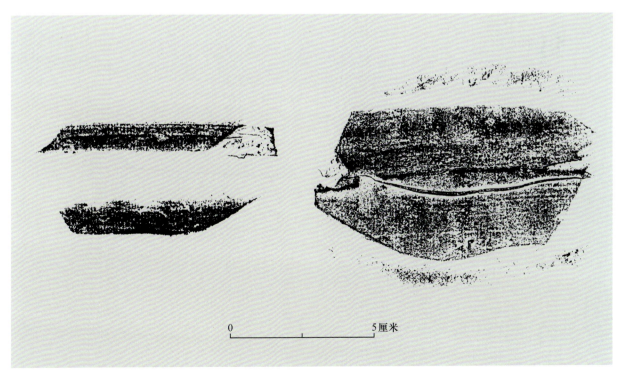

0　　　　　　　5厘米

图6.68　陶盆（②：12）外、内面拓片

②：13，残。泥质灰陶。侈口，外折沿，方唇，折腹，下腹部饰一周凹弦纹，内面素面，轮制痕迹明显。复原口径27.2、沿宽2.1、残长9.3、残宽2.5、残高6.1、厚0.7厘米（图6.69、图6.70；彩版122；图版122）。

图6.69　陶盆（②：13）外、内、侧面照片

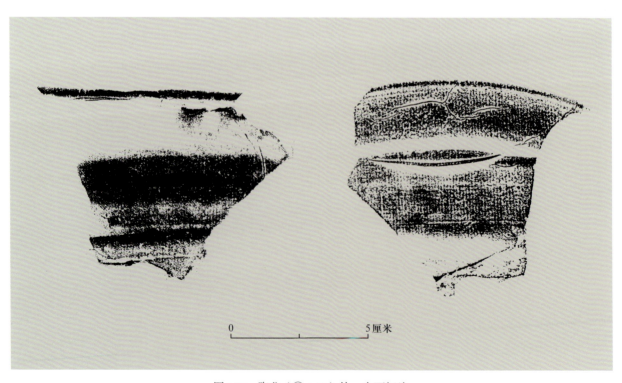

图6.70　陶盆（②：13）外、内面拓片

西④：13，残。泥质灰陶。侈口，平沿外折，方唇，斜弧腹，腹部饰抹平绳纹，内面素面，轮制痕迹明显。复原口径43.4、沿宽2.2、残长11.4、残宽3.3、残高8.4、厚0.9厘米（图6.71、图6.72；彩版123；图版123）。

图6.71　陶盆（西④：13）外、内、侧面照片

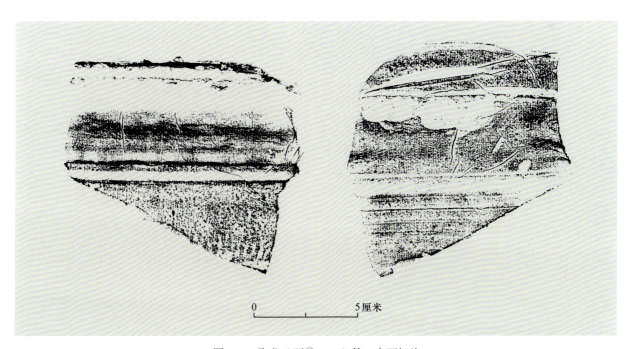

图6.72　陶盆（西④：13）外、内面拓片

西④：14，残。泥质灰陶。侈口，窄沿外折，斜方唇，斜弧腹，腹下斜内收，上腹部饰一周凹弦纹，下腹部饰细交错绳纹，内面素面，轮制痕迹明显。复原口径40.5、沿宽1.5、残长5.9、残宽2.2、残高7.9、厚0.9厘米（图6.73、图6.74；彩版124；图版124）。

图6.73　陶盆（西④：14）外、内、侧面照片

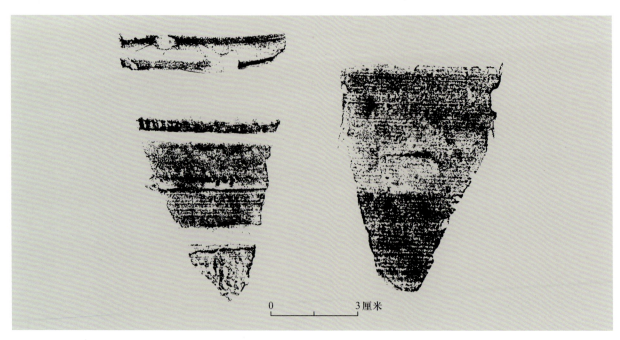

图6.74　陶盆（西④：14）外、内面拓片

西④：15，残。泥质灰陶。敛口，平沿外折，方唇，斜弧腹，腹部微鼓，腹下斜内收，腹部饰两周柳叶状虫蛹形纹，柳叶状虫蛹形纹上下各饰一周凹弦纹，内面素面，轮制痕迹明显。复原口径93.3、沿宽2.3、残长20.2、残宽14.4、残高18.5、厚1厘米（图6.75、图6.76；彩版125；图版125）。

图6.75　陶盆（西④：15）外、内、侧面照片

图6.76　陶盆（西④：15）外、内面拓片

⑯：3，残。泥质红陶。敛口，尖唇，斜弧腹，内外均素面，内面轮制痕迹明显。复原口径38.4、沿宽0.8、残长4.8、残宽3.4、残高3.6、厚0.5厘米（图6.89、图6.90；彩版132；图版132）。

图6.89　陶钵（⑯：3）外、内、侧面照片

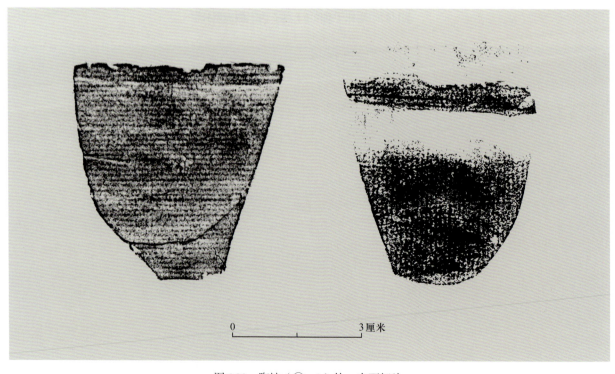

0   3厘米

图6.90　陶钵（⑯：3）外、内面拓片

4. 釜

3件。

②：10，残。夹砂灰陶。敛口，窄沿，弧肩、斜弧腹，肩腹部饰细交错绳纹，内面素面，轮制痕迹明显。复原口径32.4、沿宽1.5、残长14.3、残宽7.3、残高7.5、厚0.9厘米（图6.91、图6.92；彩版133；图版133）。

图6.91　陶釜（②：10）外、内、侧面照片

图6.92　陶釜（②：10）外、内面拓片

⑭：2，残。夹砂红陶。敛口，外折沿，尖圆唇，斜直腹，内外均素面，内面轮制痕迹明显。复原口径27.4、沿宽2.2、残长4.9、残宽4.5、残高6.5、厚0.7厘米（图6.93、图6.94；彩版134；图版134）。

图6.93 陶釜（⑭：2）外、内、侧面照片

图6.94 陶釜（⑭：2）外、内面拓片

⑯：4，残。夹砂红陶。侈口，外折沿，圆唇，斜腹，内外均素面，内面轮制痕迹明显。复原口径24.8、沿宽1、残长7.7、残宽2.7、残高3.9、厚1.2厘米（图6.95、图6.96；彩版135；图版135）。

图6.95　陶釜（⑯：4）外、内、侧面照片

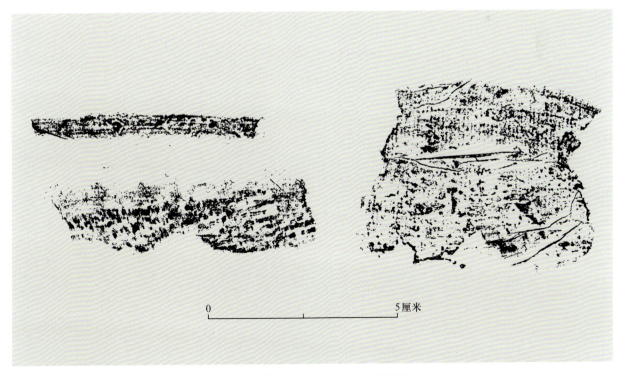

图6.96　陶釜（⑯：4）外、内面拓片

5. 陶片

10件。

②：14，残。泥质灰陶。残存底部，器型不可辨。复原底径24.7、底厚0.9、残长8.7、残宽8.4、残高3.6、厚0.9厘米。底内面有一方形戳印，为"栎市"二字，"市"字残。残长2.4、残宽2.3米（图6.97、图6.98；彩版136；图版136）。

图6.97　陶片（②：14）外、内、侧面及戳印陶文照片

图6.98　陶片（②：14）外、内面及戳印陶文拓片

西⑥：6，残。泥质灰陶。外面饰细斜绳纹，内有轮制痕迹。残长8、残宽7.3、厚0.8厘米（图6.99、图6.100）。

图6.99 陶片（西⑥：6）外、内面照片

0   5厘米

图6.100 陶片（西⑥：6）外、内面拓片

⑬：1，残。泥质红陶。外饰细密绳纹、凹弦纹，内有泥条盘筑痕迹。残长7、残宽5.6、厚0.4～0.7厘米（图6.101、图6.102）。

图6.101　陶片（⑬：1）外、内面照片

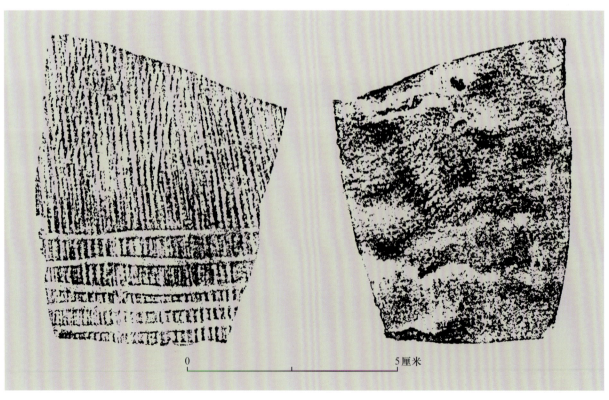

图6.102　陶片（⑬：1）外、内面拓片

⑬：2，残。夹砂红陶。外饰中粗交错绳纹，内面有泥条盘筑痕迹。残长11.3、残宽10.5、厚0.6～1.2厘米（图6.103、图6.104）。

图6.103 陶片（⑬：2）外、内面照片

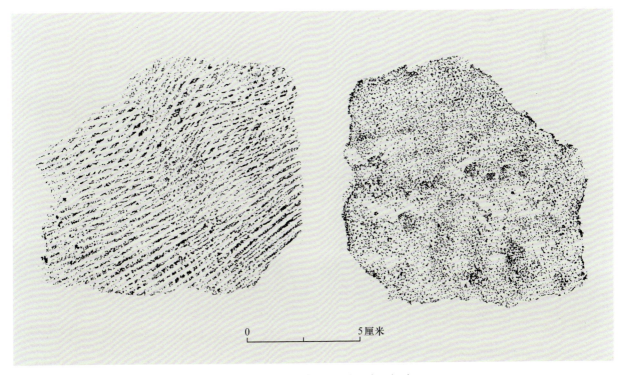

0   5厘米

图6.104 陶片（⑬：2）外、内面拓片

⑭：5，残。泥质红陶。外面饰细密交错绳纹、凹弦纹，内面有轮制痕迹。残长6.1、残宽5.1、厚0.4厘米（图6.109、图6.110）。

图6.109　陶片（⑭：5）外、内面照片

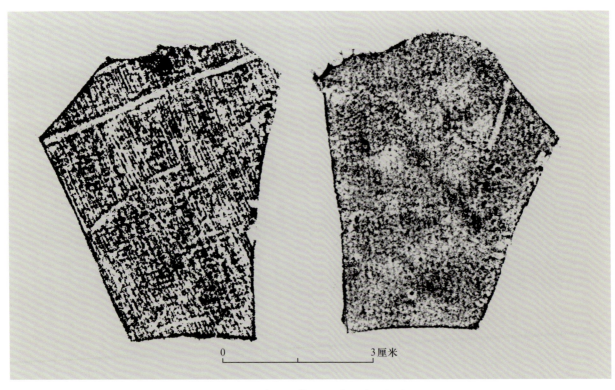

图6.110　陶片（⑭：5）外、内面拓片

⑭：6，残。夹砂红陶。外饰粗交错绳纹、凹弦纹，内面有轮制痕迹。残长7.4、残宽7.1、厚0.7厘米（图6.111、图6.112）。

图6.111　陶片（⑭：6）外、内面照片

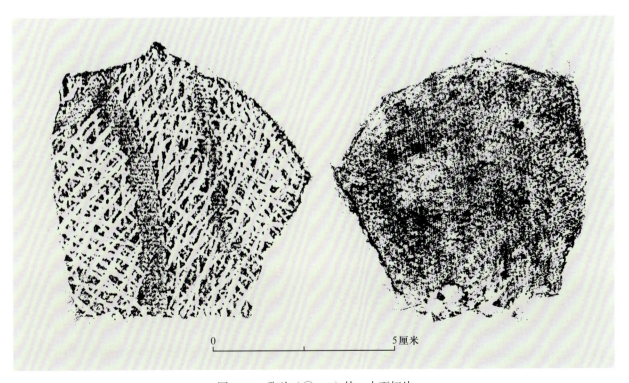

图6.112　陶片（⑭：6）外、内面拓片

⑯：5，残。泥质红陶。外面饰细密交错绳纹，内面有泥条盘筑痕迹。残长4.4、残宽3.2、厚0.4厘米（图6.113、图6.114）。

图6.113　陶片（⑯：5）外、内面照片

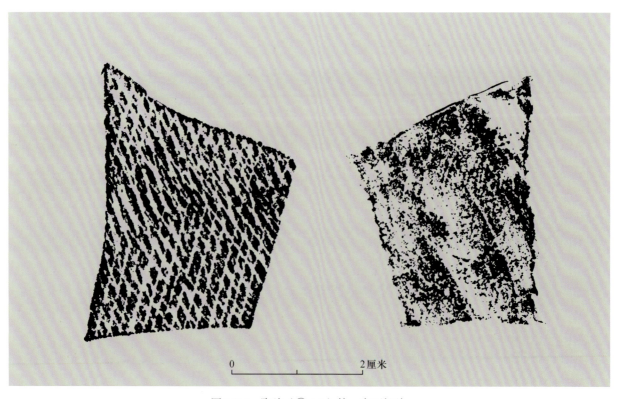

图6.114　陶片（⑯：5）外、内面拓片

⑰：1，残。夹砂红陶。外面饰中粗交错绳纹，内面素面。残长8.3、残宽6.5、厚0.5厘米（图6.115、图6.116）。

图6.115 陶片（⑰：1）外、内面照片

0   5厘米

图6.116 陶片（⑰：1）外、内面拓片

6. 陶饼

2件。

②∶6，深灰色。圆形。一面饰中粗斜绳纹，另一面饰箅纹，为利用瓦片二次加工而成。径6.2、厚1.1厘米（图6.117、图6.118；彩版137；图版137）。

图6.117　陶饼（②∶6）正、背面照片

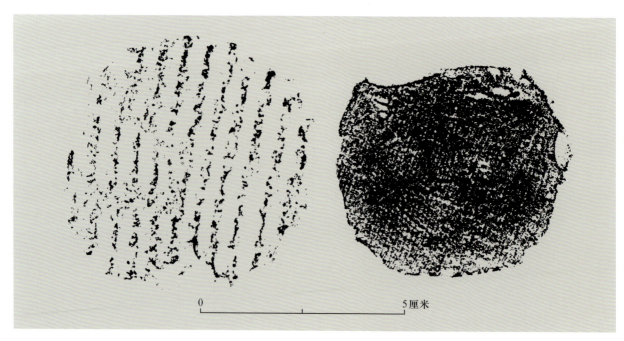

图6.118　陶饼（②∶6）正、背面拓片

西④：11，灰色。圆形。一面饰中粗斜绳纹，另一面饰篦纹，为利用瓦片二次加工而成。径7.7、厚1.4厘米（图6.119、图6.120；彩版138；图版138）。

图6.119　陶饼（西④：11）正、背面照片

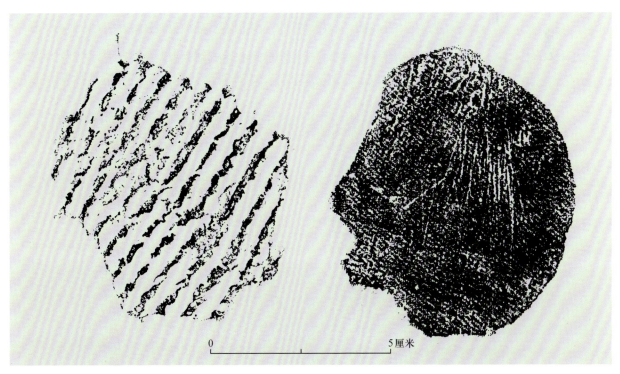

图6.120　陶饼（西④：11）正、背面拓片

7. 纺轮

1件。西⑥：1，残。灰色。呈圆锥形，中心有一圆孔，孔径1厘米。表面饰数周凸弦纹，底部较平整。径5.4、厚2.4厘米（图6.121、图6.122；彩版139；图版139）。

图6.121　纺轮（西⑥：1）正面、顶部、底部照片

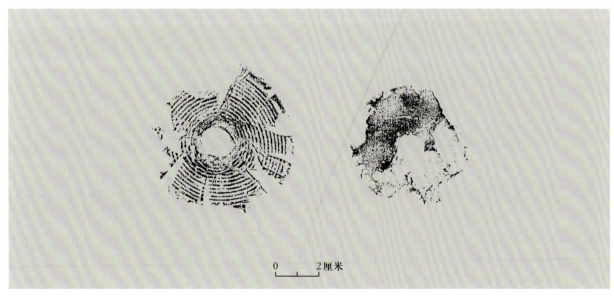

0　　　2厘米

图6.122　纺轮（西⑥：1）表面、底面拓片

8. 陶球

1件。西⑤：3，深灰色。球体。表面光滑，径1.7厘米（图6.123、图6.124）。

图6.123　陶球（西⑤：3）正面照片　　　　　　　　　图6.124　陶球（西⑤：3）线图

（三）玉器

1件。为璧形玉。西④：17，残。白色。圆形，中间有一圆孔，孔径0.2厘米。钻孔方式为两面对钻。径2.2、厚0.2厘米（图6.125、图6.126）。

（四）钱币

1件。为半两。东④：1，残。圆形方孔。钱文锈蚀严重，可见"半两"二字。郭径3.1、穿宽0.9、厚0.1厘米（图6.127、图6.128）。

图6.125　璧形玉（西④：17）正、背、侧面照片

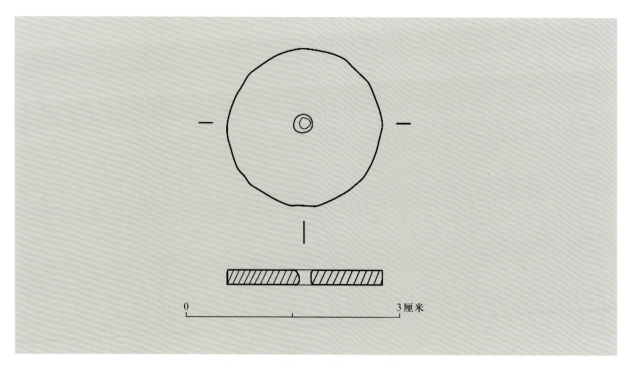

图6.126　璧形玉（西④：17）线图

图6.127　半两（东④：1）正、背面照片　　　　图6.128　半两（东④：1）正、背面拓片

第二节　遗　　迹

清理遗迹五种7个（表一），包括灰坑3座、墓葬1座、路1条、城墙1条、沟1条（图6.129～图6.132）。分别介绍如下。

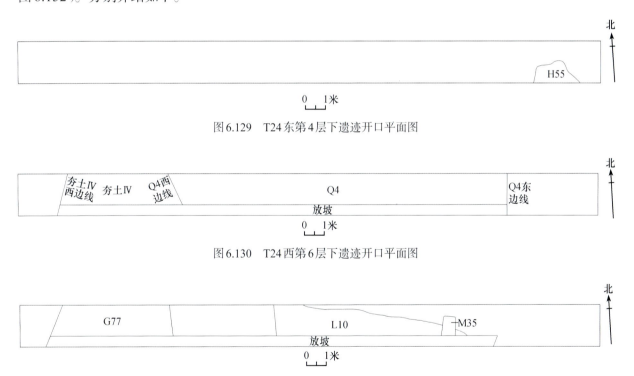

图6.129　T24东第4层下遗迹开口平面图

图6.130　T24西第6层下遗迹开口平面图

图6.131　Q4下遗迹开口平面图

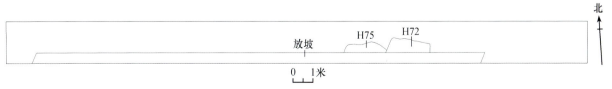

图6.132　L10下遗迹开口平面图

一、灰　坑

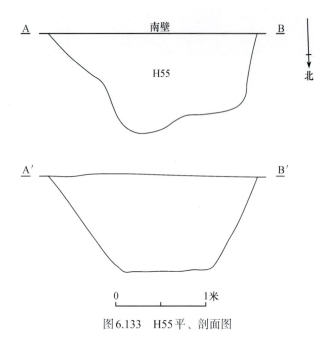

图6.133　H55平、剖面图

3座，其中开口于东第4层下1座、L10下2座。分别介绍如下。

（一）H55

位于T24东南部，南部延伸出南壁。东第4层下开口，打破下部自然淤积层。平面呈不规则形。斜壁，底近平。开口东西长2.3、南北发掘宽0.82～1.06米，底部东西长0.98、南北发掘宽0.5米，深1.04米。填土呈黄褐色，无分层现象，土质较软，结构较疏松，内含少量板瓦、筒瓦、空心砖残片（图6.133）。

出土标本10件，均为建筑材料。根据用途，有砖、板瓦、筒瓦三种。分别介绍如下。

1. 砖

1件。为空心砖。H55：1，残。呈灰色。外面饰中粗交错绳纹，内面饰布纹。残长8.7、残宽6.6、残高3、厚1.4厘米（图6.134、图6.135）。

2. 板瓦

6件。据表面绳纹粗细，分属B、C两型。分别介绍如下。

B型　3件。分三亚型。

Ba2型　1件。表面饰中粗交错绳纹，内面饰麻点纹。H55：3，残。灰陶。残长12、残宽14.3、厚1.3厘米（图6.136、图6.137）。

Bb1型　1件。表面饰中粗斜绳纹，内面素面。H55：2，残。灰陶。有绳纹抹平部分残宽4.7厘米。残长12.5、残宽9、厚1.4厘米（图6.138、图6.139）。

Bb3型　1件。表面饰中粗斜绳纹，内面饰箅纹。H55：4，残。灰陶。残长12、残宽14、厚1～1.4厘米（图6.140、图6.141）。

C型　3件。分三亚型。

Cb1型　1件。表面饰粗斜绳纹，内面素面。H55：5，残。灰陶。残长9、残宽14.5、厚1.2厘米（图6.142、图6.143）。

Cb3型　1件。表面饰粗斜绳纹，内面饰箅纹。H55：7，残。灰陶。一端有绳纹抹平部分宽5.5厘米。残长11.4、残宽10、厚1.1厘米（图6.144、图6.145）。